des Augustus (14 n. Chr.)

W0365197

Die Namen der senatorischen Provinzen erschein
in Kursivdruck, die der kaiserlichen Provinzen im
Normaldruck. Die abhängigen Königreiche oder Städte-
bünde sind durch waagerechte Striche hervorgehoben.

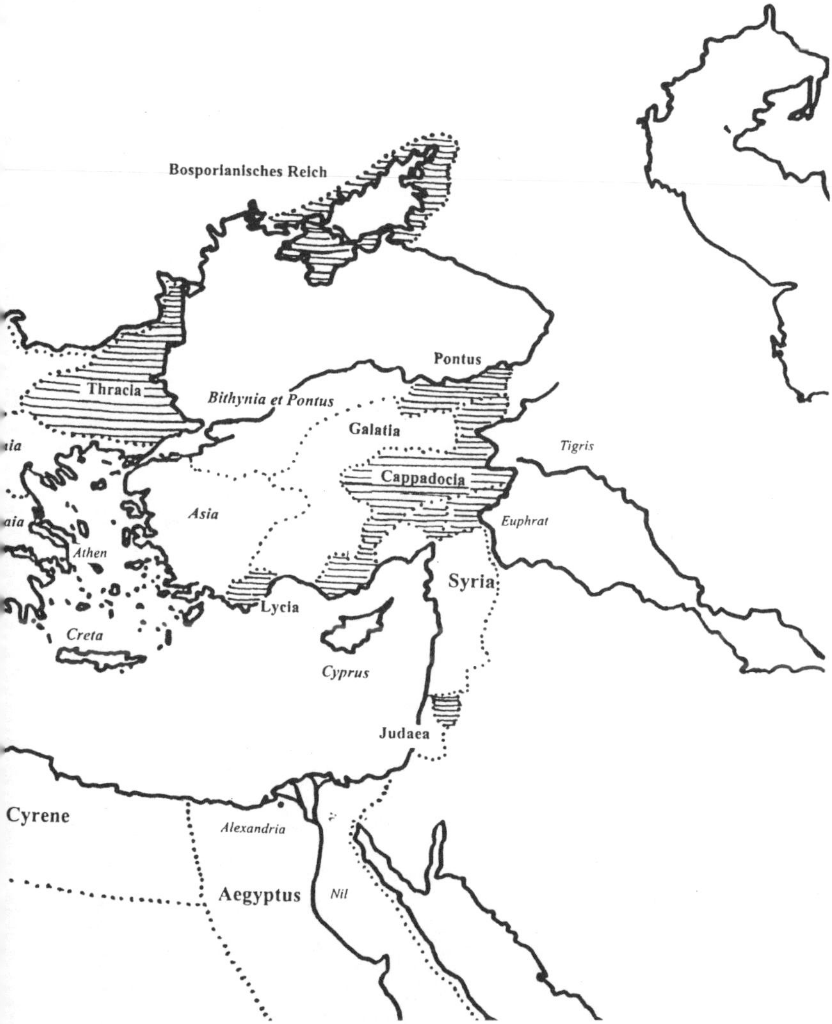

PETER BENDER

Weltmacht Amerika
Das Neue Rom

Klett-Cotta

Klett-Cotta

Printed in Germany
Schutzumschlag: Philippa Walz, Stuttgart
Foto oben: (Capitol) © Joseph Sohm, Visions of America/Corbis
Foto unten: (Pantheon) © John and Lisa Merrill/Corbis
Gesetzt aus der Aldus von Dörlemann Satz
Auf säure- und holzfreiem Werkdruckpapier gedruckt
und gebunden von Clausen & Bosse, Leck
ISBN 3-608-96002-3

Dritte Auflage, 2003

Bibliographische Information Der Deutschen Bibliothek
Die Deutsche Bibliothek verzeichnet diese Publikation in der
Deutschen Nationalbibliographie; detaillierte bibliographische
Daten sind im Internet über < http://dnb.ddb.de> abrufbar

INHALT

Geschichte wiederholt sich in dem Sinne,
daß sich gewisse Arten von Problemen wiederholen,
aber auch verändern.
HENRY KISSINGER

I. 2000 JAHRE ABSTAND

In der Geschichte der Welt gab es etliche Senate,
aber nur zwei wirklich große, den römischen
und den amerikanischen.
ROBERT BYRD

1. Zwei strategische Köpfe

Im Jahr 279 vor Christus stand der Senat in Rom vor einer Entscheidung, bei der es kaum Zweifel gab, wie sie ausfallen müsse. König Pyrrhos war aus Epiros (heute Albanien und Nordwest-Griechenland) nach Italien gekommen, hatte die römischen Legionen zweimal geschlagen und sich mit Roms Feinden im Süden der Halbinsel verbündet. Einen solchen Gegner hatten die Römer noch nicht erlebt. Pyrrhos war einer der besten Militärs seiner Zeit, und sein Heer war kaum schwächer als das Heer, mit dem Alexander fünfzig Jahre vorher das ganze Perserreich erobert hatte. Erstmals begegneten die römischen Legionen der überlegenen hellenistischen Kriegskunst und mußten den Panzern des Altertums, den Elefanten, standhalten. Sie hatten zwar tapfer gekämpft und Pyrrhos nur »Pyrrhos-Siege« gestattet mit schweren Verlusten, aber sie waren die Besiegten und mußten weitere Niederlagen fürchten. Doch dann eröffnete sich eine überraschende Möglichkeit: Der König bot Frieden und Freundschaft an, er sah sich genötigt, nach Sizilien zu gehen, um den Griechen dort gegen die Karthager zu helfen.

Es war eine Wendung, die niemand in Rom erwartet hatte, man konnte einen unüberwindbaren Gegner auf leichte Weise loswerden. Der römische Gesandte schloß einen Vertrag mit Pyrrhos, und der König schickte seinen Minister Kineas nach Rom, um den Senat zur Ratifizierung des Abkommens zu überreden. Kineas war ein welterfahrener Mann und geschickter Diplomat, seine Worte sollen mehr Städte gewonnen haben als die Waffen des Königs. Auch in Rom arbeitete er nicht ohne Erfolg, im Senat wuchs die Neigung, den Vertrag zu bestätigen. Doch dann schlug die Stimmung um. Aus Karthago kam ein Angebot, den Kampf gegen Pyrrhos gemeinsam zu führen, und aus der Stadt kam eine Mahnung, die der Senat nicht ignorieren konnte.

Appius Claudius Caecus war eine Autorität; er entstammte ältestem Adel, hatte die höchsten Ämter bekleidet und innen- wie außenpolitisch große Weitsicht bewiesen. Er war zwar schon alt und hatte sich aus der Politik zurückgezogen, doch als er von der Friedensbereitschaft des Senats hörte, ließ er sich von seinen Söhnen und Schwiegersöhnen in die Sitzung führen. Er sei blind, begann Claudius, aber nun bedaure er, nicht auch taub zu sein, weil er höre, wie hier Roms Ruhm und Macht vertan werden solle. Um beides, den Ruhm und die Macht, ging es Claudius, als er gegen den Frieden mit Pyrrhos plädierte, zuerst mit praktischen Gründen. Der König sei keineswegs so stark, wie er tue; vor allem sei er ein Abenteurer, deshalb wäre es ein schwerer Irrtum anzunehmen, man werde ihn los, wenn man sich mit ihm vertrage oder gar verbünde. Dann wurde Claudius grundsätzlich. Wenn Rom nach zwei Siegen des Pyrrhos mit ihm Frieden schließe, müsse alle Welt das als Schwächebeweis nehmen. Die Tarentiner, die Pyrrhos nach Italien geholt hatten, und die Samniten, die zu Pyrrhos übergelaufen waren, würden lachen über Rom. Alle Feinde würden glauben: Wenn Rom mit Pyrrhos nicht fertig wird, kann es nicht schwer sein, mit Rom fertig zu werden. Deshalb gebe es nur eins: Pyrrhos müsse für seinen Überfall auf Italien bestraft werden.

Claudius appellierte an den römischen Sinn für Ruhm und Macht: Niemals Schwäche zeigen! Rom sollte stark sein gegen Pyrrhos, damit die Samniten, die man nach fünfzig Jahren Krieg fast bezwungen hatte, nicht wieder Mut faßten. Es sollte stark sein, damit die frechen Griechen in Tarent nie wieder auf den Gedanken kämen, sich aus Übersee Helfer zu holen. Ein Frieden mit Pyrrhos hätte verlangt, dessen Verbündete in Italien, Lukaner, Bruttier, Samniten und Griechen, in die Unabhängigkeit zu entlassen. Rom aber, mahnte der alte Mann, müsse Herr sein in Italien.

Der Senat verstand und verabschiedete den Botschafter des Königs mit der Weisung: Pyrrhos müsse Italien räumen, erst dann könne er mit Rom über Frieden und Freundschaft reden; solange er unter Waffen im Lande stehe, werde Rom gegen ihn kämpfen. So geschah es dann. Als der Senat auch nach Pyrrhos' drittem Sieg nicht nachgab, verließ der König, ermattet von soviel Standhaftigkeit, Italien.

Im Herbst des Jahres 1823 stand der amerikanische Präsident James Monroe vor einer Entscheidung, bei der es wenig Zweifel gab, wie sie ausfallen müsse. Der englische Außenminister George Canning schlug eine gemeinsame britisch-amerikanische Erklärung vor, die Frankreich vor einer militärischen Intervention in Amerika warnen sollte. Was konnte es für Washington Besseres geben? Die erste Seemacht der Welt erklärte sich bereit, die Vereinigten Staaten vor einem Angriff aus Europa zu schützen. Ein solcher Angriff erschien immerhin möglich. Im Frühjahr 1823 hatte der französische König Ludwig XVIII. eine Armee nach Spanien geschickt, um seinem bourbonischen Vetter Ferdinand wieder zu seiner königlichen Macht zu verhelfen; ein liberales Regime hatte Ferdinand zur bloßen Repräsentationsfigur degradiert, das war ein Zustand, den die gekrönten Häupter Europas, vereint in der Heiligen Allianz, nicht dulden mochten. Der französische Feldzug in Spanien kam gut voran. In London und in Washington fürchtete man: Wenn die Franzosen erst einmal in Schwung sind, marschieren sie gleich weiter und versuchen, Spanien bei der Wiedereroberung seiner Kolonien in Amerika zu helfen, die sich vor kurzem selbständig gemacht hatten. Wiederherstellung der spanischen Kolonialmacht hieße dann auch Wiederherstellung des spanischen Handelsmonopols in Lateinamerika, und das zu verhindern, waren Engländer und Amerikaner gleichermaßen interessiert.

In Washington lebte auch noch die Erinnerung an Napoleon. Es war erst zwei Jahrzehnte her, daß er von New Orleans aus die französische Kolonialmacht in Nordamerika hatte wiederherstellen wollen. Die Absicht war so ernst, daß sich Präsident Jefferson vom Kongreß ermächtigen ließ, 80000 Milizsoldaten zu mobilisieren, doch gegen die kriegserfahrenen Franzosen hätten die ungeschulten Amerikaner wenig ausgerichtet. Napoleon gab seinen Plan auf, aber wer konnte wissen, ob Ludwig XVIII. ihn nicht wieder aufnehmen würde? Französische Diplomaten phantasierten bereits von befreundeten Bourbonen-Monarchien in der Neuen Welt – Bourbonen also in Paris, Madrid und Amerika. Eine europäische Großmacht, so schien es, könnte den Vereinigten Staaten bedrohlich auf den Leib rücken.

Eine zweite befand sich bereits auf dem amerikanischen Kontinent und ließ ihre Absicht erkennen, sich dort weiter auszudehnen. Rußland, das Alaska im Besitz hatte, strebte nach Süden, eine »Russisch-Amerikanische Gesellschaft« sollte im Auftrag des Zaren bis zum 51. Breitengrad vordringen, das war nur ein Stück nördlich von Vancouver. Außerdem beanspruchten die Russen Hoheitsgewässer von hundert Kilometern Tiefe, gesperrt für ausländische Schiffe. England und die Vereinigten Staaten protestierten unabhängig voneinander.

Um sich den Rückhalt Englands gegen europäische Invasionspläne zu sichern, empfahl es sich für Washington, Gemeinsamkeit mit London herzustellen. Nur die englische Flotte konnte Franzosen und Russen von einer Expansion in Nordamerika abhalten. Der amerikanische Gesandte in London war daher geneigt, Cannings Vorschlag zu einer gemeinsamen Erklärung anzunehmen, Präsident James Monroe war es ebenfalls, und seine beiden Vorgänger Thomas Jefferson und James Madison, die er zu Rate zog, stimmten zu. Nur einer widersprach, ein Mann von unbestrittener Autorität. Außenminister John Quincy Adams war der Sohn eines Präsidenten und wurde nach Monroe selbst Präsident. Er verfügte über Erfahrung in ganz Europa, hatte sein Land in Den Haag, Berlin, St. Petersburg und London vertreten und 1814 den Frieden mit England ausgehandelt. Er war ein strategischer Kopf, »die wertvollste öffentliche Figur, die wir draußen haben«, sagte schon 1797 Präsident Washington, und er wurde einer der bedeutendsten Außenminister Amerikas im 19. Jahrhundert, vielleicht der bedeutendste.

Adams argumentierte zunächst praktisch: Englands Hilfe sei zwar unentbehrlich, aber man bekomme sie auch umsonst, ohne gemeinsame Erklärung, denn die Briten würden aus eigenem Interesse dafür sorgen, daß Franzosen und Spanier nicht wieder in Amerika Fuß faßten. Adams kalkulierte im Blick auf die Engländer ebenso kühl wie später de Gaulle im Blick auf die Amerikaner: Wozu sich eng mit ihnen solidarisieren, schützen müssen sie uns ohnehin. Dann wurde der Außenminister grundsätzlich: Selbst eine lose Allianz mit einer europäischen Macht berge die Gefahr, in die end- und uferlosen Streitereien der Alten Welt hineingezogen zu werden – davor hatte schon George Washington in seiner Abschiedsbotschaft gewarnt. Adams riet Monroe, sich nicht von den Engländern abhängig zu machen und statt dessen eine eigene, amerikanische, Erklärung abzugeben. Der Präsident verstand und flocht im Dezember in seine Jahresbotschaft an den Kongreß einen längeren Passus ein, den Adams entworfen hatte. Als »Monroe-Doktrin« wurde er zum historischen Dokument amerikanischen Selbstbewußtseins.

Der Präsident bestätigte, was früher schon erklärt worden war: Die Vereinigten Staaten würden sich auch künftig von innereuropäischen Kriegen fernhalten und die europäischen Kolonien in Amerika nicht antasten. Doch der entscheidende Satz lautete dann: »Da die beiden amerikanischen Kontinente ihre Unabhängigkeit errungen und behauptet haben, stehen sie in Zukunft europäischen Mächten nicht zur Gründung weiterer Kolonien zur Verfügung.« Sollten europäische Mächte versuchen, die freien Republiken zu »unterdrücken oder zu beherrschen«, so »werden wir das als unfreundliche Handlung gegen uns betrachten«. In der Sprache der Diplomatie war das die Drohung mit dem Krieg.

Für die Situation des Jahres 1823 bedeutete das so gut wie nichts. Die Franzosen hatten damals gar nicht die Absicht, sich wieder in Amerika zu engagieren; und wenn sie etwas davon abhielt, war es die stille Demarche des britischen Außenministers und nicht die öffentliche Erklärung des amerikanischen Präsidenten. Die Bedeutung der Monroe-Doktrin lag im Jahr 1823 nicht in ihrer Wirkung, sondern in ihrem Anspruch. Hier vereinigten sich nicht, wie Canning wünschte, die Angelsachsen gegen Frankreich und Spanien, hier sprach Amerika gegen Europa, und das hieß auch gegen Großbritannien.

Canning nahm Monroes Botschaft höchst verärgert auf, denn er erkannte, daß die Amerikaner das Gegenteil dessen anstrebten, was ihm vorschwebte. Er wollte sie als politische Hilfstruppe in Europa einsetzen, sie aber wollten sich nicht in europäische Streitigkeiten hineinziehen lassen. Er wollte Englands Stellung in Amerika bewahren und stärken, die Vereinigten Staaten aber wollten sich von Europa emanzipieren und allmählich lösen.

Und das war noch nicht alles. Der Präsident in Washington sprach nicht nur für seinen Staat, sondern trat als Anwalt »beider amerikanischer Kontinente« auf. Sein Außenminister hatte dem englischen Gesandten schon früher unverblümt erklärt, die Briten dürften Kanada behalten, »aber überlassen Sie uns den Rest des Kontinents!« Die Welt, so notierte John Quincy Adams 1819, müsse damit vertraut gemacht werden, »daß wir den amerikanischen Kontinent für unseren Herrschaftsbereich halten«. Was vor wenigen Jahrzehnten noch britische Kolonie war, beanspruchte nun, die gesamte Neue Welt zu führen und gegen die Alte zu vertreten.

Appius Claudius und John Quincy Adams – 2100 Jahre lagen zwischen ihnen, aber politisch dachten sie bemerkenswert gleich. Sie sorgten sich um die Sicherheit ihres Staates und endeten in einem Machtanspruch: Italien allein den Römern, Amerika allein den Amerikanern! Beider Wort fand Gehör, weil es von Männern mit politischem Gewicht kam, doch die persönliche Autorität allein gab nicht den Ausschlag. Claudius fand im Senat und Adams beim Präsidenten Gehör, weil sie etwas sagten, das dem Selbstbewußtsein und dem Machtinstinkt der Römer und Amerikaner entsprach. Claudius und Adams hatten in einem wichtigen Augenblick zu Ende gedacht und klug begründet, was allgemeine Auffassung oder doch Empfindung war.

Ihre Empfehlungen wurden daher zu Grundsätzen der Außenpolitik ihrer Staaten. Claudius' Rede ging in die politische Tradition der Römer ein, Cicero, Tacitus und Seneca kannten sie noch. Aus Adams' Rat wurde die Monroe-Doktrin, es war die erste in einer langen Reihe von Doktrinen, mit denen Präsidenten der amerikanischen Politik eine Richtschnur gaben. Wenn Römer und Amerikaner in ähnliche Situationen kamen wie in den Jahren 279 vor und 1823 nach Christus, dann verhielten sie sich, als folgten sie den Ratgebern von damals.

2. Amerika und die Antike

Der Vergleich zwischen Rom und den Vereinigten Staaten ist so alt wie die Vereinigten Staaten. Schon Ende des 18. Jahrhunderts galt die antike Republik den Gründungsvätern der neuen Republik als Vorbild. Beide waren aus einem Befreiungskampf hervorgegangen, für beide blieb Freiheit von monarchischer Gewalt erstes Gebot der inneren Ordnung. Wie sich die Amerikaner gegen die koloniale Herrschaft des englischen Königs erhoben hatten, so die Römer gegen die Herrschaft des etruskischen Königs. Von Brutus, der den »übermütigen« Tarquinius verjagte, bis zu Brutus, der Caesar ermordete, gaben die Römer ein Beispiel unerschütterlicher Treue zur republikanischen Freiheit. Cicero und der jüngere Cato, beide Opfer tyrannischer Gewalt, wurden verehrt, ebenso der halb sagenhafte Diktator Cincinnatus, der die Diktatur nach sechzehn Tagen niederlegte und an seinen Pflug zurückkehrte, nachdem er seinen Auftrag erfüllt und die Feinde geschlagen hatte. Eine prominente Gesellschaft mit George Washington an der Spitze nannte sich »Cincinnati«, wonach wiederum die Stadt in Ohio ihren Namen erhielt.

Politiker und politische Schriftsteller gaben ihren Auffassungen das Gewicht altrömischer Strenge, indem sie als »Publius« oder »Fabius« schrieben. Wohlhabende schmückten ihre Häuser mit den Nachbildungen antiker Charakterköpfe und ließen sich selbst als Römer porträtieren, George Washington gab man die Gestalt des Augustus, ein wenig kurios: der Begründer der Republik in der Rolle des Begründers der Monarchie, aber vielleicht war schon der Begründer des Imperiums gemeint? Bis heute sichtbar sind die Zeugen symbolischer Nachfolge, das Parlamentsgebäude heißt Capitol und die höhere Kammer Senat, auf Münzen und Dollarnoten geht die bundesstaatliche Verfassung in lateinischer Form täglich durch die Hände jedes Amerikaners: E pluribus unum.

So wurde auch gebaut. Jenseits des Atlantik gibt es kaum weniger Säulen als diesseits, Washington ist voll davon, sie gerieten, wie fast alles in Amerika, zu gigantischen Dimensionen. Und je reicher die Amerikaner wurden, desto näher wollten sie dem verehrten Vorbild kommen. Für das Capitol nahmen sie heimischen Marmor, später wollten sie es ganz echt haben und schafften sogar den weißen Stein aus dem italienischen Carrara über den Atlantik herbei. Nach dem Muster des Rom am Potomac entstanden in den Hauptstädten der Bundesstaaten säulenreiche kleine Roms, ähnlich den antiken Bürgergemeinden in Italien, die ihr Forum, ihr Rathaus und ihre Tempel nach dem Beispiel des großen Rom am Tiber anlegten.

Vorbild für Amerika konnte Rom jedoch nur jenseits der geschichtlichen Wirklichkeit sein, als Legende, als Vorratskammer für fromme Heldengeschichten mit Opfermut und einfachem Leben, als Traditionsstifter und Namengeber oder überhaupt als eine Autorität, die keiner Begründung bedurfte. Sobald praktische Entscheidungen zu treffen waren, bestimmte die praktische Vernunft. Die Verfassung der Vereinigten Staaten folgte nicht römischen Einrichtungen, sondern gründete sich auf englische Traditionen, auf Montesquieu und auf den schöpferischen Verstand der Gründungsväter. Die Geschichte Roms war für die Amerikaner das gleiche wie für die Europäer bis ins 19. Jahrhundert, ein Schatzhaus von politischen Erfahrungen, aus denen man lernen konnte. Man lernte auch nicht nur von Rom, sondern von der ganzen Antike, und auf der Suche nach republikanischen Erfahrungen prüften die Amerikaner auch die Niederlande und die Schweiz. In den Federalist Papers, Diskussionsbeiträgen der besten Köpfe für die Verfassung von 1787, erscheint Griechenland siebzehnmal und Rom nur elfmal.

Wenn es um Verfassungsfragen ging, gaben die Alten kein Vorbild, sondern Beispiele, mit denen ein Autor seine Ansicht stützte. Als James Madison und Alexander Hamilton begründen wollten, weshalb die amerikanischen Staaten eine starke Bundesspitze brauchten, legten sie ausführlich dar, wie und woran Staatenbünde in Griechenland zerfallen und zugrunde gegangen waren. Für heutige Zeiten kaum mehr vorstellbar, aber damals eine überzeugende Argumentation: Der ganze Artikel enthält nichts als antike Geschichte, um zu beweisen, daß »föderative Körperschaften (federal bodies) eher zur Anarchie ihrer Mitglieder als zur Tyrannis ihrer Spitze neigen« (18. Artikel). Als Madison die Schaffung einer zweiten Kammer empfahl, erinnerte er: Antike Republiken, die Bestand hatten, Sparta, Rom und Karthago, hätten einen Senat gehabt, um die Freiheit mit Stabilität zu verbinden. Andererseits widersprächen jedoch Senatoren auf Lebenszeit, wie es sie in Sparta und Rom gab, dem Geist Amerikas.

Als Hamilton gegen die Meinung zu Felde zog, eine Republik dürfe keine starke Regierung haben, holte er die römischen Konsuln als abschreckendes Beispiel zu Hilfe: Zwei gleichberechtigte Träger der höchsten Amtsgewalt, das gab Streit und mußte ihn geben, erstaunlich erscheine nur, wie wenig dabei schief gegangen sei. Doch dann verließ Hamilton das »Dämmerlicht historischer Forschung« und unterwarf sich der Vernunft und dem gesunden Menschenverstand (reason und good sense). Geschichte also als wichtige Lektion und als nützliches Hilfsmittel für die Beweisführung, mehr aber auch nicht.

Zu den Lektionen gehörte, daß Republiken nur so lange bestehen, wie ihre Bürger genügsam bleiben, einfach, sparsam und fleißig. Die römische Republik bewies es, sie ging zugrunde, als Reichtum, Verschwendung und Bequemlichkeit einzogen. Als Vorbild galt daher nur die alte Zeit und als ernste Warnung das Jahrhundert der Bürgerkriege. Die Amerikaner folgten einer Tradition, die in der Antike ihren Ursprung hatte: Die Macht verfällt, wenn die guten Sitten verfallen.

All das war nicht allein amerikanisch, sondern lag in der Zeit, sichtbar vor allem in der Französischen Revolution, die sich bis zur Unkenntlichkeit Roms auf Rom berief. Wie die Europäer hörten die Amerikaner später auf, mit korinthischen Säulen zu bauen, sie ließen sich nicht mehr als Römer in Bronze gießen, beriefen sich nicht mehr auf den alten Cincinnatus und nutzten das Altertum nicht mehr als Arsenal politischer Lektionen, sondern nur noch als Quelle für Zitate und politische Anspielungen. Richard Nixon behauptete, er wandere nachts zuweilen zwischen den Säulen des Lincoln-Memorial und des Nationalarchivs, dabei denke er an Griechenland und Rom, von denen nur geblieben sei, was wir sehen: die Säulen. Vor dem trüben Bild rettete sich Nixon dann, wie viele vor ihm, in naiven Optimismus: Aber Amerika habe die Vitalität, Kraft und Gesundheit, um nicht der Dekadenz zu verfallen, an der die Alten zugrunde gingen. John F. Kennedy gab dem berühmten »Ich bin ein Berliner« historischen Hintergrund, indem er erinnerte, vor zweitausend Jahren sei der stolzeste Satz gewesen: »Ich bin römischer Bürger.« Henry Kissinger mahnte während der Ölkrise 1974 den Westen zur Geschlossenheit, sonst werde es ihm wie den griechischen Stadtstaaten ergehen, die sich zerstritten, statt einig zu sein gegen Makedonien und Rom.

In jüngster Zeit wird in Amerikas Verhältnis zur Antike ein dritter Abschnitt erkennbar. Rom bleibt nicht mehr nur humanistisches Bildungsgut, sondern wächst wieder zu einem Beispiel für die Vereinigten Staaten. Doch während früher die römische Republik das Exempel gab, ist es nun das römische Imperium. Früher war es als imperialistisch verdammt, erscheint aber in einem anderen Licht, seit Amerika nach dem Ende der Sowjetunion zur einzigen, alles überragenden Weltmacht geworden ist. Wenn Politiker, Professoren und Publizisten die gewaltige Macht veranschaulichen wollen, über die nun die Vereinigten Staaten verfügen, fällt ihnen fast immer das Imperium Romanum ein. Um eine geeignete Parallele zu finden, meinte der frühere Außenminister James Baker, müßten die Historiker bis zum römischen Weltreich zurückgehen. Der englische Historiker Paul Kennedy, spezialisiert auf große Reiche, hielt Amerikas Macht gegenüber anderen Ländern für »ausgeprägter, als das jemals seit dem Römischen Reich« der Fall war. Der Senator Robert Byrd, Verfasser einer Geschichte des amerikanischen Senats, sagte 1998 in einer Rede: »Es gab in der Geschichte etliche Senate auf der Welt, aber nur zwei wirklich große Senate, den römischen und den amerikanischen.« Klaus Harpprecht gab dazu schon 1972 eine originelle Illustration. Er stellte vierzehn amerikanische Senatoren-Köpfe neben ähnliche römische Charakterköpfe und fragte: »Washington das neue Rom«?

Der neue Vergleich beißt sich allerdings mit dem alten. James Baker empfand ein »gewisses Unbehagen«: »Die Vereinigten Staaten sind kein herkömmliches Imperium«, denn ihre überragende Stellung gründe sich nicht auf »imperialistisches Streben«, sondern auf »Konsultation und Konsens« sowie auf eine »Wertegemeinschaft«. Ähnliche Schwierigkeiten haben Amerikaner mit dem Begriff Pax Americana. Er ist der Pax Romana nachgebildet und erweckt den Eindruck, Amerika erzwinge Frieden, wie Rom es tat. Präsident Kennedy lehnte den Ausdruck ab, James Baker, 35 Jahre später im Bewußtsein der unerreichbaren Macht seines Landes, akzeptierte ihn mit Vorbehalt: Pax Americana spiegele »zwar Amerikas einmalige Vorrangstellung in der heutigen Welt«, lasse aber »wenig von der Komplexität amerikanischer Stärke« erkennen. Das hieß: Wir sind so mächtig, wie Rom es war, aber unsere Stärke ruht auf anderer, gemeint ist ethisch tragfähiger Grundlage. Mit dem Beginn des neuen Jahrtausends geht in manchen akademischen Kreisen die Argumentation umgekehrt: Wir sind ein attraktives Empire und sollten daher eine Pax Americana schaffen. Man fühlt sich moralisch besser als die Römer und darf sie sich sonst zum Vorbild nehmen. Man ist nun einmal der Stärkste in der Welt und sollte sich dazu bekennen. Amerika trägt die Pflichten eines Empire, darf daher besondere Rechte beanspruchen.

Im 19. Jahrhundert verglich sich noch Großbritannien gern mit dem römischen Imperium und hatte auch ein globales Empire. Doch seitdem ist Rom für Europa nur noch ferne Geschichte, die immer ferner rückt und aus den Lehrplänen allmählich verschwindet. Kein europäischer Staat, auch nicht die Europäische Union, hat die Statur, sich mit der antiken Großmacht zu messen, nur die Vereinigten Staaten können es.

3. Unterschiede und Ähnlichkeiten

Als John Quincy Adams sich in einem Standbild als Römer verewigen ließ, folgte er dem Geist und Geschmack seiner Zeit. Als er seinem Präsidenten empfahl, Amerikas Anspruch auf Amerika zu proklamieren, dachte er gewiß nicht an die Römer, aber er verhielt sich wie ein Römer. Auf diesen Unterschied kommt es an. Zweifellos ist es interessant zu sehen, wann und warum sich Amerikaner auf Rom beziehen und welches Rom sie meinen, das republikanische oder das imperiale, aber diese Prüfung sagt nur etwas über amerikanisches Selbstverständnis. Ein Vergleich der Vereinigten Staaten mit Rom muß sich auf reale Ähnlichkeiten richten, Ähnlichkeiten im Denken, Handeln und Verhalten, auch in den geographischen und demographischen Voraussetzungen und schließlich in den Ergebnissen. Gibt es zwischen der antiken und der gegenwärtigen Weltmacht substantielle Ähnlichkeiten – sowohl zwischen ihren Wegen zur Weltmacht als auch in ihrem Verhalten als Weltmacht?

Unvermeidlich fallen als erstes große Unterschiede ins Auge. Hier ein Stadtstaat, der sich mit der Waffe alles erkämpfte, dort eine Föderation, die sich vor allem durch Siedlung, Kauf und wirtschaftliche Expansion ausdehnte. Hier eine Aristokratie, bei der alle Initiative lag, dort Farmer, Reeder, Händler, Ingenieure, Goldsucher und Abenteurer, von denen die meiste Bewegung ausging. Hier ein Beispiel, was ein Staat vermag, dort der Beweis, was ohne Staat möglich ist. Unterschiedlich auch die politische Gedankenwelt. Hier die Praktiker ohne Sinn für Ideologie, dort die Praktiker mit missionarischem Eifer für Republik, Demokratie und Menschenrechte. Anders auch die Wurzeln ihrer Kraft, hier politischer Instinkt, staatsbürgerliche Disziplin und militärische Stärke, dort unternehmerische Energie, dynamische Wirtschaft und fortschreitende Technik. Anders auch das Endergebnis: Hier ein monarchisch regiertes Imperium, dort ein demokratisch und ökonomisch geleitetes Informal Empire.

Dennoch lassen Römer und Amerikaner Ähnlichkeiten erkennen, die unabhängig sind von Zeit, Raum und Verfassung. Ihre stärkste Gemeinsamkeit ist, daß sie gleiche Fragen provozieren. Die erste ergibt sich aus der spektakulären Karriere, die sie gemacht haben. Wie eine wenig bedeutende Stadt am Tiber zur Herrin der damals erreichbaren Welt wurde, hat schon den Griechen Polybios im zweiten Jahrhundert vor

Christus zu einem großen Geschichtswerk inspiriert und ist als die Frage nach den »Ursachen der Größe Roms« zu uns gekommen. Die Vereinigten Staaten fanden ihren Polybios in dem Franzosen Alexis de Tocqueville, und das Nachdenken wird weitergehen, wie dreizehn europäische Kolonien ihr Mutterland Europa in den Schatten stellen und als weltbeherrschender Kontinent ablösen konnten. Sobald man die Entstehung anderer Großreiche ins Auge faßt, zeigt sich eine Gemeinsamkeit. Römer wie Amerikaner verdankten ihren Aufstieg nicht stürmerischen Eroberern, keinem Alexander, Dschingis-Khan oder Napoleon, sondern einem langen Prozeß; beide wuchsen allmählich zu dem, was sie wurden. Ein Vergleich kann zeigen, was dabei ähnlich und was ganz anders war.

Auch das Amerika der Gegenwart provoziert den Rückblick auf Rom. Der Status der einzigen Weltmacht ist historisch nahezu beispiellos, nicht zufällig gehen fast alle, die Amerikas einzigartige Stellung verständlich machen wollen, zweitausend Jahre bis zum Imperium Romanum zurück. Dabei ergeben sich wieder gleiche Fragen. Wie ergeht es einem Staat, der zwar nicht alles tun kann, dem aber kein anderer etwas antun kann? Zu welchen Versuchungen führt seine Beinahe-Allmacht, welche Verantwortung erlegt sie ihm auf? Worauf muß er sich stützen, um seine Stellung zu wahren? Auf Soldaten oder Finanzen, auf Drohung oder klugen Umgang mit Unterworfenen und Abhängigen, auf ökonomische Stärke oder kulturelle Vorbildlichkeit oder auf alles zugleich? Das Stichwort Kultur legt eine weitere Frage nahe. Wie steht es um das Verhältnis zu den geistigen Vätern, die nun politische Vasallen wurden? Verhalten sich Amerikaner und Europäer ähnlich zueinander wie seinerzeit Römer und Griechen?

Zweitausend Jahre liegen zwischen damals und heute. Wir leben in einer Welt der Atomkraft, Computer-Vernetzung und Gen-Entschlüsselung, die unsere Gegenwart von aller Vergangenheit trennt. Gleich geblieben ist aber die Politik.

Die Konstellationen und Situationen sind immer anders, die Probleme jedoch, die sich im Umgang der Menschen miteinander stellen, unterscheiden sich auch im Abstand von Jahrtausenden nicht.

II. INSULANER

Seitdem die Fäden dieses so fein wie fest um ganz Italien geschlungenen Netzes in den Händen der römischen Gemeinde zusammenliefen, war diese eine Großmacht.
THEODOR MOMMSEN

Die USA sind im 20. Jahrhundert nicht wegen ihrer Unternehmungen in der Außenpolitik zu einer Weltmacht geworden, sondern weil sie das 19. Jahrhundert dazu genutzt haben, den nordamerikanischen Kontinent zu entwickeln.
WILLIAM FULBRIGHT

1. Insulare Sicherheit

Der griechische Historiker und Geograph Strabon fragte wie sein Vorgänger Polybios nach den Ursachen der Größe Roms und nannte als erstes: »Italien wird allseits von Meeren sicher bewacht, abgesehen von wenigen Teilen, die von unwegsamen Bergen wie durch Mauern geschützt sind« (Geographia 6, 4, 1). Von den Alpen als den Mauern Italiens sprach schon der ältere Cato Anfang des 2. Jahrhunderts vor Christus. Im Jahr 1940 urteilte der Ausschuß des amerikanischen Senats für Flottenfragen: «Vom militärischen Standpunkt aus müssen die Vereinigten Staaten als eine insulare Nation betrachtet werden. Von möglichen Feinden in Ost und West sind wir durch breite und tiefe Ozeane getrennt, an unseren nördlichen und südlichen Grenzen leben Nationen, die bisher freundlich gewesen sind.«

Im geographischen Sinn sind weder Italien noch die Vereinigten Staaten Inseln, im politischen und militärischen Sinn wurden sie jedoch als solche betrachtet. Italien ist immerhin eine Halbinsel, die Seegrenzen der Vereinigten Staaten sind kaum kürzer als ihre Landgrenzen (7065 zu 8465 Kilometer ohne Alaska), aber waren und blieben weit wichtiger. Denn den gewissen Schutz, den Italien durch die Alpen erhielt, genossen die Vereinigten Staaten in viel höherem Maße durch die jahrhundertelang bewährte Friedfertigkeit ihrer nördlichen und südlichen Nachbarn. Historisch und kulturell gehört Italien nicht zu Zentraleuropa, sondern zum Mittelmeer, und die Vereinigten Staaten entwickelten sich auf einem eigenen Kontinent, den Antlantik und Pazifik von allen anderen Kontinenten scheiden. Auf beide paßt, was Fernand Braudel »ziemlich streng isolierte Welten« nennt, sein deutscher Übersetzer prägte den Ausdruck »Fast-Inseln«. Gleich wie man es nennt, Halb-, Fast-, Quasi-Inseln oder nur Inseln, die Bewohner, Römer wie Amerikaner, blieben in ihrem Denken und Empfinden lange Insulaner, die Amerikaner haben sogar ein eigenes Wort dafür: Isolationismus.

Meere können verbinden und zur Welt öffnen, noch mehr aber trennen sie. Für das antike Italien war dies um so mehr der Fall, als nicht Seefahrer wie die Griechen oder Etrusker die ganze Halbinsel unterwarfen und einten, sondern das Bauernvolk der Römer, die nicht zur See, sondern zum Land sahen. Ihre Hauptsorge während der ersten Jahrhunderte galt dem Norden, wo Italien keine Insel ist und immer wieder Kelten über die Alpen kamen, oft Keltenstämme in der Poebene mitrissen und das Land südlich des Apennin mit Raubzügen terrorisierten. Im Juli 387 vor Christus eroberten sie Rom, plünderten und verbrannten die Stadt und demütigten die Besiegten mit dem Schwert, das der Heerführer auf die Goldwaage warf: Vae victis, wehe den Besiegten. Der Gallierschrecken schuf nicht nur Legenden wie die Rettung des Kapitols durch die wachsamen Gänse, sondern wurde zum Trauma der Römer, vergleichbar der Russenangst der Deutschen im 20. Jahrhundert. Der zweite, nie vergessene Schrekken kam im Spätherbst 218, als Hannibal die Alpen überschritt und die Römer siebzehn Jahre lang im eigenen Land bedrängte. Wo Italien keine Insel mehr ist, war es angreifbar.

Im übrigen aber war Italien »von den Meeren sicher bewacht«. Es blieb, soweit es römisch war, jahrhundertelang von überseeischer Invasion verschont, erst Pyrrhos bedrohte Rom, er kam nicht aus eigenem Antrieb, sondern auf Einladung von Tarent. Mit der Unterwerfung von Tarent, das immer wieder griechische Abenteurer zu Hilfe rief, konnte Rom Italien gegen überseeische Angriffe sichern. Mit der Seemacht Karthago stand es bis zum Jahr 264 in korrekten, vertraglich geregelten Beziehungen; gegen Pyrrhos war es mit Karthago sogar verbündet. Zweihundert Jahre lang, seit der Befreiung von den Etruskern, konnten sich die Römer, ungestört von der außeritalischen Welt, ausschließlich Italien widmen. Ihre Politik, und im wesentlichen auch ihr Gesichtskreis, beschränkten sich auf ihre Halbinsel.

Die Vereinigten Staaten genossen den Schutz der Meere zunächst nur eingeschränkt. Anders als die Römer hatten sie Gegner aus Übersee bereits auf ihrer Insel, die Spanier in Florida, die Engländer in Kanada, die Franzosen von New Orleans hinauf bis nach Kanada, die Russen in Alaska. England blieb durch das ganze 19. Jahrhundert das Hauptproblem der amerikanischen Außenpolitik. Wohin immer die Vereinigten Staaten sich ausdehnen wollten, nach Norden, Westen oder Süden, überall stellten sich ihnen die Engländer entgegen.

Doch in London hatte man nicht nur den Wunsch, die Ausdehnung der früheren Kolonien in Amerika einzudämmen; noch wichtiger erschien, die anderen Europäer von Amerika fernzuhalten, darauf hatte John Quincy Adams, als er die Monroe-Doktrin anregte, zu Recht spekuliert. Dieses Interesse der Briten hielt an und bewirkte, daß die Flotte der stärksten Seemacht des 19. Jahrhunderts Amerikas Küsten nicht mehr bedrohte, sondern sicherte. Im Schutz der englischen Flotte konnten die Vereinigten Staaten den Schutz der Ozeane genießen.

Ihre schwächste Stunde war der Bürgerkrieg von 1861 bis 1865, aber keine europäische Kolonialmacht, auch England nicht, wagte es, die Situation auszunutzen. Keine erkannte die Selbständigkeit der abgespaltenen Südstaaten an oder unterstützte die Sezessionisten politisch oder gar militärisch. Schwer auszudenken, wohin die Geschichte des 20. Jahrhunderts ohne ein starkes, weil ungeteiltes Amerika geraten wäre. Seit dem Bürgerkrieg, der die Einheit der Union wiederherstellte, waren die Vereinigten Staaten im Schutz der Ozeane sicher vor Bedrohung von außen, und sie fühlten sich auch sicher. Flotte, Armee und Küstenschutz vernachlässigten sie, bis sie Ende des Jahrhunderts Ansprüche in der Karibik und im Pazifik durchsetzen wollten, die Seemacht verlangten; der Bau einer starken Flotte seit 1890 entsprang nicht defensiven, sondern imperialistischen Absichten. Die Sicherheitsfrage reduzierte sich auf eine Pointe: »Im Norden ein schwaches Kanada, im Süden ein schwaches Mexiko, im Osten Fische und im Westen Fische.« Wie die Römer konnten sich die Amerikaner ungestört und unbesorgt ihrer Insel widmen.

2. Okkupation der Inseln

Zweihundert Jahre brauchten die Römer, um Italien zu unterwerfen, hundert Jahre dauerte es, bis die Amerikaner sich den Nordteil ihres Kontinents außer Kanada zu eigen gemacht hatten. Die Eroberung ihrer Insel war die prägende Zeit für beide. Da bildeten sich die Charaktere und die hervorstechenden Eigenschaften, es entstanden die besonderen Fähigkeiten und Schwächen, die Ängste und Hoffnungen, die Ideale und Grundsätze. Es war die Zeit der Mythen und Heldengeschichten, der Western-Romantik und der Träume von der Grenzenlosigkeit des Landes und der Möglichkeiten. Es war die Zeit der großen Männer, die sich für die res publica, die gemeinsame Sache, opferten und in der Neuen Welt eine neue Welt schufen. Es war die Zeit harter Kämpfe und schwerer

Entbehrungen, aber auch triumphaler Siege, riesiger Erwerbungen und wachsender Macht. Es war die Zeit des mos maiorum, der prinzipienfesten Haltung und einfachen Lebensart der Vorfahren, die in Rom wie in Amerika den »dekadenten« Nachfahren als Vorbilder vorgehalten wurden. Diese ersten Jahrhunderte, so scheint es, entschieden alles weitere, sie waren die Zeit, in der die Römer die Römer wurden und die Amerikaner die Amerikaner und in der beide den Grund legten für den Aufstieg zur Weltmacht.

Eroberung Italiens

Kampf ums Leben

Im Jahr 272 war Rom unbeschränkter Herr über ganz Italien vom nördlichen Apennin bis zu den Spitzen des Stiefels. Natürlich wird niemand zum Herrn, wenn er es nicht will. Auch schafft wachsende Macht ein Machtbewußtsein, spätestens zu Beginn des 3. Jahrhunderts kämpfte Rom nicht mehr mit Gegnern, sondern mit Aufständischen, die es nicht besiegte, sondern »befriedete«. Erfolgreiche Kriegführung brachte auch Ruhm, und da die führenden Familien miteinander wetteiferten, trieben Ehrgeiz und Familienstolz manches voran, das nicht nur dem Wohl des Staates diente. Schließlich ist es immer reizvoll, seinen Besitz zu erweitern. Den meisten Besiegten nahmen die Römer einen Teil ihres Landes, das diente strategischen Zwecken, aber auch der Bereicherung des Adels und der Versorgung jüngerer Bauernsöhne.

Außerdem brachte jeder Sieg Beute. Feldzüge waren, nicht nur bei den Römern, meist auch Beutezüge, es war nicht ihr Hauptzweck, aber doch ein höchst erwünschter Nebeneffekt. Den Gewinn teilten sich Staat, Feldherr und Soldaten. Die Zensoren beteten am Ende ihrer Amtszeit, Rom möge an Reichtum und Ausdehnung zunehmen; und spätestens seit dem 3. Jahrhundert wurden Priester bei einem Kriegsbeginn gefragt, ob eine Erweiterung des römischen Territoriums zu erwarten sei.

Doch weder Machtgier und Ruhmsucht noch Besitztrieb erklären ausreichend, daß und wie Rom zum Herrn Italiens wurde. Die Römer unterschieden sich von allen anderen Völkern der Halbinsel durch drei außergewöhnlich entwickelte Eigenschaften, durch extreme Wachsamkeit gegen äußere Gefahren, durch eiserne Entschlossenheit, die Gefahren mit Stumpf und Stiel auszurotten, und durch eine seltene Fähigkeit, die jeweils gewonnene Macht dauerhaft zu begründen.

Die Unterwerfung Italiens entsprang nicht einem Eroberungsdrang, sondern einem Sicherheitsbedürfnis, das aus den traumatischen Erfahrungen der Frühzeit kam, als es nicht um Sieg und Gewinn ging, sondern um die Existenz. Die römische Macht wuchs, weil die Notwendigkeiten wuchsen, denen die Stadt sich stellen mußte oder glaubte, es zu müssen. Wenn eine Not abgewendet und ein Schutzgürtel aus Festungen und Verbündeten gelegt war, ergab sich daraus – wie bei konzentrischen Kreisen – die nächste, größere Notwendigkeit. Rom wurde expansiv aus defensiver Absicht. Es hatte keinen Plan, Herr Italiens zu werden, und keinen Mann, der wie Kyros oder Alexander ein Reich schaffen wollte. Rom reagierte auf Ereignisse und Entwicklungen in seinem jeweiligen Gesichtskreis, seine Ausdehnung vollzog sich planlos nach allen Richtungen, aus denen eine Gefahr zu drohen schien. Die Herrschaft über Italien war im wesentlichen das Ergebnis seiner Politik und erst spät auch deren Ziel.

Daß die Römer schließlich mit allem, was sie bedrohte, fertig wurden, verdankten sie zunächst ihrer unverwüstlichen Zähigkeit. Sie hielten länger durch als ihre Gegner und blieben fest entschlossen, nicht aufzuhören, bis der Feind kein Feind mehr war. Bei den Samniten brauchten sie mindestens vier Kriege, um deren Widerstandskraft ganz zu brechen. Aber ihr eigentliches Erfolgsgeheimnis war, daß sie allen ihren Gegnern in Italien politisch überlegen waren. Militärisch waren sie das keineswegs, von den Samniten mußten sie sogar taktisch viel lernen. Auch ihre Bevölkerungsstärke hielt mit der Vitalität der Bergstämme kaum Schritt. Die Römer gewannen weniger durch große Schlachten als durch die politische Nutzung jedes Erfolgs. Ihnen wäre nie ein Fehler passiert wie den Samniten, die ein besiegtes römisches Heer unter das Caudinische Joch waffenlos durchmarschieren ließen, es also nur demütigten, statt Roms Kraft durch harte Bedingungen zu mindern. Die Römer schlachteten jeden militärischen Vorteil sogleich politisch aus, sie gaben nicht mehr her, was sie einmal hatten, besiegelten, befestigten, ummauerten es nach Möglichkeit. Rom war immer auf Endgültigkeit bedacht. Der Gegner sollte in einen Zustand gebracht werden, der ihn nie wieder zum Gegner werden ließ, aber nicht nur das: Er sollte zum Freund und Helfer werden, erst das versprach volle Sicherheit vor ihm und einen Zuwachs an Macht.

Organisation der Herrschaft

Zunächst kam es darauf an, besiegte Gegner unschädlich zu machen. Die schlimmsten Feinde wurden vertrieben, versklavt und ausgerottet, aber das war die Ausnahme. Alle anderen wurden geschwächt und unter dauernde Kontrolle gebracht. Den meisten nahm der Senat Teile ihres Landes, die er mit römischen Bauern besiedelte oder zur Anlage von Kolonien benutzte, dabei handelte es sich um eine der originellsten Einrichtungen Roms.

Kolonien gab es auch bei Griechen und Phöniziern, doch das waren selbständige Tochterstädte, die ihre Metropolen, die Mutterstädte, zuweilen an Bedeutung weit überragten. Die Anlage von Kolonien an strategischen Plätzen und mit strategischen Aufgaben war eine Erfindung der Römer. Ihre Kolonien dienten als Bastionen, die das eigene Gebiet sicherten, als Wachtposten, die das feindliche Gebiet kontrollierten, und als Zwingburgen, die unterworfene Völkerschaften niederhielten. Von Rimini bis Brindisi, von Etrurien bis Paestum überzog Rom in zweihundert Jahren bis 263 Italien mit einem Netz von etwa dreißig Kolonien, am dichtesten in der Mitte der Halbinsel. Die Samniten rang und hielt es mit einer Festungskette nieder, die den starken Feind allmählich von allen

Seiten einengte, einschloß und am Ende manövrierunfähig machte. Diese Kolonien waren von Römern und Latinern besiedelt und der Form nach selbständig, tatsächlich aber durch ein Bündnis und durch ihre exponierte Lage fest an Rom gebunden. Ihre Bewohner erhielten auch, wenn sie nach Rom zurückzogen, ihr Bürgerrecht dort wieder, allerdings nur dann, wenn sie in der Kolonie einen Sohn zurückließen.

Die Methoden, mit denen Rom die Unterworfenen an sich band, wechselten nach Zeit und Umständen. Was der römische Staat bewältigen konnte, gemeindete er ein, was zu fern, zu groß oder zu fremd war, nahm er in Abhängigkeit, aber ließ ihm begrenzte Freiheit. Die Latiner, Verwandte mit der gleichen Sprache, wurden als römische Bürger aufgenommen; andere wurden »Halbbürger«: Sie behielten viel von ihrer Autonomie, aber dienten wie Vollbrüder in den Legionen, sie hatten kein Stimmrecht in Rom, aber bekamen es meist im Laufe der Zeit. Staaten, die Rom räumlich oder kulturell fern standen, wurden Verbündete. Sie blieben Staaten, waren nicht zu Abgaben, wohl aber zur Heeresfolge verpflichtet. Ein »ewiges« Bündnis band sie an Rom, andere Bündnisse wie überhaupt jede eigene Außenpolitik wurden damit ausgeschlossen.

Auch die Organisation der römischen Herrschaft folgte keinem Plan, sondern entstand als die Summe situationsbedingter Entscheidungen. Da der Senat jedoch bewährte Verfahren immer wieder anwandte, ergab sich so etwas wie ein System. Es war föderalistisch, weil es Aufgaben, die der Stadtstaat Rom nicht wahrnehmen konnte, selbständigen und halbselbständigen Städten und Stämmen überließ; es war zentralistisch, weil es politisch und militärisch alles auf Rom bezog und nur dort über Außenpolitik und Aushebung von Truppen entschieden wurde.

Das System war nicht auf Knechtung, sondern auf Gefolgschaft gerichtet. Es ließ so viel Freiheit, daß die Unterworfenen nicht erstickten, es erzwang so viel Festigkeit, daß es große Notzeiten erstaunlich gut überstand. Pyrrhos und später Hannibal verrechneten sich, als sie annahmen, sie brauchten in Italien nur eindrucksvoll zu siegen und würden dann überall als Befreier begrüßt werden. Sie hatten die brüchigen Hegemonialsysteme ihrer Welt, im hellenistischen Osten und in Afrika, vor Augen und staunten, als sie die Stadttore meist verschlossen und Roms Verbündete meist unwillig fanden, ihnen zu folgen. Beide scheiterten, weil sie nicht wußten und wohl nicht wissen konnten, daß sie gegen einen Block anrannten, aus dem sich nur wenige Teile herausbrechen ließen.

Die Römer herrschten nicht nur, sie boten auch Vorteile. Die Kelten waren eine Gefahr für ganz Italien, Rom schützte davor. Römische Siege waren auch Siege der Verbündeten, die ihren Teil von der Beute und einen Abglanz vom Ruhm bekamen. Die römischen Straßen durchzogen die ganze Halbinsel, sie dienten zwar strategischen Zwecken, erleichterten aber auch den Handel. Die Einigung ganz Italiens schuf die Voraussetzung für einen gemeinsamen Markt.

Vor allem tat die Zeit ihr Werk. Die Generationen, die gegen Rom gekämpft und an Rom ihr Land verloren hatten, starben. Die Ressentiments wichen allmählich der Bewunderung, die Vormacht wurde auch zum Vorbild, ihr Staatsaufbau und ihr politisches Leben, ihre Organisation, ihr Rechtswesen und für die weniger entwickelten Völkerschaften auch ihre urbane Zivilisation. Die Römer romanisierten Italien, weil sie nicht nur in Rom regierten, sondern im ganzen Land in Erscheinung traten, als Siedler auf dem ager Romanus und vor allem als Bewohner der latinischen Kolonien, die allmählich ihre Rolle wechselten und von Wachtposten zu kulturellen Mittelpunkten wurden. Sie wiederholten Rom im Kleinen – mit den gleichen Beamten und einer ähnlichen Stadtanlage. Allmählich ahmten Verbündete das Beispiel nach und ließen sich von Prätoren, Ädilen, Quästoren und Zensoren regieren und verwalten. Eine kulturelle Gemeinsamkeit entstand, die sich in der Bezeichnung aller Italiker als togati äußerte: die Träger der Toga, die sich von den Griechen, von den Hosen tragenden Galliern und anderen Ausländern abgrenzten.

Schließlich tat die Armee für die Romanisierung, was Armeen auch sonst oft für die Vereinheitlichung in Vielvölkerstaaten bewirken. Bürger und Halbbürger dienten in den Legionen, die Verbündeten stellten ein gleich starkes Kontingent zu jeder Legion. Römer und Italiker kämpften und siegten, unterlagen und litten gemeinsam. Oft gab es Neid und Streit, aber auch Erlebnisse und Schicksale, die verbanden.

Die Bilanz der ersten zweihundert Jahre zeigt zwei außerordentliche politische Leistungen. Die sicherheitsbesessene Stadt hatte sich die Verfügung über die gesamte Wehrkraft Italiens verschafft, sie betrug im Jahr 225 vor Christus etwa 358 000 Römer und Bürger latinischer Kolonien, dazu 412 000 Verbündete, zusammen 770 000 Mann. Das war eine Zahl, die kein anderer Staat der Mittelmeerwelt auch nur entfernt aufbringen konnte.

Die zweite politische Leistung lag darin, daß es Rom gelang, was niemandem sonst im Altertum gelang: Es blieb ein Stadtstaat und schuf sich trotzdem die dauerhafte Herrschaft über ein großes Territorium. Mit der Herrschaft entwickelte es seine Begabung, die Gewohnheit und auch den Anspruch zu herrschen. Die Regionalmacht hatte das Zeug, Großmacht zu werden.

Besitznahme Nordamerikas

Wachsende Ansprüche

Die Freiheit, die sich die dreizehn amerikanischen Kolonien von England erkämpft hatten, sollte nicht zuletzt auch Bewegungsfreiheit sein. Ein elementarer Drang, sich auszudehnen, und die Überzeugung, daß Amerika den Amerikanern gehöre, finden sich bereits bei den Gründungsvätern. Wie die Europäer Imperien gründeten, so hatten sie ein Imperium Americanum vor Augen, das eines Tages sein »Gewicht auf der Waagschale der Imperien geltend machen werde«. So sagte es schon der erste Präsident George Washington. Sein Nachfolger John Adams prophezeite, die amerikanische Republik werde den größten Teil des Kontinents an sich ziehen. Der dritte Präsident Thomas Jefferson meinte, der rapide Bevölkerungszuwachs der Amerikaner werde den ganzen nördlichen Kontinent erfassen, vielleicht auch den südlichen. Ebenso wie Jefferson hielt es sein Nachfolger James Madison für ein Naturgesetz, daß auch Kuba den Vereinigten Staaten eines Tages wie ein reifer Apfel in den Schoß fallen werde. Der fünfte Präsident proklamierte die Monroe-Doktrin, und der sechste, John Quincy Adams, war der Hauptverfasser der Doktrin.

Der Anspruch der Doktrin, Amerika müsse allein den Amerikanern gehören, verschärfte sich im Laufe des 19. Jahrhunderts. Aus der defensiven Forderung, Europäer dürften in Amerika nicht weiter kolonisieren, wurde das offensive Ziel, sie müßten aus Amerika verschwinden. Präsident Monroe hatte 1823 nur verlangt, Europäer dürften keine neuen Kolonien in Amerika einrichten. Präsident James K. Polk forderte 1845: Keine bewaffnete Intervention einer europäischen Macht in Nordamerika! Im Jahr 1870 stellte Präsident Ulysses S. Grant die Doktrin sogar über das durch Verfassung geheiligte Prinzip der Volkssouveränität: Keine Aneignung eines Teils von Amerika, auch wenn dessen Einwohner es wünschen! Spätestens Ende des Jahrhunderts war Konsens: Kein Verkauf und keine Abtretung einer Kolonie an eine andere europäische Macht! Den Schlußpunkt setzte Außenminister Olney 1895 in einer Note an das britische Außenamt, darin kehrte er Amerikas Verhältnis zu Europa um: Früher verwahrte sich Washington gegen europäische Intervention, jetzt beanspruchte es für sich das Recht auf Intervention, wenn es zu der Ansicht komme, ein Staat in Amerika, und zwar in ganz Amerika, werde durch eine nicht-amerikanische Macht bedroht. Die Begründung war von umwerfender Offenheit: »Heute sind die Vereinigten Staaten praktisch der Souverän auf diesem Kontinent.« Ein Jahrzehnt später kam noch die Moral dazu. Präsident Theodore Roosevelt beanspruchte 1904 nicht nur das Recht, unter bestimmten Bedingungen als Ordnungsmacht »in der westlichen Hemisphäre« aufzutreten, sondern erklärte es sogar zur moralischen Pflicht.

Anspruch und Moral waren nicht alles. Amerikaner des 19. Jahrhunderts glaubten, wie es scheint, an einen natürlichen, das hieß zwangsläufigen Verlauf der Geschichte. Ein »Naturgesetz« werde den Vereinigten Staaten Kuba bringen (Madison). »Gott und die Natur haben New Orleans und Florida dazu bestimmt, zu diesem großen und aufstrebenden Reich zu gehören« (Andrew Jackson). Der Anspruch auf Herrschaft über den amerikanischen Kontinent sei ebenso ein »Naturgesetz ... wie die Tatsache, daß der Mississippi sich ins Meer ergießt« (John Quincy Adams). Naturgesetze sind unumstößlich, ihnen zu folgen ist natürlich und bedarf keiner Rechtfertigung.

Eroberung durch Siedlung

Die erfolgreichsten amerikanischen Eroberer waren die Siedler. In Familien oder Gruppen von Familien zogen sie nach Westen und suchten oder kauften sich Land. Wenn Raubbau den Boden auslaugte oder wenn besseres und mehr Land lockte, zogen viele weiter nach Westen, am seßhaftesten waren die Deutschen. Andere, genannt Squatter, siedelten nicht, sondern rodeten die Wälder und bereiteten den Boden, zogen dann weiter in die Wildnis, um wieder zu roden und den Boden zu bereiten. Ebenso Großunternehmer: Sie kauften riesige Flächen, die sie dann an Siedler verkauften oder verpachteten, ein Spekulant in Georgia ging mit einer Privatarmee sogar über die Grenze ins spanische Florida. Der Staat folgte. Er legte Forts an, schützte vor Indianern und vertrieb sie in Reservate, er förderte den Bau von Straßen und Eisenbahnen, bekämpfte die Gesetzlosigkeit in Grenzgebieten und versuchte, dem ganzen Vorgang eine Ordnung zu geben.

»Go West« wurde zum Mythos Amerikas. Die kräftigen Naturen, die den Kampf mit der Natur, mit Indianern und Gaunern auf sich nahmen, waren von purer Not oder maßloser Landgier, vom Wunsch nach einer neuen Heimat oder vom Drang nach schnellem Reichtum getrieben. »Die Leute von Kentucky sind voller Unternehmungslust«, schrieb ein Grenzer Anfang des 19. Jahrhunderts, »so raubgierig, wie es die alten Römer waren.« Die Siedler bildeten eine Kraft, der niemand gewachsen war. Spanier und Engländer fürchteten sie. Die Spanier erlaubten zeitweise legale Einwanderung, um die illegale zu stoppen – vergeblich. Die Engländer planten einen indianischen Pufferstaat, der das Vordringen im Nordwesten eindämmen sollte, gaben aber die Absicht auf. Die Bewegung war unaufhaltsam. Nie haben so viele Menschen in so kurzer Zeit so viel Land besetzt, besiedelt und bebaut.

Die Ausdehnung der Vereinigten Staaten über den Kontinent war weniger das Werk ihrer Staatsmänner als ihrer Farmer, Squatter, Pelzjäger, Kaufleute, Goldsucher und Abenteurer. Nur zwei riesige Erwerbungen verdankten sich allein der Politik, der glückliche Kauf von Louisiana (1803 von Frankreich) und die Annexion Neu-Mexikos und Kaliforniens (1848 nach dem Sieg über Mexiko). Alles andere kam durch Druck von unten zustande. Schon beim Friedensschluß mit England 1783 folgten die Verhandlungsführer den Farmern, die seit langem auf Bewegungsfreiheit drängten und das Land bis zum Mississippi forderten. In Florida und Texas, in Oregon und Kalifornien nahmen die Siedler selbst die Sache in die Hand. Durch ihre schlichte Existenz in begehrtem Gebiet gaben sie der Regierung in Washington die Vorwände, offiziell zu begehren und dann einzugemeinden. Schon 25 Jahre nach der Unabhängigkeitserklärung, im Jahr 1800, hatten sich die Amerikaner verdoppelt, von zweieinhalb auf fünf Millionen. Danach kam, was es bei den Römern nicht gab: Immer neue Wellen von Einwanderern strömten aus der Enge Europas in die Weite Amerikas und suchten Land – 1850 gab es schon 23 Millionen Amerikaner und 1890 knapp 63 Millionen.

Verdrängung der Kolonialisten

Die Stärke der Amerikaner gegenüber den Kolonialmächten lag nicht im Militärischen, erfahrenen europäischen Armeen waren sie bis zum Bürgerkrieg nicht gewachsen. Die Stärke der Amerikaner war, daß sie Amerikaner waren, sie hatten den Platzvorteil, weil sie auf diesem Kontinent lebten, sich unablässig vermehrten und auf Ausdehnung drängten, während die Europäer Europäer blieben, die Quellen ihrer Kraft, die Masse ihrer Völker befanden sich auf einem anderen Kontinent. Der Unterschied erklärt, weshalb Nordamerika den Vereinigten Staaten schließlich zufallen mußte, aber das englisch und französisch besiedelte und von der Weltmacht England gehaltene Kanada nicht. Der Unterschied macht auch eine historisch seltene Form der Aneignung verständlich. Die Kolonialmächte wachten zwar eifersüchtig über ihre Kolonien, aber Kolonien sind nur Besitz und nicht Heimat. Besitz kann man verkaufen, Heimat nicht. Die Amerikaner versuchten daher fast überall zu kaufen, was sie haben wollten: Louisiana, Florida, Texas, Kalifornien, Neu-Mexiko und 1853 das »Gadsden-Gebiet«, das sie im Süden für einen Eisenbahnbau benötigten. Erst wenn sie mit Dollars nicht zum Erfolg kamen, nahmen sie Kugeln.

Im Jahr 1863 schien es, als müßten sie sich noch einmal auf Verteidigung der westlichen Hemisphäre umstellen. Frankreich versuchte, in Mittelamerika wirtschaftlich, politisch und sogar militärisch Fuß zu fassen. Der abenteuernde Kaiser Napoleon III. vertrieb den mexikanischen Präsidenten Benito Juarez und ließ den Habsburgerprinzen Maximilian zum Kaiser von Mexiko ausrufen. Damit forderte er die Vereinigten Staaten vierfach heraus. Er besetzte ein Land, das als Nachbarland amerikanische Interessenzone war. Er tat es als europäische Macht, was einen Angriff auf die Monroe-Doktrin bedeutete, und er tat es als Feudalherr, was nochmals die Doktrin verletzte, die zur »Gefahr für den Frieden« erklärte, wenn versucht werde, das »europäische Regierungssystem« wieder »in dieser Hemisphäre« einzuführen.

Die vierte Herausforderung ergab sich aus dem Zeitpunkt. Napoleon besetzte Mexiko, als die Vereinigten Staaten im Bürgerkrieg lagen und der abgespaltene Süden auf ein Tauschgeschäft mit dem Franzosen hoffte: Anerkennung Maximilians als Kaiser von Mexiko gegen Anerkennung der Souveränität der Südstaaten. So war der Norden gegenüber der französischen Invasion in Mexiko doppelt behindert, militärisch konnte er wegen des Bürgerkriegs nichts unternehmen, und politisch mußte er bemüht bleiben, Napoleon von einer Anerkennung der Sezessionisten abzuhalten. Seine Lage erinnert an die Lage Roms im Jahr 280: Eine fremde Macht setzte sich auf der eigenen Insel fest und drohte, den aufständischen Süden in seinem Unabhängigkeitsdrang zu stützen. Aber Maximilian war kein Pyrrhos, sondern nur ein Geschöpf Napoleons, und dieser Napoleon war kein Napoleon.

Die amerikanischen Nordstaaten taten, was sie in ihrer Lage allein tun konnten. Sie hielten sich zurück, bis sich der Sieg im Bürgerkrieg abzeichnete; schon im April 1864 verabschiedete das Repräsentantenhaus eine Erklärung gegen das französische Satellitenregime. Als dann der Sieg errungen war, gab es kein Halten mehr. Die Helden des Bürgerkrieges, die Generäle Grant und Sherman boten an, gleich nach Süden weiterzumarschieren, Freiwillige stießen zu Juarez' Partisanen. Die Regierung versuchte es politisch. Sie berief sich nicht auf die Monroe-Doktrin, aber argumentierte danach: Französische Truppen auf dem amerikanischen Kontinent – das verstoße gegen die Grundsätze der amerikanischen Politik. Im Februar 1866 verlangte Außenminister Seward fast ultimativ zu erfahren, wann die Franzosen abziehen würden. In Europa und vor allem in Paris wurde klar, die jetzt militärisch erfahrenen und selbstbewußten Amerikaner würden handeln, wenn ihr Reden ohne Erfolg bliebe; im französischen Außenministerium rechnete man mit einer Kriegserklärung.

Napoleon knickte ein. Der Kaiser in Paris ließ seinen Kaiser in Mexiko sitzen, Ende Februar erklärte er sich zur Abberufung seiner Truppen bereit. Maximilians Frau unternahm einen verzweifelten Rettungsversuch, sie reiste nach Paris und versuchte, Napoleon umzustimmen, aber einen Krieg mit den Vereinigten Staaten konnte und mochte der Franzose nicht riskieren, im März 1867 verließen seine letzten Soldaten Mexiko. Auch Maximilian wollte zunächst nicht bleiben, doch dann entschied er sich anders, focht einen aussichtslosen Kampf, fiel in Gefangenschaft und wurde am 19. Juni 1867 mit zwei Getreuen standrechtlich erschossen.

Europa nahm teil an diesem Schicksal: Der Bruder des Kaisers von Österreich, als Rebell hingerichtet von Partisanen eines Indianers, der die Republik gegen die Monarchie verteidigte. Das war die Ankündigung eines neuen Zeitalters, in dem es keine Legitimität mehr von Gottes Gnaden geben sollte. Die Vereinigten Staaten traf keine Verantwortung für Maximilians Tod, aber sie waren die Kraft, die der Alten Welt zeigte, daß sie in der Neuen nichts mehr zu suchen hatte.

Am Ende des Jahrhunderts bekamen auch die Engländer diese Kraft zu spüren. In einem belanglosen Streit zwischen Venezuela und dem benachbarten Britisch-Guayana ergriffen 1895 die Vereinigten Staaten Partei für Venezuela, machten ein nationales Problem daraus. Die Zeitungen bekriegten England, Senatoren verlangten Taten, die Opposition stellte sich hinter den Präsidenten, der neue Außenminister Richard Olney erklärte die Monroe-Doktrin zu einem »geheiligten Gesetz«. Die Engländer wunderten sich über soviel Erregung. Sie hatten keine Neigung, wegen einer Bagatelle Krieg zu führen, und fügten sich einem Schiedsgerichtsurteil. Der Hauptbeteiligte Venezuela war bei der ganzen Angelegenheit wenig gefragt worden, gesiegt hatten die Vereinigten Staaten, zumindest fühlten sie sich als Sieger und triumphierten: Die Mündung des Orinoco, deren Besitz sie zur Prestigefrage erhoben hatten, blieb den Briten entzogen. Amerika hatte sich gegen die erste Weltmacht durchgesetzt.

Kurz danach bewies es seine gewachsene Kraft an einer Stelle, die wirkliche Bedeutung hatte. Ein Kanal durch Mittelamerika war seit langem der Wunsch aller seefahrenden

Nationen, besonders der Amerikaner, zwölftausend Kilometer Umweg um Kap Horn sollte er ersparen. Aber gegen oder auch nur ohne England, die Herrin der Weltmeere, war ein Kanalbau nicht möglich. Außenminister Clayton konnte es 1850 schon als Erfolg verbuchen, daß die Engländer versprachen, die Sache nicht ohne Amerika zu beginnen. Ein halbes Jahrhundert später kehrte sich das Verhältnis um. Die Vereinigten Staaten waren so stark geworden, daß London Schritt für Schritt auf seine Ansprüche verzichtete und ihnen Kanalbau und -kontrolle überließ.

Bald danach, 1906, löste England seine karibische Flotte auf, mit der es jahrhundertelang die Region beherrscht hatte. Die Karibik wurde endgültig ein amerikanisches Meer, die Monroe-Doktrin war auch in ihrem offensiven Teil durchgesetzt: Die letzte europäische Kolonialmacht zog sich militärisch und im wesentlichen auch politisch aus Amerika zurück. Kanada hatte sie schon 1867 in die Dreiviertel-Selbständigkeit eines Dominions entlassen, ihre Truppenmacht dort beschränkte sich Ende des 19. Jahrhunderts auf 1494 Mann Infanterie und Ingenieure. Amerika gehörte nun fast nur noch Amerikanern, und die Vereinigten Staaten waren zur Vormacht der gesamten westlichen Hemisphäre geworden, eine Position, die kein Europäer mehr in Frage zu stellen wagte.

Zwei Leistungen

Als die Vereinigten Staaten ins 20. Jahrhundert eintraten, konnten sie auf zwei ungewöhnliche Leistungen zurückblikken. Wirtschaftlich hatten sie England und Deutschland in der Erzeugung von Eisen und Stahl, den damals wichtigsten Erfolgskriterien, überflügelt und in der Kohleförderung mit England gleichgezogen. Schon seit etwa 1870 war ihre passive Handelsbilanz aktiv geworden, am Ende des Jahrhunderts verkaufte Amerika mehr, als es kaufte. Früher hatte es mehr Rohstoffe, vor allem Weizen und Baumwolle, ausgeführt und Fertigwaren eingeführt, jetzt überwogen im Export die Industrieerzeugnisse. Hinter diesen Erfolgen standen die Weite eines Kontinents mit der Fülle natürlicher Ressourcen, vor allem aber technischer Verstand und kommerzielle Dynamik, die in eine beispiellose Massenproduktion mündeten. Die Vereinigten Staaten waren zum führenden Industriestaat der Welt geworden.

Die zweite Leistung war politischer Art. Schon bald nach der Befreiung wurde klar, daß die dreizehn ehemaligen Kolonien nicht als loser Staatenbund, sondern nur als Bundesstaat mit starker Spitze überleben konnten. Die Federalists, vor allen Madison, Hamilton und Jay, setzten in der Verfassung den Wandel durch, der im Laufe des 19. Jahrhunderts auch zur Verfassungswirklichkeit wurde. Es gelang, dem Volk der Siedler und Händler, dem aller Staat zuwider, zumindest tief verdächtig war, das Maß an Staatlichkeit zu verschaffen, das es brauchte, um nicht in Anarchie zu zerfallen. Und noch wichtiger: Es gelang, die außerordentlichen Energien »unten« nicht auseinanderlaufen zu lassen, sondern zur Stärkung des Ganzen zu bündeln. Die Freiheit des einzelnen, sein Verfassungsrecht auf Verfolgung seines Glücks, also sein fast unbegrenztes Streben nach Gewinn und Erfolg, zerstörte das Gemeinwesen nicht, sondern brachte auch ihm Gewinn und Erfolg.

Schließlich glückte es, der wilden Expansion der Siedler eine rechtliche Form zu geben, die eine Expansion auch des Staates ermöglichte. Das Modell stammte schon aus dem Jahr 1787, als erstmals ein großes Gebiet einzugemeinden war. Die dabei entwickelten Regeln bewährten sich und wurden (außer bei Texas) immer weiter angewandt: Die Vereinigten Staaten erweiterten sich durch Bildung und Aufnahme neuer Staaten. Ein neu erworbenes Gebiet mußte eine bestimmte Anzahl amerikanischer Einwohner haben und eine – stufenweise entwickelte – Selbstverwaltung, die es erlaubten, das Gebiet als Staat der Union einzugliedern. Golo Mann nannte das Verfahren die »erstaunlichste Leistung von Europas staatenbauendem Genius«; Amerikaner werden zu Recht sagen, es sei die Leistung ihres Genius.

Krieger und Siedler

Römer und Amerikaner machten sich ihre Insel zu eigen, doch das geschah unter ganz unterschiedlichen Voraussetzungen und daher auch mit unterschiedlichen Absichten sowie in unterschiedlichen Formen. Roms Macht wurde aus der Not geboren, Amerikas Macht entstand aus dem Überfluß und Überschwang. Für die Römer war Sicherheit erstes Gebot, die Herrschaft über Italien wurde erst allmählich ihr Ziel, der Machtanspruch wuchs erst mit dem Machtgewinn. Das Gefühl, etwas Besonderes zu sein, berufen zur Herrschaft über andere, entstand frühestens Ende des dritten Jahrhunderts nach den Prüfungen und Siegen der Punischen Kriege.

Bei den Amerikanern war es gerade umgekehrt. Sicherheit wurde für sie spätestens nach dem Bürgerkrieg zu einer Frage minderer Bedeutung und diente halb bewußt, halb unbewußt zur Rechtfertigung eigener Ausbreitung. Um so stärker trieb ein unzähmbarer Drang zur Expansion, der sich durch die Überzeugung rechtfertigte, die schon die Puritaner lange vor der Unabhängigkeit beseelte: Wir sind ein auserwähltes Volk, das der Welt den Weg zu gottgefälligem Leben und zum Glück zu weisen hat. Bei den Amerikanern stand der Sendungsglaube schon am Anfang und nicht erst am Ende wie bei den Römern. Thomas Jefferson, der Vater der Unabhängigkeitserklärung, sprach von einem Empire of Liberty, also Macht zur Ausbreitung der Freiheit und Freiheit als Ergebnis und Rechtfertigung der Macht. Seit den vierziger Jahren des 19. Jahrhunderts beriefen sich die Expansionisten auf ein »Offenbares Schicksal« (Manifest Destiny), das den Amerikanern zur gottgegebenen Pflicht machte, der Menschheit die republikanischen Errungenschaften zu bringen – sei es als Vorbild, sei es als politischer Missionar. Ein ideologischer Universalanspruch entstand, wie ihn sonst nur Religionen und später die leninistischen Kommunisten wagten.

Rom war ein Stadtstaat, für den alles zum Problem wurde, was über die Verfassung und Verwaltung einer großen Stadt hinausging. Die Vereinigten Staaten waren hingegen ein Bundesstaat, der sich fast problemlos durch die Bildung und Aufnahme neuer Staaten ausdehnen konnte. Römer und Amerikaner eroberten und kauften nicht nur, sondern durchdrangen ihr Neuland, doch das geschah unter anderen Bedingungen und in anderer Art. Die Römer hatten es größtenteils mit kulturell Ebenbürtigen zu tun, mit nahen Verwandten wie den Latinern und entfernten Verwandten wie den Samniten; die Romanisierung Italiens gelang ihnen durch ihre politische Überlegenheit. Rom herrschte, gab als Staat ein Vorbild und wuchs zur Haupt-Stadt, die Weltläufigkeit ausstrahlte. Zugleich breitete es seine Kolonien und Bauernsiedlungen wie Inseln über ganz Italien und gemeindete ein, was ihm nahestand oder naherückte.

Die Amerikaner hatten – jedenfalls aus ihrer Sicht – ein kulturelles Vakuum vor sich. Sie besetzten einen Kontinent, der viel leeren Raum bot und ihnen als gänzlich leer erschien. Die Besiedelung Amerikas, so glaubten sie, begann erst mit ihnen. Wohin sie kamen, außer wenigen Spaniern trafen sie nur auf Indianer, die sie als zivilisatorisch Unterlegene verdrängten oder ausrotteten. Anders als die Römer brauchten sie sich in neu erworbenem Gebiet mit niemandem, der ihnen gewachsen war, auseinanderzusetzen und konnten den Kontinent mit sich selbst füllen, mit ihren Menschen, Idealen und Institutionen.

Schließlich, und vor allem, unterschieden sich Römer und Amerikaner in der Rolle, die der Staat bei ihrer Expansion spielte. Rom wuchs von »oben«, Amerika wuchs von »unten«. Auch wenn die Ausdehnung der Tiberstadt nicht so wohlgeordnet verlief, wie es nach den spärlichen Quellen aussieht: In Rom gingen Initiative und Bewegung von der regierenden Aristokratie aus und in Amerika vom Volk. Die Unterwerfung Italiens war ein Wunderwerk der Politik, die Eroberung Amerikas war ein Naturereignis von elementarer Gewalt, dem die Politiker nachher eine Form geben mußten.

Andere Verhältnisse brachten andere Charaktere hervor. Es war ein Unterschied, ob man wie die Römer fast alles erkämpfen mußte oder wie die Amerikaner vieles kaufen konnte. Ob Krieg die Regel oder die Ausnahme war. Ob man mit Feinden oder vor allem mit der Natur zu kämpfen hatte. Ob man sich in besiedeltem Land ausbreitete oder in einem leeren, nur von einigen »Wilden« bewohnten Kontinent. Ob man Herrschaft politisch und militärisch organisieren mußte oder nur Indianeraufstände niederzuwerfen brauchte. Ob man sich zu behaupten hatte oder einer Mission folgen wollte. Ob man »verteidigungsfähige Grenzen« (Lord Curzon) suchte oder zu immer neuen Grenzen vorstieß. Ob Sicherheit oder Expansion das Lebensgesetz war.

Rom brauchte den Krieger und den Politiker, Amerika brauchte den Pionier und den Ingenieur, den Unternehmer und den Händler. In Rom zählte der Sohn beim Begräbnis des Vaters die Heldentaten aller Ahnen auf, in Amerika ehrt man den Gründer eines Wirtschaftsimperiums. Roms Vorbilder waren die Claudier, Fabier, Scipionen; Senatoren durften keine Handelsgeschäfte treiben. Amerikas Traumkarrieren tragen die Namen Rockefeller, Ford, Morgan, Vanderbild, Astor, siegreiche Generäle sind unter Präsidenten und Ministern die Ausnahme. In Rom lenkten aristokratische Feldherrn die Politik, in Amerika erfolgreiche Geschäftsleute und Anwälte. In Rom öffnete der Ruhm den Weg zu sozialer Geltung, in Amerika tat und tut es der Reichtum.

3. Insulare Selbstbeschränkung

Römer wie Amerikaner hielten politisch lange Abstand zu allem, was jenseits der Meere lag, die ihre Insel umgaben. Meere schützen nicht nur, sie trennen auch, weil sie das Gefühl geben, daß man sich um den Rest der Welt nicht viel zu kümmern braucht. Insulaner sind Isolationisten.

Landmacht Rom

Rom liegt nicht am Meer. Den Tiber aufwärts zu fahren bis zur Stadt war schwierig, Vergil bemühte für seinen Helden Aeneas sogar ein Wunder, damit es ihm gelang. Die Römer waren Landleute. Sie mißtrauten der Launenhaftigkeit des Meeres und hielten sich an die Zuverlässigkeit des Ackerbodens, ihre Blicke richteten sich mehr nach innen auf Italien als nach außen. Bis zum Beginn der Punischen Kriege 264 vor Christus unterhielten sie wenige und wenig bedeutsame Beziehungen zu Staaten und Städten außerhalb Italiens. Das Verhältnis zu Ägypten hatte keinen politischen Rang, die alte Freundschaft mit dem griechischen Massilia (Marseille) bewährte sich erst später in den Punischen Kriegen. Mit Karthago, der herrschenden Macht im westlichen Mittelmeer, schloß Rom in den Jahren 509 und 306 Verträge, die zwischen der See- und der Landmacht die Interessen absteckten. Die Karthager durften in Italien, soweit es Rom unterstand, nicht rauben oder feste Plätze okkupieren, die Römer mußten die engen Grenzen anerkennen, die Karthago römischen Kriegsschiffen und dem römischen Überseehandel setzte.

Die maritime Politik des Senats beschränkte sich im wesentlichen auf Küstenschutz. Sie belegte die wichtigsten Plätze am Tyrrhenischen und Adriatischen Meer mit Kolonien, verpflichtete die Griechenstädte Süditaliens zur Gestellung von Kriegsschiffen, weil es eine römische Flotte kaum gab, und ernannte 267, nach der Unterwerfung ganz Italiens, vier Flotten-Beamte, die an der West- und der Ostküste stationiert wurden. Auch als Herr seiner Insel begnügte sich Rom mit der Sicherung der Insel. In der Welt von damals, die ihr Zentrum im hellenistischen Osten hatte, machte es sich kaum bemerkbar und wurde daher auch kaum bemerkt. Erst sein gigantischer Kampf mit Karthago erweckte Aufmerksamkeit, aber noch hundert Jahre später hielt es der griechische Historiker Polybios (1, 63, 4) für nötig, seinen Landsleuten die Dimensionen dieses Kampfes zu erklären: Er war »unter allen

Kriegen, von denen wir aus der Geschichte wissen, der langwierigste, ununterbrochenste und schwerste«. Wer einen solchen Krieg siegreich besteht, war die Folgerung, ist eine Macht, die von den Griechen endlich zur Kenntnis genommen werden müsse.

George Washingtons Mahnung

New York und Boston liegen am Meer. Schon im 18. Jahrhundert waren die Amerikaner beides, Farmer, deren Blick sich auf den eigenen Kontinent beschränkte, und Händler, die enge Beziehungen zu Europa pflegten. Territoriale und maritime Interessen lagen von Beginn an im Kampf. Die große Mehrheit strebte nach Land und sah Amerikas Bestimmung allein in Amerika, die Minderheit der Kaufleute und Reeder war reich und einflußreich, Thomas Paine, der große Publizist der Gründerzeit, verkündete, daß Amerikas »Bestimmung der Handel« sei. Ein halbes Jahrhundert später erreichten die Amerikaner die kalifornische Küste, und ein Traum befiel sie, der sie nicht mehr losließ: der Handel mit Ostasien. 1844 öffneten sie sich Vertragshäfen in China, zehn Jahre später brachen sie das verschlossene Japan für ihren Export auf. Nicht um Politik ging es, sondern um Wirtschaft. Schon Amerikas erster Präsident hatte beides scharf getrennt: Handel treiben mit jedermann, lautete seine Botschaft, aber politisch immer Abstand halten! Das galt besonders für Europa, dessen Interessen und Streitigkeiten für Amerika ohne Bedeutung seien. Daher sei es unklug, erklärte Washington, »uns durch künstliche Bindungen in die Wechselfälle der europäischen Politik zu verstricken«. Amerika liege weit entfernt von Europa, daher müsse und könne es eigene Wege gehen: »Warum sollten wir unseren eigenen Grund und Boden verlassen, um uns auf fremde Erde zu begeben? Warum sollten wir, indem wir unser Schicksal mit dem Schicksal irgendeines Teils von Europa verknüpfen, unseren Frieden und unser Glück in die Wirren europäischen Ehrgeizes verstrikken, in seine Feindschaften, Interessen, Launen oder Mißverständnisse?«

Die feierliche Abschiedsbotschaft, mit der Washington aus dem Amt schied, wurde bis zum Ersten Weltkrieg zur festen Leitlinie der amerikanischen Außenpolitik: Niemals verstrikkende Bündnisse eingehen – no entangling alliances! In der zweiten Hälfte des 19. Jahrhunderts entwickelte sich sogar die Vorstellung, Amerikas Abstand von Europa sei nicht nur ein Gebot der Politik, sondern ein Werk der Natur. Präsident Ulysses S. Grant erklärte, was andere dann wiederholten: »Die Zeit ist nicht mehr weit entfernt, in der durch die natürliche Entwicklung der Dinge jede politische Verbindung mit Europa aufhören wird.«

Wo so gedacht wurde, mußte sich das Verhältnis zur außeramerikanischen Welt auf Außenhandel und höchstens Außenhandelspolitik beschränken. So war es auch. Mehr als hundert Jahre lang begnügten sich die Amerikaner mit ihrem Festland zwischen Atlantik und Pazifik. Ihr Isolationismus entsprang ihrer Insellage und wurde durch sie ermöglicht, zugleich speiste er sich aus sehr unterschiedlichen Quellen, pazifistischen wie realistischen, idealistischen wie rassistischen. Nicht die Hände schmutzig machen an schmutzigen Kriegen! Nicht amerikanisches Blut opfern, wo amerikanische Werte und Interessen nicht auf dem Spiel stehen! Nicht ein Gebiet annektieren, wenn es Unrecht ist! Nicht die Tore öffnen für fremde Rassen und Religionen! Im 19. Jahrhundert sollte zeitweise das protestantische Amerika vor katholischen Einwanderern bewahrt werden.

Außenpolitik war wenig wichtig, sie beschäftigte lediglich interessierte Minderheiten in der Wirtschaft, der Marine und in missionsbegierigen Kirchen. Tüchtige Gesandte schickte man nur nach England, sonst bürgerte sich die Unsitte ein, schöne Botschafterposten an verdiente, besonders an spendable Parteifreunde zu vergeben. Die außenpolitischen Erfahrungen der Europäer wurden ignoriert und verachtet. Amerika brauchte weder eine Politik des Gleichgewichts der Kräfte noch eine Absteckung von Interessensphären, denn aus den Kräftespielen in Europa und Asien konnte es sich heraushalten, und auf dem eigenen Kontinent gab es keine Feinde, die territoriale Forderungen stellten oder gar die Existenz bedrohten.

Lange bestand auch keinerlei Interesse, Gebiete außerhalb des nordamerikanischen Kontinents zu erwerben. Das galt sogar für Alaska. Als die Regierung es 1867 den Russen abkaufte, erhob sich in beiden Häusern des Kongresses heftiger Protest: Was sollen wir mit dem »Eisschrank«, zu dem nicht einmal eine Landverbindung besteht! Außenminister Seward vertröstete die Kritiker mit der alten, immer wieder neuen und nie erfüllten Hoffnung, demnächst werde man auch Kanada bekommen und damit den Zugang. Stärker überzeugte wahrscheinlich sein Hinweis, Alaska sei ein »Schlüssel zum Pazifik«. Damit traf der Minister ein elementares Interesse, das sich in den folgenden Jahrzehnten weiter verstärkte. Die Farmer und bald noch mehr die Industrie produzierten weit über den amerikanischen Bedarf, Absatzmärkte in Übersee erschienen lebensnotwendig für die Wirtschaft, den sozialen Frieden und, wie manche behaupteten, sogar für die Demokratie. Um über den Pazifik zu kommen, brauchte man damals Kohlestationen und Handelsstützpunkte, ferner Kanonenboote, um sie zu schützen und um widerspenstige Länder wie Japan für den amerikanischen Export zu öffnen, schließlich Kriegshäfen für die Kriegsflotte.

Wichtiger als Alaska war dafür Hawaii, die rhetorische Phantasie überschlug sich: »Sprungbrett nach Asien«, »Gibraltar« auf dem Weg dorthin, »Thermopylen des Stillen Ozeans«. Da die Engländer und Franzosen ein Auge auf die Inseln warfen, dehnte Präsident John Tyler 1842 die Monroe-Doktrin auf Hawaii aus. Und je mehr die Hoffnungen auf den großen Ostasien-Handel wuchsen und die Rivalität der Europäer schreckte, desto dringender erschien es, Hawaii fest in die Hand zu bekommen. Die Frage war nur, wie. Die Europäer pflanzten einfach ihre Flagge auf, annektierten und kolonialisierten, die

Amerikaner, selbst ehemalige Kolonie, konnten und wollten das nicht; ihre Versuche, Hawaii in Besitz zu nehmen, gaben ein Paradebeispiel für ihr Schwanken zwischen Anstand und Begehrlichkeit, aber auch zwischen insularer Selbstbeschränkung und ökonomischem Ausdehnungsdrang.

Der erste Versuch scheiterte 1854, weil der Vertragsentwurf die Aufnahme Hawaiis als Bundesstaat vorsah; zwar gab es dort eine dünne amerikanische Oberschicht, doch die Masse der »Eingeborenen« amerikanische Bürger werden zu lassen erschien unvertretbar. Wirtschaftliche Abhängigkeit sollte genügen. Ein Vertrag auf Gegenseitigkeit sah zollfreie Einfuhr des Insel-Zuckers und begünstigten Absatz amerikanischer Waren in Hawaii vor, doch da legten sich die Zuckerrohrpflanzer der Südstaaten quer. 1875 gelang dann ein gemäßigter Gegenseitigkeitsvertrag, und 1884 bekam die Marine den dringend erwünschten Hafen Pearl Harbor. Aber noch war Hawaii ein selbständiger Staat. Amerikanische Pflanzer dort wollten den Anschluß ans Mutterland und versuchten es mit dem altbewährten Verfahren. Sie inszenierten einen Aufstand, zwangen mit Hilfe amerikanischer Marineinfanterie die Königin zur Abdankung, proklamierten eine Republik Hawaii und baten in Washington um Annexion. Aber dort waren die Meinungen geteilt. Präsident Benjamin Harrison unterschrieb den Annexionsvertrag, sein Nachfolger Grover Cleveland zog ihn aus dem Senat zurück. Dessen Nachfolger William McKinley wollte wiederum die Annexion durchsetzen, bekam aber im Senat nicht die erforderliche Zweidrittelmehrheit. Faktisch war Hawaii längst ein Protektorat der Vereinigten Staaten, aber der Form nach immer noch ein eigener Staat.

Gleiche Hemmungen und Widerstände zeigten sich in der Karibik, wo die wirtschaftlichen Interessen noch größer und die Forderungen der Marine nach Stützpunkten noch stärker waren. Was auch immer annektiert werden sollte, der Kongreß lehnte ab. Nicht Außenbesitzungen brauchten die Vereinigten Staaten, hieß es unter anderem, sondern die Vollendung ihrer inneren Entwicklung.

Imperialismus

Das Jahr 1898 änderte dann alles, jedenfalls für einige Zeit. Mit dem schnellen und verlustarmen Sieg über Spanien fielen die Hemmungen zwar nicht, verhinderten aber nichts mehr. Jetzt wurde annektiert: Hawaii, ein Teil von Samoa, und die Kolonien der Spanier Puerto Rico, Guam und die Philippinen, von denen die meisten Amerikaner vor dem Krieg gar nicht gewußt hatten, wo sie lagen. Wenn sie nicht annektierten, dann intervenierten sie, »Interventionspolitik aus Prinzip« schrieb ein amerikanischer Historiker. Gewaltanwendung wurde zwischen 1900 und 1920 in Lateinamerika fast zur Selbstverständlichkeit. Von 1906 bis 1910 besetzten amerikanische Truppen Kuba, von 1912 bis 1933 blieben Marineinfanteristen in Nicaragua, im Ersten Weltkrieg gingen Truppen in die Dominikanische Republik und nach Haiti, das sie erst 1934 verließen, das benachbarte Mexiko wurde Opfer mehrerer Interventionen und eines erzwungenen Präsidentenwechsels.

Drei Fälle verdienen besondere Beachtung. Kuba zu besitzen wünschten sich schon die ersten Präsidenten Anfang des 19. Jahrhunderts, doch erst an dessen Ende bot der Krieg mit Spanien die Möglichkeit, den Wunsch zu erfüllen. Aber die Insel wurde nicht annektiert, weil ein Senator, der aus einem Zuckerrübenstaat stammte, den kubanischen Rohrzucker außerhalb der Zollgrenze lassen wollte; beim Kriegsbeschluß gegen Spanien setzte er im Senat die Zusicherung durch, Kubas Unabhängigkeit zu wahren. Sechzig Jahre lang blieb das kaum mehr als eine Formalität. Amerika hielt die Insel wirtschaftlich in fester Abhängigkeit, nahm sich den Stützpunkt Guantanamo, den es noch heute besitzt, sicherte sich sogar vertraglich ein Recht auf Intervention und machte bis 1917 mehrfach davon Gebrauch. Langfristig aber bedeutete die formale Unabhängigkeit viel, denn nur ein Land, das nicht amerikanisches Territorium war, konnte 1959 mit Fidel Castro tatsächlich unabhängig werden.

Eine Schiffsverbindung zwischen Atlantik und Pazifik zu bekommen war seit dem Erwerb Kaliforniens 1848 nicht nur ein Wunsch, sondern ein gebieterisches Erfordernis. Als am besten geeignetes Land für einen Kanalbau erwies sich Panama, das zu Kolumbien gehörte. Doch dessen Regierung weigerte sich, den Vereinigten Staaten für zehn Millionen Dollar eine Zone für Kanalbau und -betrieb zu überlassen; Präsident Theodore Roosevelt »nahm« daher, wie er sagte, »die Kanalzone«. Er ließ in Panama einen Aufstand inszenieren, schickte Kriegsschiffe zur Unterstützung des Aufstands, der mit der Proklamation des Staates Panama endete. Die Vereinigten Staaten hatten einen Satelliten, der ihnen alle Rechte abtrat, die sie wünschten.

Die Philippinen

Während des Krieges mit Spanien war Theodore Roosevelt Marineminister und plante die Besitznahme von Manila. Amerikas Traum vom großen Chinahandel sollte als Fortsetzung von Hawaii und Guam in Manila einen letzten Stützpunkt und Umschlagplatz, ein amerikanisches Hongkong, erhalten. Aber die Stadt war allein nicht zu bekommen oder zu behaupten, die Amerikaner mußten die siebentausend Inseln der Philippinen mit ihren sieben Millionen Einwohnern ebenfalls okkupieren. Hätten sie sich zurückgezogen, wäre ein Vakuum entstanden, das vielleicht die Deutschen gefüllt hätten. So folgten sie der klassischen Rechtfertigung aller Eroberer: Wir mußten es nehmen, sonst hätte ein anderer es genommen.

Es war ein Traditionsbruch, zunächst politisch: Amerika engagierte sich weit außerhalb seines Kontinents in einer großen, durchaus fremden Region, die nicht Staat der Vereinigten Staaten werden konnte. Traditionsbruch militärisch: Amerika band sich an ein Gebiet, das es nicht verteidigen konnte. Traditionsbruch moralisch: Die ehemalige Kolonie wurde zur Kolonialmacht. Die Abweichung bestrafte sich in einem Kolonialkrieg, der mehr Zeit, Geld und Blut kostete als der Krieg gegen Spanien. Die Filipinos hatten sich gegen die Herrschaft der Spanier aufgelehnt, nun lehnten sie sich gegen die Herrschaft der Amerikaner auf.

Es war ein Dschungelkrieg gegen Guerrilleros, eine Vorwegnahme dessen, was die Vereinigten Staaten sechzig Jahre später in Vietnam erlebten. Einerseits brutalisierten die Kampfmethoden der Partisanen auch die Kampfweise der Amerikaner, die nun manches taten, was sie sonst den Spaniern in Kuba und den Engländern im Burenkrieg vorwarfen. Andererseits stieg mit wachsender Grausamkeit des Krieges auch die Opposition dagegen. Schon der Friedensvertrag mit Spanien war bei den »Anti-Imperialisten« auf scharfe Kritik gestoßen, nur mit einem parlamentarischen Trick und mit einer Stimme Mehrheit brachte die Regierung ihn durch den Kongreß. Der Kolonialkrieg auf den Philippinen bestätigte dann Tag für Tag, wie recht die Kritiker gehabt hatten, als sie die Annexion der fernen Inseln für Unrecht erklärten. Die in Opposition stehenden Demokraten verlangten, die Philippinen zu räumen und ihren Einwohnern zu überlassen. Die Heftigkeit der Kriegsgegner ermutigte wiederum die Filipinos in ihrem Widerstand, zumindest behaupteten es die Kriegsbefürworter, damit geriet der Streit ganz und gar ins Moralische: Verrat an den freiheitlichen Grundsätzen der Nation sagten die einen, Verrat an der Nation in der Stunde eines schweren Kampfes, entgegneten die anderen – alles wie später beim Vietnamkrieg. Schon nach zwei Jahren, im Wahljahr 1900, hatten die meisten Amerikaner die Sache gründlich satt, doch eine Nation, die selbstbewußt wurde, verlangte erst den Sieg, bevor sie über Rückzug ernstlich nachdachte, und als dann der Sieg erkämpft war, wurden die Gründe für den Rückzug immer schwächer, bis er unterblieb.

Die erste imperialistische Phase der Vereinigten Staaten hatte vor allem ökonomische Gründe, doch das war nicht alles. Die Wirtschaft brauchte Absatzmärkte außerhalb der eigenen Grenzen, aber auch die Phantasie brauchte neue Grenzen, nachdem der Mythos »Go West« am Pazifik an sein Ende gelangt war. Der politische Ehrgeiz, gewachsen aus politischer Stärke, verlangte in der Hochzeit des Kolonialismus ein Stück vom großen Kuchen, den sich die Europäer schon fast gänzlich aufgeteilt hatten. Die Politik schließlich zeugte einen Theodore Roosevelt, Amerikas Beitrag zum Imperialismus der Zeit. Der Admiral Alfred Thayer Mahan lieferte die Theorie, er beschrieb 1890, weshalb Amerika Seemacht werden müsse und was dafür nötig sei: nicht nur, wie bisher, Schiffe für den Küstenschutz, sondern eine weltweit verwendbare Flotte, um den weltweiten Handel zu schützen und zu unterstützen. Ferner Flottenbasen im Pazifik und einen Kanal durch Mittelamerika. Mahans Vorbild war die britische Seemacht, ihm ging es nicht nur um Handel, sondern auch um Macht.

Regionale Großmacht

Mit dem Anfang des 20. Jahrhunderts begann ein neuer Abschnitt der amerikanischen Außenpolitik, das Bild der Vereinigten Staaten wurde widersprüchlich. Einerseits waren sie über ihre Festlandsgrenzen hinausgegangen und hatten fremde Gebiete annektiert, andererseits war ihnen mit dem Kolonialkrieg auf den Philippinen die Lust am Kolonisieren vergangen, nach 1900 kauften sie noch den Dänen ihre Karibik-Inseln ab, aber nahmen sonst kein Land mehr in Besitz. Sie verzichteten keineswegs auf Expansion, aber sie waren zu der Einsicht gelangt, daß indirekte Herrschaft durchaus genüge: Sie brachte die wirtschaftlichen Vorteile, auf die es vor allem ankam, erlaubte Zollmauern gegen unerwünschte Konkurrenz und ersparte Regierungslasten und -verantwortung. Und wenn für die Entwicklung, Erziehung und Gesundheit des Protektorats etwas getan wurde, waren das nicht Amtspflichten, sondern gute Taten.

Ebenso zwiespältig wirkte Amerikas Rolle in der Weltpolitik. Einerseits rückten die Vereinigten Staaten in den Kreis der großen Mächte Großbritannien, Frankreich, Deutschland, Rußland und das aufstrebende Japan; Theodore Roosevelt vermittelte 1905 den Friedensschluß zwischen Rußland und Japan und erhielt dafür den Friedensnobelpreis. Auch sonst beteiligte sich Washington zunehmend an internationalen Konferenzen auch über Fragen, die Amerika fern lagen wie der Kongo, Marokko oder Spitzbergen. Andererseits galt George Washingtons Mahnung weiter: Handel mit aller Welt, aber politisch keinerlei »verstrickende« Verpflichtungen in Europa und Asien. Nicht nur die »Anti-Imperialisten« wahrten die Tradition, die »Imperialisten«, auch Theodore Roosevelt, hielten sich ebenso daran. In Lateinamerika galt Intervention weiter als normale Fortsetzung der Politik, im Fall China jedoch warnte Roosevelt seinen Nachfolger, sich in militärische Auseinandersetzungen hineinziehen zu lassen. In ihrer eigenen Hemisphäre wollten die Vereinigten Staaten Märkte und Macht, jenseits des Atlantik und Pazifik wollten sie nur Märkte. Im Zeitalter des Imperialismus waren auch die Amerikaner Imperialisten geworden, aber seit 1900 beschränkte sich ihr Machtanspruch politisch auf ein Informal Empire und geographisch auf den eigenen Kontinent und die großen Routen über den Pazifik.

4. Insulare Machtentfaltung

Gewalt und Offenheit

Die Methoden, mit denen Römer und Amerikaner sich ihrer Insel bemächtigten, unterschieden sich, aber waren allesamt mehr oder weniger gewaltsam. Rom expandierte durch Krieg und Kriegsdrohung und sicherte seine Herrschaft durch Militärkolonien. Die Amerikaner expandierten, indem sie die Indianer ausrotteten oder in Reservate sperrten und anderen Staaten durch Okkupation und Krieg nahmen, was man ihnen nicht verkaufte. Mexiko mußte sein halbes Territorium abtreten, mehrere Eroberungsversuche Kanadas scheiterten lediglich am militärischen Widerstand der Engländer und Kanadier. Der Colt gehörte zum Amerikaner wie das Schwert zum Römer, bis heute gelang es noch keiner Regierung in Washington, den gemeingefährlichen Waffenbesitz unter Kontrolle zu bringen. Bei der Besitznahme ihrer Inseln bewiesen Römer und Amerikaner eine kaum beschränkte Gewaltbereitschaft.

Eine weitere Parallele zeigt sich in einer Fähigkeit, die expandierende Nationen selten haben: Sie sorgten für die Vergrößerung ihres Staates und die Vermehrung ihrer Staatsbürger, ohne den Charakter des Staates zu ändern und die Staatstreue der Bürgerschaft zu beeinträchtigen. Beide hielten fern, was nicht zu ihnen paßte, aber sie öffneten sich für alles, was zu ihnen paßte. Rom verlieh sein Bürgerrecht ebenso vorsichtig wie großzügig. Nahe Verwandte nahm es ganz auf und entfernte Verwandte zunächst nur halb, bis sie reif erschienen, »ganze« Römer zu werden.

Das Geschlecht der Claudier, dem Rom starke, eigenwillige Persönlichkeiten verdankte, bot das Vorzeigebeispiel. Es war, sagt die Überlieferung, zu Beginn der Republik aus der Sabinerstadt Regillum nach Rom eingewandert und sogleich in den Kreis der Patrizier aufgenommen worden. Ein später Nachfahre, der Kaiser Claudius, stellte sich noch fünfhundert Jahre später in die Familientradition. Reiche Gallier, die längst römische Bürger waren, wünschten sich Sitze im römischen Senat, aber die italischen Senatoren wehrten schroff ab: Nicht noch mehr Ausländer in unseren Hallen! Claudius hielt mit einem historischen Vergleich dagegen (Tacitus, Annalen 11,24): »Warum scheiterten die Spartaner und Athener trotz ihrer militärischen Überlegenheit? Weil sie ihre Staaten gegen Besiegte, da fremdstämmig, verschlossen!« Rom hingegen habe sich und seine Ämter für neue Bürger geöffnet: »Plebejische Beamte folgten auf die patrizischen, latinische auf die plebejischen und Beamte aus den übrigen Stämmen Italiens auf die latinischen.« Aber Claudius nannte auch die Voraussetzung: Die Gallier, die in den Senat strebten, seien mit den Römern schon »durch Sitten, Bildung und Verschwägerung vermischt«.

Die Amerikaner erweiterten ihren Staat durch Aufnahme neuer Staaten, die amerikanisch besiedelt und selbstverwaltet waren, so kam immer nur annähernd Gleiches hinzu. Sie vermehrten ihr Volk durch Einwanderer aus Europa, öffneten und sperrten die Tore zu verschiedenen Zeiten aus verschiedenen Gründen, religiösen, rassischen, politischen und ökonomischen, blieben aber immer ein Einwanderungsland. Die neuen Immigrantenströme waren Amerika zunächst fremd, manche paßten sich schnell an, vor allem Deutsche, andere bewahrten lange Zeit viel von ihrer nationalen Kultur, aber allmählich wurden fast alle Amerikaner und blieben nur in zweiter Existenz noch Italiener, Polen, Juden oder Russen. Schwerer integrierten sich erst im 20. Jahrhundert Ostasiaten und Lateinamerikaner.

Weltgeschichtliche Folgen

Die wichtigste Parallele liegt in der ungeheuren Macht, die Römer und Amerikaner auf ihren Inseln entwickelten, jeweils mit weltgeschichtlichen Folgen. Italien und Amerika befanden sich lange am westlichen Rand der politischen und kulturellen Zentren ihrer Zeit. Die großen Reiche des Altertums lagen im Osten, Ägypter, Babylonier, Assyrer, Hethiter, Perser und schließlich Makedonen im Verein mit Griechen schufen sie und dazu das Licht, das aus dem Osten kam. Die großen Mächte der Neuzeit lagen zwischen Madrid und Moskau, bis zum Ersten Weltkrieg konzentrierte sich die moderne Welt politisch und zivilisatorisch in Europa. Jenseits des Atlantik gab es nur ehemalige Kolonien. Einige Zeit erschien es nicht einmal ganz sicher, ob das Kolonialland im Westen, das antike wie das neuzeitliche, seine Selbständigkeit werde bewahren können.

Wenn die Griechen später ihre römischen Herren ärgern wollten, behaupteten sie, Rom verdanke seine Weltherrschaft allein dem Fieber, das den großen Alexander schon mit 33 Jahren dahinraffte. Hätte er länger gelebt, hätte er nach dem

Osten bis nach Indien hin auch den Westen unterworfen. Was daran wahr ist, wissen wir nicht, im Altertum wurde die Frage lebhaft diskutiert, noch zu Augustus' Zeit um Christi Geburt hielt es der römische Historiker Livius für nötig, ausführlich darzulegen, daß auch ein Alexander mit der Zahl und Tapferkeit der Legionen nicht fertiggeworden wäre. Sicher ist, daß Pyrrhos es nicht mehr schaffte; sein Heer hatte fast die Stärke des Alexander-Heeres, doch er kam zu spät und konnte nur noch Schlachten gewinnen, aber nicht mehr den Krieg. Rom war schon zu stark geworden und zu machtbewußt.

So blieb der Hellenismus, Alexanders Erbschaft, politisch auf den Ostteil der antiken Welt beschränkt. Er übte starken kulturellen Einfluß auf Italien aus, aber Rom blieb römisch, Italien sprach lateinisch, und die Länder um das westliche Mittelmeer wurden nicht hellenisiert, sondern romanisiert. Eine Kulturgrenze befestigte sich, die später West- und Ost-Rom teilte, dann die römisch-katholische und die griechisch-orthodoxe Kirche trennte und in Europa heute noch Völker in Kriege stürzt, die einander nahe sind wie Kroaten und Serben.

Wie Italien sich politisch gegen die hellenistische Welt behauptete, so behauptete sich ganz Amerika gegen eine zweite Kolonisierung durch die europäischen Großmächte. Die Vereinigten Staaten waren der Vorreiter bei der Selbstbefreiung, sie fühlten sich als Vorbild für Lateinamerika und traten, je kräftiger sie wurden, als dessen Anwalt gegen europäische Ansprüche und Absichten auf. Sie entwickelten dabei selbst imperiale Züge und erschienen manchem Land im Süden kaum weniger gefährlich als Spanier, Franzosen oder Engländer. Dennoch waren es die Vereinigten Staaten und ihre Macht, die allen Europäern jeden Gedanken daran austrieb, in Amerika wieder Fuß zu fassen. So blieb allein dieser Kontinent von der wilden Kolonisation des 19. Jahrhunderts verschont, nur die Amerikaner (bis nach Kap Hoorn) bekamen die Möglichkeit zu einer eigenen politischen Entwicklung, die Asiaten und Afrikaner erst anderthalb Jahrhunderte später erhielten.

Römer und Amerikaner widerstanden nicht nur hellenistischer und europäischer Überwältigung, sie sammelten Kräfte, die das Gegenteil möglich werden ließen, die Überwältigung der hellenistischen Welt durch die Römer und Europas durch die Amerikaner. Als die Herren Italiens verfügten die Römer über dessen gesamte Wehrkraft und wuchsen damit zur ersten Militärmacht des gesamten Mittelmeerraums. Die Karthager und die hellenistischen Könige, Roms spätere Gegner, kämpften großen- oder größtenteils mit Söldnern, als Berufssoldaten waren sie den italischen Wehrpflichtigen überlegen, aber sehr teuer und nur begrenzt zuverlässig. Die Geschichten von aufsässigen Söldnern und randalierender Soldateska gingen durch die Zeit, Karthago hat seinen »Söldnerkrieg« (240–237) nur knapp überlebt. Die römische und italische Miliz hingegen war billig, diszipliniert und, von wenigen Ausnahmen abgesehen, treu. Mit jedem weiteren Kampf gegen moderne Armeen und mit immer längerer Kriegsdauer reiften auch die Legionäre zu Berufssoldaten.

Um die immense Wehrkraft Roms zu illustrieren, sprach Pyrrhos' Minister Kineas von einer Hydra, jenem Ungeheuer, dem drei Köpfe nachwuchsen, wenn man ihm einen abschlug. Um die immense Produktionskraft Amerikas anschaulich zu machen, schrieb der englische Historiker Paul Kennedy über den Zweiten Weltkrieg: »Für jedes von deutschen U-Booten versenkte Handelsschiff baute Amerika drei neue, und jedes über Europa oder dem Pazifik abgeschossene alliierte Flugzeug ersetzte es durch fünf.« Schon beim Eintritt in den Ersten Weltkrieg waren die Vereinigten Staaten die erste Wirtschaftsmacht der Welt, ihre Industrie produzierte so viel wie England, Frankreich und Deutschland zusammen. Beide Weltkriege, noch mehr der zweite, entwickelten sich zu riesigen Materialschlachten, Truppenzahl, Kampferfahrung und Moral waren nicht mehr alles; die Wirtschaftskraft Amerikas wurde zu einer Größe, die europäische Kriege zu entscheiden vermochte.

Während Alexanders Nachfolger und Europas Kaiser und Könige sich fast ohne Unterlaß bekriegten, saßen Römer und

Amerikaner buchstäblich weit vom Schuß, die einen über zweihundert Jahre lang, die anderen über hundert. In der relativen Ungestörtheit ihrer Insellage entwickelten sie ihren Charakter und schufen sich eine Machtgrundlage, die sie befähigte, in die Weltpolitik einzugreifen und auf Länder jenseits der Meere überzugreifen. Aber in den Jahren 270 vor Christus und 1900 nach Christus war es höchst fraglich, ob sie das überhaupt wollten.

III. WELTEROBERER

Indem es die Verbündeten schützte,
bemächtigte sich unser Volk der gesamten Welt.
MARCUS TULLIUS CICERO

Große Nationen können sich nicht isolieren.
WENDELL L. WILLKIE, REPUBLIKANISCHER
PRÄSIDENTSCHAFTSKANDIDAT 1940

Rom und Amerika brauchten jeweils 74 Jahre, drei Viertel eines Jahrhunderts, um von einer Regionalmacht zur einzigen Weltmacht ihrer Zeit aufzusteigen. Rom geriet 264 vor Christus in den ersten Krieg mit Karthago, 201 hatte es Karthago zum zweitenmal besiegt und war zum Herrn des ganzen westlichen Mittelmeergebiets geworden. Elf Jahre später hatte es die Könige von Makedonien und Syrien geschlagen, danach gab es im Ostteil der Alten Welt keine Großmacht mehr, sondern nur noch Mittelmächte und Kleinstaaten, die nicht die geringste Chance hatten, sich mit Rom zu messen. Die Vereinigten Staaten gerieten 1917 in den Ersten Weltkrieg und entschieden ihn. Mit dem Sieg im Zweiten Weltkrieg wurden sie 1945 zum stärksten Staat des Globus, und mit dem Zusammenbruch ihres Rivalen Sowjetunion avancierten sie 1991 von der ersten zur einzigen Weltmacht.

Warum verließen die Insulaner ihre Inseln, wo es für sie noch viel zu tun gab? Warum führten sie jenseits der Meere, die sie schützten, Krieg oder ließen sich in Kriege hineinziehen? Warum setzten sie sich, direkt oder indirekt, in fernen, fremden Ländern und Kontinenten dauerhaft fest?

1. Der erste Schritt übers Meer

Der Erste Punische Krieg

Als sich für die Römer erstmals die Frage stellte, ob sie sich außerhalb Italiens ständig engagieren sollten, bemerkten sie die Frage gar nicht. Im Jahr 264 vor Christus erreichte den Senat ein höchst fragwürdiger Hilferuf aus Sizilien. Ein Söldnerhaufen, der »arbeitslos« geworden war, hatte sich der Griechenstadt Messana (Messina) als Freund und Helfer angeboten, doch als sich die Tore öffneten, bemächtigte er sich der Stadt. Die Männer ermordeten oder vertrieben sie, berichtete Polybios (1,7), »die Frauen und Kinder nahmen sie, wie der Zufall sie jedem in die Hände spielte. Die Güter und das Land teilten sie unter sich auf«.

Sie nannten sich Mamertiner, Marsmänner, Söhne des Kriegsgottes, und so benahmen sie sich auch weiter. Sie überfielen, verheerten und plünderten, wo sie konnten; mit dem griechischen Syrakus standen sie im Dauerkrieg. Als dort Hieron, ein guter Militär und noch besserer Politiker, zur Macht gelangte, gerieten sie in Bedrängnis. Sie wurden geschlagen und fürchteten, Hieron, nunmehr König in Syrakus, werde versuchen, sie aus Messana zu vertreiben.

Wie es dann weiterging, bleibt eine der ewigen Streitfragen der Alten Geschichte. Sicher ist, daß die Mamertiner sowohl Rom als auch Karthago um Hilfe baten, die Karthager legten eine Besatzung in die Stadt, die jedoch die Mamertiner bald wieder hinauskomplimentierten. Sicher ist ferner, daß der Senat nichts von der karthagischen Intervention in Messana wußte, als er darüber beriet, ob er das Hilfegesuch der Mamertiner annehmen solle. Die Entscheidung fiel schwer, weil man kurz zuvor mit einem ähnlichen Fall zu tun gehabt hatte. Das griechische Rhegion (Reggio di Calabria) hatte Rom um Schutz gebeten und viertausend Kampaner als Schutztruppe erhalten, die ihren Dienst zunächst getreulich versahen. Doch auf der anderen Seite der Meerenge lag Messana, das

Beispiel der Mamertiner lockte, die Kampaner ahmten es nach und nahmen Rhegion auf die gleiche brutale Weise in Besitz. Aber die Römer duldeten es nicht. Sobald sie die Hände frei hatten, eroberten sie Rhegion, schlugen die meisten Kampaner tot, richteten die letzten dreihundert auf dem Marktplatz in Rom öffentlich hin und gaben die Stadt den überlebenden griechischen Bewohnern zurück. Moralisch betrachtet war nur eine Entscheidung möglich: Das Hilfegesuch der Mamertiner mußte abgewiesen werden. Wenn zwei das gleiche Verbrechen begehen, darf man nicht den einen bestrafen und mit dem anderen paktieren; ein Hegemon, der auf seine Glaubwürdigkeit zu achten hat, darf es schon gar nicht.

Aber politisch betrachtet unterschieden sich die beiden Fälle. Rhegion war eine verbündete Stadt, und die Gewalttäter gehörten zur römischen Armee, der Senat mußte also die Meuterei bestrafen und bei den Verbündeten das Vertrauen zur Schutzmacht Rom wiederherstellen. Den Griechen von Messana hingegen war Rom nicht verpflichtet, und die Mamertiner hatten sich Rom gegenüber nichts zuschulden kommen lassen; sie waren Italiker und beriefen sich auf ihre Stammesverwandtschaft mit den Römern.

Sehr viel wichtiger war die strategische Lage Messanas, das den Übergang von Sizilien nach Italien kontrollierte. Roms Herrschaft über die Griechen in Süditalien war erst wenige Jahre alt und noch keineswegs gesichert. Tarent, die reichste Stadt, hatte immer wieder Helfer aus Übersee geholt, zuletzt Pyrrhos und wenige Jahre davor Agathokles, den König von Syrakus. Nun war wieder ein König von Syrakus, wie es schien, auf dem Weg zur Macht in Sizilien. Wer wußte, ob nicht auch ihn der gleiche Ehrgeiz trieb wie Agathokles und Pyrrhos, alle Griechen Italiens und Siziliens zu einem Reich zu vereinen? Erschien es nicht geraten, die Moral beiseite zu lassen und die Mamertiner zu schützen, damit der Übergang nach Italien nicht in Hierons Hände fiele?

Der Senat kam zu keiner Entscheidung. Die an einem Feldzug interessierte Gruppe im Senat brachte die Sache vor die Volksversammlung und setzte sich dort durch. Das Volk stimmte für den Krieg, als es hörte, er werde nur kurz sein, aber reiche Beute bringen. Die Römer hatten unter den dauernden Kämpfen der Jahre davor sehr gelitten und hofften nun auf einen leichten Feldzug, der sie entschädigen würde; Syrakus war eine reiche Stadt.

Als der Konsul Appius Claudius Caudex im Sommer 264 nach Messana übersetzen wollte, fand er jedoch alles anders als erwartet. Nicht nur die Syrakusaner, auch die Karthager belagerten die Stadt, sie hatten sich schon im Besitz von Messana gewähnt, aber ihr General dort hatte sich von den Mamertinern hinausdrängen lassen, sie schlugen ihn ans Kreuz und versuchten, die Stadt an der Meerenge wiederzubekommen, an der sie als Seemacht besonderes Interesse hatten. Der Konsul ließ sich nicht abschrecken, setzte sein Heer bei Nacht nach Messana über, nahm Verhandlungen mit Hieron und den Karthagern auf und erklärte beiden den Krieg, als sie sich weigerten, die Belagerung abzubrechen.

Gegen die Syrakusaner fochten die Römer mit Erfolg, Hieron schloß im nächsten Jahr Frieden und wurde zu einem treuen Verbündeten. Das Verhältnis zu den Karthagern blieb zunächst in der Schwebe. Zwar war der Krieg erklärt, aber die Karthager führten ihn kaum, gaben den Römern sogar einige Schiffe zurück, die Claudius bei seiner Überfahrt verloren hatte. Sie wollten keinen Krieg mit Rom, und auch Rom hatte sein Ziel erreicht: Messana war gesichert und Syrakus in seine Schranken gewiesen. Aber der Krieg machte sich selbständig. Nach dem Friedensschluß mit Hieron halbierte Rom zwar seine Streitkräfte auf Sizilien, doch allein seine Anwesenheit auf der Insel veränderte die Machtverhältnisse dort. Das Beispiel der Mamertiner machte Schule. Städte, die sich der karthagischen Herrschaft entziehen wollten, begaben sich unter den Schutz der Römer. Die Karthager sahen ihre Stellung in Sizilien gefährdet, warben Söldner, schickten ein starkes Heer dorthin und begannen, den Krieg energisch zu führen. Die Römer fühlten sich herausgefordert und verstärkten nun ebenfalls ihre Kräfte auf der Insel.

Karthago wiederum nutzte seine Überlegenheit zur See und verheerte die Küsten Italiens, nicht allein um zu plündern, sondern auch zu strategischem Zweck: Indem es die Römer im eigenen Land angriff, versuchte es, sie von Sizilien abzuziehen oder dort wenigstens zu schwächen. Das mißlang zwar, dennoch war die Wirkung beträchtlich. Die Opfer der karthagischen Überfälle wurden unruhig, und die Autorität der Römer litt, weil sie nicht imstande waren, ihre Verbündeten gegen Angriffe zur See zu schützen. Die Karthager standen zwar nicht wie Pyrrhos mit Heeresmacht im Lande, aber Rom sah sich ebenso genötigt, Stärke zu zeigen und zu beweisen, daß der Herr Italiens durchaus in der Lage war, für die Unversehrtheit seiner Untertanen zu sorgen.

Es war ein Wendepunkt der römischen Geschichte. Die Legionen konnten die Insel nicht mehr sichern, die Schiffe der maritimen Verbündeten, vor allem der süditalischen Griechen, genügten nicht mehr, Rom brauchte eine eigene Flotte. Die Landmacht mußte auch zur Seemacht werden. So kämpften Römer und Karthager dreiundzwanzig Jahre lang zu Lande und zu Wasser, Sieg und Niederlage wechselten, als ob ein Schlachtengott sie gerecht verteilen wollte. Die Karthager konnten ihre Stellung in Sizilien nicht räumen, jahrhundertelang hatten sie schon mit den Griechen um die Insel im Streit gelegen. Die Seemacht verteidigte die Häfen und Basen, auf denen ihre Herrschaft über das westliche Mittelmeer zu großen Teilen beruhte. Die Römer andererseits mußten siegen, weil sie nicht verlieren durften, eine Niederlage hätte ihre Macht über Italien erschüttert. Aber nicht nur das, sie kämpften, weil sie nicht aufgeben konnten, sie gewannen am Ende, weil sie länger durchhielten.

Es war der längste Krieg, den sie je ohne Unterbrechung geführt haben, und je länger er dauerte, desto weiter, so scheint es, löste er sich von den politischen Notwendigkeiten, ein Wahnsinnskrieg. Schon im Altertum verglich man ihn mit der Blindwütigkeit eines Kampfes edler Raubvögel, nur mit Vernunftgründen schien er nicht mehr erklärlich zu sein: »Noch wenn die Kräfte geschwunden sind, kämpfen sie erbittert weiter. Wenn sie vor Erschöpfung die Flügel nicht mehr heben können, halten sie ungebrochenen Mutes aus und versetzen einander weiter Schlag um Schlag, bis beide schwer getroffen sind und einer zu Boden stürzt« (Polybios 1,58).

Der Erste Weltkrieg

Als in Europa am 1. August 1914 der Krieg ausbrach, erklärten die Vereinigten Staaten sogleich ihre Neutralität. Präsident, Kongreß und Nation waren sich einig, Amerika müsse seiner hundert Jahre bewährten Tradition treu bleiben: Handel treiben mit allen, sich politisch aber strikt heraushalten. Präsident Woodrow Wilson ermahnte seine Landsleute sogar, nicht nur im Handeln, sondern auch im Denken neutral zu bleiben. Denn der wahre Geist der Neutralität sei der »Geist der Unparteilichkeit und der Fairness und Freundschaftlichkeit (friendliness) gegenüber allen Beteiligten«. Neutralität war für Wilson nicht nur Sache der Regierung, sie werde auch weitgehend davon bestimmt, »was der einzelne und die Gesellschaft und die Teilnehmer öffentlicher Versammlungen tun und erklären, was die Zeitungen und Magazine schreiben, was die Pastoren von der Kanzel predigen und was die Leute auf der Straße als ihre Meinung sagen«.

Hinter dieser Mahnung stand die Furcht, die Amerikaner könnten, je nach ihrer Herkunft, für die englisch-französische oder die deutsche Seite Partei ergreifen und die Nation spalten. Aber nicht nur die Sorge um den inneren Frieden trieb den Präsidenten, sondern auch Idealismus. Amerika habe die Pflicht, sich um den Frieden in der Welt zu bemühen, denn es sei »die einzige große Nation des Friedens, das einzige Volk, das sich bereit hält, unparteiisch zu vermitteln und zu Frieden und Konfliktlösung zu raten, nicht als Partei, sondern als Freund«. Doch beides, Zurückhaltung in den Gefühlen und in der Politik, war leichter gesagt als getan.

Die Amerikaner deutscher und irischer Herkunft standen bei Deutschland, die einen aus Anhänglichkeit an die alte Heimat, die anderen aus Feindschaft gegen England. Die Sympathien der Mehrheit hingegen lagen bei den Engländern. Die alten Streitfragen existierten nicht mehr, die Briten erkannten die Monroe-Doktrin, den Anspruch der Amerikaner auf Amerika, an. Schon vor Ausbruch des Krieges war das Gefühl für die angelsächsischen Gemeinsamkeiten gewachsen, für Sprache, Kultur, demokratische Überzeugung, auch für ähnliche Institutionen. Das früher freundschaftliche Verhältnis zu Deutschland hatte sich hingegen stark getrübt. Der Kaiser mit seinen anmaßenden Reden, seinem Militärkult und ehrgeizigen Flottenprogramm verkörperte, was Amerikanern zuwider war: autoritäres Regiment und Militarismus.

Die politische Neutralität der Vereinigten Staaten war daher von Anfang an problematisch, die Gefühle, die der Präsident im Zaum zu halten mahnte, kamen aus zu tiefen Quellen, auch bei Wilson selbst, um politischem Kalkül untergeordnet zu werden. Der Krieg trieb dann die Antipathien gegen Deutschland auf die Spitze. Im Mai 1915 versenkte ein deutsches U-Boot das englische Passagierschiff Lusitania, 1198 Menschen ertranken, darunter 128 Amerikaner. Die Empörung in Amerika riß alles mit sich fort: die Deutsch-Amerikaner, die nicht mehr wagten, für Deutschland Partei zu nehmen, die Börse, die in Panik geriet, die Presse, die den deutschen Botschafter verfolgte (»mit Mühe gelang es mir, unter dem Wutgeheul der Reporter den Zug zu erreichen«), und schließlich sogar den Präsidenten. Zunächst hatte er versucht, die Erregung zu dämpfen: Amerika müsse ein Beispiel des Friedens geben, »und zwar nicht nur, weil es nicht kämpfen will, sondern weil Friede, nicht Kampf, das heilende und erhebende Element der Welt ist. Es gibt einen Stolz, der zu groß ist, um zu kämpfen«. Der letzte Satz, »too proud to fight«, steigerte die Empörung, und die Forderung, die diplomatischen Beziehungen zu Deutschland abzubrechen, wurde übermächtig. Nur mit Mühe gelang es Wilson, mit einer scharfen Protestnote Zeit zu gewinnen und die letzte Konsequenz, die Kriegserklärung, zu vermeiden.

Amerika befand sich in der gleichen Lage wie hundert Jahre zuvor, als sein Handel mit Europa in den Strudel des Krieges dort geriet: Napoleon riegelte das europäische Festland wirtschaftlich gegen England ab, England antwortete mit der Blokkade des Festlands. Die Amerikaner beharrten damals auf ihrem Recht, als neutraler Staat überall ungehindert Handel zu treiben, und erklärten 1812 England den Krieg, allerdings nicht nur aus diesem Grund. Auch 1914 blockierte England seinen kontinentalen Gegner, und Deutschland versuchte mit seinen U-Booten, England von überseeischer Zufuhr abzuschneiden. Beide verletzten das Recht des neutralen Händlers, und bei beiden protestierte Washington.

Aber es gab Unterschiede. Die englische Blockade verursachte vielerlei Ärger und wirtschaftliche Verluste, der deutsche U-Boot-Krieg aber brachte Amerikaner ums Leben; »Mörder sind schlimmer als Diebe«, schrieb ein amerikanischer Historiker. Der zweite Unterschied traf die Wirtschaft der Vereinigten Staaten. Die englische Blockade wirkte stärker als die deutsche, schon 1915 kam Amerikas Handel mit Deutschland und dessen Verbündeten zum Erliegen, um so mehr wuchs der Bedarf Englands und Frankreichs an amerikanischen Lieferungen. Landwirtschaft und Industrie produzierten, die beginnende Rezession wurde überwunden und fast Vollbeschäftigung erreicht; und als London und Paris nicht mehr zahlen konnten, gewährten ihnen amerikanische Banken Kredite, bis zum April 1917 2,3 Milliarden, Deutschland hingegen nur 27 Millionen. Bald konnten Engländer und Franzosen den Krieg nicht mehr ohne amerikanische Lieferungen führen, die Amerikaner wiederum mußten liefern, weil sie ihre Agrar- und Industrieerzeugnisse, dann auch Waffen und Munition, nur bei den Alliierten absetzen konnten; sie mußten ihnen helfen, um ihre Kredite zu sichern. So verstrickte sich Amerika allmählich mit Deutschlands Gegnern in wechselseitige Abhängigkeit.

Die große Mehrheit der Amerikaner wünschte, daß England und Frankreich siegten, Wirtschaft und Finanzen waren darauf angewiesen, daß sie den Krieg nicht verloren, aber selbst in den Krieg eintreten wollten die Vereinigten Staaten nicht. Im Gegenteil, Militärdienst war nach wie vor unpopulär, Europa mit seinen Kämpfen lag fern, für den Farmer im mittleren Westen noch viel ferner als für die Bewohner der Ostküste, und das Recht auf freie Seefahrt erschien im Krieg mehr gefährdet als im Frieden. Die Grundstimmung der großen Mehrheit blieb isolationistisch, Präsident Wilson gewann seine Wiederwahl 1916, weil er Amerika herausgehalten hatte aus dem Krieg: He kept us out of the war.

Auch Wirtschaft und Banken brauchten keinen Krieg, jedenfalls so lange nicht, wie eine Niederlage der Alliierten drohte. Soweit es machtpolitische Überlegungen gab, war Amerika mit Wilsons Formel »Frieden ohne Sieg« am besten gedient: Weder England noch Deutschland als Gewinner und beide geschwächt durch die schweren Verluste des Krieges – als stärkste Macht der Welt blieben die Vereinigten Staaten übrig. Schließlich der Ehrgeiz des Präsidenten: Um als der große Friedensstifter in die Weltgeschichte einzugehen, durfte Amerika nicht Partei sein, sondern mußte über den Parteien stehen.

Die Interessen der Vereinigten Staaten geboten keinen Krieg, und der Präsident wollte keinen Krieg. Auch Deutschland wollte keinen Krieg mit Amerika. Kaiser, Reichsregierung und Oberste Heeresleitung wußten, es bedeute Krieg mit Amerika, wenn die U-Boote ohne Rücksicht torpedierten und amerikanisches Leben gefährdeten. Zweimal warnte Washington drohend, und zweimal gelang es Politikern in Berlin, die Militärs zu bremsen und die U-Boot-Kommandanten gewissen Beschränkungen zu unterwerfen. Doch Anfang 1917 setzte die Oberste Heeresleitung den »unbeschränkten« U-Boot-Krieg durch: Ohne Vorwarnung wird alles versenkt, was in die Kriegszone um die Britischen Inseln kommt, neutrale wie feindliche Schiffe, Frachter wie Passagierdampfer.

Es war eine verzweiflungsvolle Fehlrechnung: Im Feld ist der Krieg nicht mehr zu gewinnen, aber die U-Boote können ihn gewinnen. In spätestens sechs Monaten zwingen sie England in die Knie, Amerika braucht ein Jahr, bis es größere Truppentransporte nach Europa schicken kann, Deutschland hat gesiegt, bevor sie kommen. Und damit sie nicht früher kommen, haben wir unsere U-Boote. So dachte General Ludendorff, dem Kaiser, Kanzler und die Parteien sich fügten. »Wehe dem Volk«, schrieb Golo Mann, »das sein Schicksal einem anvertraut, der nichts versteht als Krieg.«

Als Präsident Wilson am 31. Januar 1917 die Ankündigung eines unbeschränkten U-Boot-Krieges erhielt, wollte er sie nicht glauben. Sechs Wochen vorher erst hatte er Noten an alle Kriegsführenden gesandt, um einen Verhandlungsfrieden zu erreichen; neun Tage vorher hatte er dem Senat in feierlicher Form seine Vorstellungen von einem Frieden dargelegt. Er steckte mitten in Bemühungen um eine Beendigung des Krieges, auch das Verhältnis zum Deutschen Reich hatte sich spürbar entspannt. Der Schlag traf ihn unerwartet, er mußte reagieren und konnte es nur in der Form tun, auf die er sich in seiner letzten Note zur U-Boot-Frage festgelegt hatte. Darin hieß es: »Sofern die Kaiserliche Regierung jetzt nicht unverzüglich ein Aufgeben ihrer gegenwärtigen Methoden des Unterseebootkrieges gegen Passagiere und Frachtschiffe erklären und bewirken sollte, kann die Regierung der Vereinigten Staaten keine andere Wahl haben, als die diplomatischen Beziehungen zur deutschen Regierung ganz zu lösen.« Der Präsident bezog sich auf diese Note vom 18. April 1916 und ließ dem deutschen Botschafter die Pässe zustellen.

Aber den Krieg erklärte er nicht – noch nicht. »Ich weigere mich zu glauben«, sagte er vor beiden Häusern des Kongresses, »daß es die Absicht der Verantwortlichen in Deutschland ist, wirklich zu tun, was sie, wie sie sagen, sich frei fühlen zu tun.« Vier Wochen später, am 1. März 1917, veröffentlichten die Zeitungen ein Telegramm, das der deutsche Außenminister Alfred Zimmermann nach Mexiko geschickt hatte. Darin schlug er den Mexikanern für den Kriegsfall ein Bündnis vor und lockte sie mit der Aussicht, die Gebiete wiederzubekommen, die sie 1848 an die Vereinigten Staaten hatten abtreten müssen. Auch Japan könne sich dieser Allianz anschließen. Die Schlagzeilen schlugen ein: Mexikaner in Texas und Arizona, Japaner in Kalifornien, dazu die Furcht, die preußischen Pickelhauben würden nach einem Sieg in Europa sogleich über den Atlantik kommen. Kein politisch denkender Amerikaner glaubte den Unsinn, aber beim Mann auf der Straße wirkte er und wurde von alliierten Propagandisten sorgfältig gepflegt.

Falls der Präsident noch hoffte, hoffte er vergeblich. Zwei Wochen später, Mitte März, versenkten deutsche U-Boote vier amerikanische Frachter, 36 Amerikaner kamen ums Leben. Am 2. April empfahl Wilson dem Kongreß die Kriegserklärung, vier Tage später beschlossen beide Häuser den Krieg, den »die Kaiserliche Regierung den Vereinigten Staaten aufgenötigt« habe.

Schon ein Jahr vorher hatte Wilson das »Bereitsein« (preparedness) Amerikas für den Krieg proklamiert, aber vorbereitet war das Land darauf nicht. Die Umstellung der Wirtschaft auf Kriegsbedarf verursachte zunächst ein Chaos, die Unterstellung der Wirtschaft unter staatliche Regie erzeugte einen Schock; Eisenbahn, Telefon und Telegrafie und sogar Preise unter Staatsverwaltung, das erschütterte Grundvorstellungen. Ähnlich beim Militär. Die Flotte war stark, die Armee mit 120000 Mann unbeachtlich; erst die allgemeine Wehrpflicht erbrachte schließlich knapp drei Millionen. Zeit war nötig, die Truppen aufzustellen, auszurüsten und vor allem auszubilden. Erst im Sommer 1918 wurden die Vereinigten Staaten zum handlungsfähigen Kriegsteilnehmer und ihre Wirtschaft zu einer effizienten Kriegsmaschine, in Frankreich standen dann anderthalb Millionen amerikanische Soldaten, aber von den siebenundzwanzig Divisionen dort waren erst neunzehn frontfertig ausgebildet. Dennoch entschieden die Amerikaner den Ersten Weltkrieg, durch ihre frischen Truppen, durch die Menge ihrer Waffen, Munition und sonstigen Kriegsgeräts, nicht zuletzt durch die Ermutigung, die ihr Erscheinen in Europa den erschöpften Alliierten gab.

Für die amerikanische Nation war es die tiefste Zäsur in ihrem Verhältnis zur Außenwelt. Hier ging es nicht um die Unterwerfung minderentwickelter Inselbewohner in der Karibik und im Pazifik, Amerika focht in einem modernen Krieg auf einem fremden Erdteil. Es tat, was es über hundert Jahre lang nicht nur aus politischer Klugheit, sondern auch aus halb religiöser Überzeugung vermieden hatte, es verstrickte sich in die Kämpfe, Rivalitäten und Zänkereien des dekadenten, verkommenen, sündigen Europa. Der wirkliche Grund, die Sicherung des lebenswichtigen Außenhandels, genügte nicht zur Rechtfertigung. Der zur Ideologie gewordene Isolationismus konnte nur durch ideologische Zielsetzung überwunden werden. Nicht ein Feldzug, ein Kreuzzug mußte es sein: Wenn schon Krieg, dann der letzte aller Kriege: »The war to end all wars«. Wenn schon Amerikaner ihr Leben einsetzten, dann zur Rettung der Demokratie auf der ganzen Welt: »The world must be made safe for democracy«. Wenn schon Verstrickung in die europäischen Wirren, dann zur Heilung Europas von seinen Gebrechen: »Amerika sagte bei seiner Geburt zur Menschheit: ›Wir sind gekommen, um die Welt zu erlösen, um ihr Freiheit und Gerechtigkeit zu geben‹. Jetzt sind wir vor das Tribunal der Menschheit gerufen, um dieses unsterbliche Versprechen einzulösen« (Wilson am 6. 9. 1919).

Zwei Kriege wider Willen

Der Erste Punische Krieg und der Erste Weltkrieg haben nichts miteinander gemein außer der Tatsache, daß sie Römer und Amerikaner nötigten, erstmals außerhalb ihrer Insel einen großen Krieg zu führen. In beiden Fällen handelte es sich um einen Krieg, der nicht beabsichtigt war; ohne es zu wollen, kamen die Römer in den Kampf mit Karthago und die Amerikaner in den Kampf mit Deutschland.

Der Erste Punische Krieg bot ein seminarreifes Beispiel für einen Prozeß, den moderne Strategen Eskalation nennen. Eine Aktion provoziert die Gegenaktion, die wiederum eine Antwort verlangt, ein Streit um Einzelheiten steigert sich schließlich zum Kampf ums Ganze. Ruhmsucht und Beutegier, wahrscheinlich auch Vorsorge gegen Syrakus als möglichen Unruhestifter im griechischen Süditalien, trieben die Römer zu einer Expedition, die sie in einen Konflikt mit Karthago brachte und dann schrittweise in einen fast endlosen Krieg zwang. Nachdem die Mamertiner in die römische Bundesgenossenschaft aufgenommen worden waren, mußten sie geschützt werden, und da nicht nur die Syrakusaner, sondern auch die Karthager Messana belagerten, auch vor diesen. Als sich andere Städte in Sizilien Rom anschlossen, nahm es auch sie in seine Obhut, was wiederum die Karthager nicht dulden konnten. Sie begannen den Krieg in großem Stil zu führen, was Rom zwang, den großen Kampf aufzunehmen. Als dann die karthagische Flotte Italien angriff, mußte Rom sich als Schutzmacht seiner italischen Verbündeten bewähren, es ging nicht mehr um die Behauptung bestimmter Plätze auf einer anderen Insel, jetzt mußte eine Gefahr für die eigene Insel abgewendet werden.

Auch Amerikas Eintritt in den Ersten Weltkrieg vollzog sich wie in einer Eskalation. In vielen kleinen Schritten näherten sich die Vereinigten Staaten einem Krieg, den sie unbedingt vermeiden wollten. Nur der Handel mit England und Frankreich ermöglichte eine Überwindung der Rezession und schuf beinahe Vollbeschäftigung, jede weitere Lieferung und jeder neue Kredit brachten sie in eine Interessengemeinschaft mit den Feinden Deutschlands, das sie schließlich wie einen Feind behandelte und in den Krieg zwang.

Ob eine andere Politik möglich gewesen wäre, blieb auch in

Amerika umstritten. Wilsons Außenminister William J. Bryan war ein überzeugter Pazifist und bereit, den deutschen Standpunkt in der U-Boot-Frage weitgehend zu akzeptieren. Er trat zurück, weil der Präsident anderer Meinung war. Zwanzig Jahre später, in der Furcht, in einen neuen Weltkrieg zu geraten, neigten amerikanische Historiker und eine Mehrheit der Politiker zu der Auffassung, Amerika hätte sich damals heraushalten können, wenn nicht Geschäfts- und Bank-Interessen die Vereinigten Staaten an England gebunden hätten. Aber hätte sich Amerika den Verzicht auf fast den gesamten Handel mit Europa leisten können?

Ganz gleich, wie die Antwort ausfällt – der Präsident, die meisten Politiker und Geschäftsleute glaubten, beides haben zu können: den profitablen Handel und die Neutralität, aber es war nicht möglich, den Kuchen zu essen und zu behalten. Die Vereinigten Staaten schlossen zwar kein verstrickendes Bündnis, sogar dann nicht, als sie in den Krieg eintraten, aber sie verstrickten sich allmählich so fest in den europäischen Konflikt, daß sie hineingezogen wurden. Schon der Eifer des Präsidenten, zwischen den Kämpfenden zu vermitteln, durchbrach die traditionelle Distanz zu Europa, Vermittlung kann unversehens in Verpflichtung umschlagen. Die immer enger werdende wirtschaftliche und finanzielle Verflechtung mit England und Frankreich schuf Interessen in Europa, die als lebenswichtig empfunden wurden.

Amerika war nicht mehr neutral, weil es nicht mehr neutral sein konnte: Es hatte sich »mit goldenen Ketten an Deutschlands Kriegsgegner« gebunden (Detlef Junker). Nach der ultimativen Drohung vom April 1916, die Beziehungen zu Berlin abzubrechen, wenn die U-Boote ohne Rücksicht torpedierten, war der Präsident nicht mehr Herr seiner Entschlüsse; er hatte die Entscheidung, ob Amerika Krieg führen müsse oder nicht, Ludendorff und dem Kaiser überlassen.

In ihren ersten großen Krieg mit einer überseeischen Macht sind Römer und Amerikaner weniger hineingegangen als hineingeraten. Um so interessanter ist, wie sie sich danach verhielten: Blieben sie politisch oder militärisch dort, wohin sie mit ihrem ungewollten Krieg gekommen waren? Oder zogen sie sich auf ihre Inseln zurück, die sie ungewollt verlassen hatten? Oder wieweit taten sie teils das eine und teils das andere?

2. Der Rückzug auf die Insel

Rom zwischen Karthagern, Kelten und Piraten

Die Römer hatten nie zuvor einen Gegner gehabt wie Karthago, die Karthager nie zuvor einen Gegner wie Rom. Beides konnte nicht ohne Folgen bleiben. Die Römer glaubten, sich vor ihrem neuen gefährlichen Feind sichern zu müssen, die Karthager sahen sich genötigt, für die schweren territorialen und finanziellen Verluste Ersatz zu schaffen.

Römische Sicherheit

Die Erfahrung, die Rom aus dem Kriege ziehen mußte, war: Die Meere schützen Italien nicht mehr, die insulare Sicherheit, die jahrhundertelang selbstverständlich gewesen war, hatte ein Ende. Rom mußte mit einem Gegner rechnen, der es zur See angreifen konnte. Schon während des Krieges hatte der Senat zwei Konsequenzen gezogen: Er ließ Flotten bauen, um der Seemacht auf ihrem Element begegnen zu können, und er versuchte, die Operationsbasen der feindlichen Flotten zu erobern: Sizilien, Sardinien, Korsika, die Liparischen Inseln zwischen Sizilien und Süditalien, schließlich Malta. Aber alle Versuche scheiterten, sogar auf Sizilien behaupteten die Karthager bis zum Ende des Krieges einen festen Punkt und Hafen, von dem sie die italische Küste bis zum Golf von Neapel heimsuchten. Was im Krieg nicht gelang, sollte der Frieden bringen. Schon 255 verlangte der siegesgewisse Konsul Regulus die Abtretung von Sizilien und Sardinien. Vierzehn Jahre später war Rom fast ebenso erschöpft wie Karthago, der Konsul Lutatius begnügte sich mit Sizilien, aber sein Vertrag wurde in Rom nicht gebilligt, sondern erst ratifiziert, als Karthago auch auf »alle Inseln zwischen Italien und Sizilien«, also auch auf die Liparischen Inseln, verzichtete, die Kalabrien gefährlich nahe lagen.

Wenig später schon bot sich eine Gelegenheit, auch Sardinien und Korsika in Besitz zu nehmen. Die Karthager konnten den Sold für ihre Mietsoldaten, die gegen Rom gekämpft hatten, nicht aufbringen, daraus entstand ein Aufruhr, dann ein Aufstand und schließlich ein Krieg, der an Grausamkeit im ganzen Altertum kaum Vergleich hatte und Karthago fast um seine Existenz brachte. Auch die Söldner auf Sardinien meuterten, schlugen alle Karthager, deren sie habhaft wurden, tot und boten die Insel den Römern an. Vielleicht hatten sie das Beispiel der Mamertiner vor Augen, jedenfalls stand der Senat vor einer ähnlichen Frage wie damals. Doch diesmal sagten die Väter nein. Bald darauf wurden die Söldner von den Sarden, den Bewohnern der Insel, verjagt und fanden Zuflucht in Italien. Sardinien war ohne fremden Herrn, Rom hätte zugreifen können, tat es aber wiederum nicht.

Als Karthago jedoch nach Beendigung des Söldnerkrieges Anstalten traf, das verlorene Sardinien wieder in Besitz zu nehmen, beschloß der Senat seinerseits, die Insel zu besetzen. Und als die Karthager auf ihrem alten Anrecht auf Sardinien beharrten, erklärte er ihnen den Krieg in der sicheren Gewißheit, daß sie außerstande waren, ihn zu führen. Nach 36 Jahren ununterbrochenem Kampf fehlte Karthago die Kraft, sich zu wehren, es mußte auf Sardinien verzichten und für einen Krieg, der nicht stattgefunden hatte, eine hohe Entschädigung zahlen. Die Schamlosigkeit dieser Erpressung hat vom Altertum bis heute keinen Verteidiger gefunden; um so aufschlußreicher ist der Vorgang für die römische Politik: Ihr lag nichts daran, Sardinien zu besitzen, aber viel daran, daß Karthago es nicht besaß.

Karthagischer Machtgewinn

Die Seemacht hatte die Grundlagen ihrer Herrschaft über das westliche Mittelmeer verloren, sie brauchte neue Geldquellen, und machtbewußte Politiker suchten nach einer neuen Machtbasis. Spanien bot beides, reiche Silberbergwerke und ein großes Land außerhalb der römischen Interessensphäre. Hamilkar Barkas, der unbesiegte General des Krieges mit Rom und Bezwinger des Söldneraufstandes, eröffnete 237 einen neuen Abschnitt der karthagischen Politik. Die Seemacht wurde auch zur Landmacht, sie okkupierte nicht mehr Küsten, sondern ein Territorium. Ihr Ziel war nicht mehr Handel, sondern Eroberung, und getragen wurde sie nicht von der Aristokratie der großen Kaufleute, sondern von Militärs und Demagogen. Hamilkar hatte das Kommando, sein Schwiegersohn Hasdrubal, Führer der unteren Volksschichten, sorgte für die innenpolitische Absicherung.

Beide ergänzten sich auch bei der Expansion in Spanien. Hamilkar eroberte, Hasdrubal erweiterte die Macht politisch. Nach Hamilkars Tod heiratete er eine iberische Fürstentochter und gewann eine Stellung, die ihm einen König-ähnlichen Titel gab. Mit Neukarthago (Cartagena) schuf er sich eine Hauptstadt, die er nach dem Vorbild der Mutterstadt, des afrikanischen Karthago, anlegte. Es entstand eine Hausmacht der Barkiden, der Familie des Hamilkar Barkas, ein juristisch kaum definierbares Gebilde. Es war ein Staat im Staat und neben dem Staat, wie die Barkiden zugleich die Militärbefehlshaber Karthagos waren und Regenten in einem eigenen Reich. Ihre Nachfolge regelte sich dynastisch, auf Hamilkar folgte sein Schwiegersohn Hasdrubal, darauf Hamilkars Sohn Hannibal, der seinen Bruder Hasdrubal einsetzte, als er nach Italien aufbrach.

Der Rat in Karthago gab jeweils im nachhinein seinen Segen. Er verlor allmählich die Macht über Spanien, sah sich aber einigermaßen entschädigt, weil ihm aus den Silberbergwerken und den Eroberungen dort beträchtliche Mittel zuflossen. Die Barkiden setzten ihren spanischen Gewinn auch politisch ein. Wenn eine Unternehmung dem Rat mißfiel, schickten sie einen guten Teil der Beute nach Karthago, um ihre Anhänger zu stützen und die Gegner zum Schweigen zu bringen. Sie erwarben eine nicht nur militärische, sondern auch politische Eigenständigkeit, die zunächst in einen Konflikt und dann in den Krieg mit Rom führte.

Vorboten des Krieges

Die Römer nahmen, was in Spanien geschah, ein Jahrzehnt lang gar nicht zur Kenntnis. Sie »schliefen«, schreibt Polybios, und wachten erst auf, als ihre alten Freunde in Massilia (Marseille) sie alarmierten und darauf aufmerksam machten, daß die Karthager an der spanischen Mittelmeerküste eine Stadt gegründet hatten, die auf böse Absichten schließen ließ. Sie hatte den besten Hafen bis hinauf nach Nordspanien, war nach dem Vorbild der Mutterstadt Karthago angelegt und hieß Neukarthago. Tatsachen und Name wirkten wie ein Programm: Die Seemacht meldet sich zurück. Massilia und seine Tochterstädte an der katalanischen Küste fühlten sich beunruhigt. Die Karthager waren ihre alten Feinde, die nun in Spanien wieder am Mittelmeer erschienen und nach Norden vordrangen, es war abzusehen, wann sie die Griechenstädte in Nordspanien bedrohen würden. Und das, erklärten die Massilioten den Römern, werde zur Gefahr auch für sie: Von Emporiae (Ampurias) am Ostrand der Pyrenäen war es nicht mehr weit nach Italien.

Der Senat tat zweierlei. Er änderte die Verfassung, schuf zwei neue Stellen für Prätoren, Wahlbeamte mit voller militärischer Befehlsgewalt, gab dem einen Sizilien und dem anderen Sardinien zur »Provinz«, das hieß als militärischen Amtsbezirk. Die Inseln, die Italien schützten, sollten zu schneller und eigener Verteidigung gegen karthagische Angriffe fähig werden. Als zweites schickte der Senat eine Gesandtschaft nach Spanien, um sich einen eigenen Eindruck zu schaffen, was dort vorging. Die Gesandten nötigten Hasdrubal zu der vertraglichen Zusage, den Ebro nicht mit Heeresmacht zu überschreiten; die Griechenstädte, die nördlich des Flusses lagen, sollten nicht zu Operationsbasen für die karthagische Flotte werden.

Der Ebrovertrag verpflichtete lediglich Hasdrubal, Rom hatte sich nicht gebunden und fühlte sich nicht gehindert, ein Gesuch der Stadt Sagunt, die weit südlich des Flusses lag, anzunehmen. Die Saguntiner trieb die gleiche Sorge wie die Griechen: Was tun, wenn die Karthager kommen? Die eine Partei plädierte für ein rechtzeitiges Arrangement mit der bedrohlichen Großmacht, die andere wollte die Unabhängigkeit wahren und rief die Römer, die gerade als Schutzmacht der Griechen aufgetreten waren, auch zu ihrem Schutz auf. Natürlich entschied Rom, zum Schiedsrichter im Parteienstreit gebeten, für die Unabhängigkeitspartei, bei den folgenden Auseinandersetzungen kamen einige Karthagerfreunde ums Leben.

Ein Wechsel im karthagischen Oberkommando verschärfte die Situation. Auf den Politiker Hasdrubal folgte der Krieger Hannibal. Als er 221 das Kommando übernahm, war er 26 Jahre jung und ganz der Sohn seines Vaters. Seit dem neunten Lebensjahr wuchs er im Feldlager auf, das Heer war sein Leben. Seine römischen Feinde verleumdeten ihn als grausam, treulos und gottlos, aber sie lobten den Soldaten: »Er zeigte die größte Kühnheit, Gefahren zu bestehen, und die größte Besonnenheit in der Gefahr. Keine Anstrengung konnte seinen Leib ermüden oder seinen Geist bezwingen. Hitze und Kälte ertrug er gleichermaßen. Er aß und trank, weil die Natur es gebot, nicht die Lust bestimmte das Maß. Nicht Tag und Nacht entschieden, wann er schlief und wachte, er ruhte, wenn die Geschäfte ihm Zeit dafür ließen. Er brauchte weder Stille noch ein weiches Bett; viele haben ihn im gewöhnlichen Soldatenrock auf der Erde liegend gesehen. Als erster ging er in die Schlacht, und als letzter verließ er sie. So diente er drei Jahre unter Hasdrubal, und nichts entging ihm, was ein künftiger Heerführer sehen und tun muß« (Livius 21, 4).

Viel Rhetorik steckt in diesen Sätzen, aber sie erklären, daß Hannibal zur Eroberungspolitik seines Vaters zurückkehrte. Nur zwei Jahre brauchte er, um in weit ausholenden schnellen Feldzügen alle Völkerschaften bis zum Ebro das Fürchten zu lehren, niemand wagte mehr, gegen die barkidische Macht aufzustehen. Zurückhaltung wahrte er nur dort, wo er auf römische Interessen stieß, am Ebro und gegenüber Sagunt. Seine stürmischen Feldzüge machten jedoch den Saguntinern wieder Angst. Sie berichteten Rom über die gewaltsame neue Form der barkidischen Expansion und deren große Erfolge. Aber der Senat hörte nicht hin, und erst als die Alarmnachrichten sich häuften, schickte er Gesandte nach Spanien, »um an Ort und Stelle die Richtigkeit zu prüfen« (Polybios 3,15).

Das Gespräch mit Hannibal verlief unerfreulich, zumindest unergiebig. Die Gesandten mahnten den jungen Feldherrn, die Hände von Sagunt zu lassen und die Ebrogrenze zu achten, aber Hannibal antwortete mit Gegenvorwürfen: Die Römer hätten einige Saguntiner ums Leben gebracht; Karthago dulde nicht, daß Karthagerfreunden Unrecht geschehe. Die Gesandten zogen weiter nach Karthago, aber Hannibal war schneller und sorgte dafür, daß sie auch beim Rat in der Hauptstadt nichts erreichten.

Hannibal fühlte sich von Rom herausgefordert und griff im nächsten Jahr 219 Sagunt an. Er betrachtete Spanien als karthagisches Interessengebiet, in dem Rom nichts zu suchen habe. Sein Ziel war, das Werk Hamilkars und Hasdrubals zu vollenden und die ganze Pyrenäenhalbinsel zu unterwerfen, aber Rom hinderte. Es intervenierte schon zum drittenmal und wollte ihm Grenzen setzen. Dabei ging es aus Hannibals Sicht nicht nur um dieses oder jenes Gebiet in Spanien, ihn erregte die Arroganz der Römer, die sich anmaßten, Befehle zu erteilen, und offenkundig die Absicht hatten, Karthago im Zustand der Zweitrangigkeit zu halten. Hasdrubal hatten sie die Ebrogrenze aufgenötigt, jetzt wollten sie ihn von Sagunt zurückhalten. Wenn er hier nachgäbe, müßte er wahrscheinlich bald mit der nächsten Senatoren-Delegation rechnen, die ihm vorschreiben würde, was er sonst noch zu unterlassen habe. Für einen entschlossenen Mann, der in seinem Leben noch etwas zustande bringen wollte, gab es hier nur eins: Die Forderungen Roms ignorieren, um die Einmischung Roms ein für alle Mal zu beenden.

Rom reagierte nicht. Acht Monate lang belagerte Hannibal Sagunt, das immer wieder flehentlich um Hilfe bat, aber nichts geschah. Als die Stadt gefallen war, debattierte der Senat lange, aber dabei blieb es. Krieg wegen Sagunt? Es war »weit weg« und hatte kein Bündnis, weder rechtlich noch politisch war Rom verpflichtet. Die Stadt lag südlich des Ebro, Hannibal hatte weder einen Vertrag noch vitale römische Interessen verletzt.

Italische Pflichten

Während der Karthager Sagunt belagerte, ging Rom daran, die staatlich organisierte Seeräuberei in der Adria stillzulegen. Zehn Jahre vorher hatte es schon einmal dort eingegriffen. Die Illyrer plünderten, raubten und mordeten damals zu Wasser und zu Lande, sie machten den Handelsverkehr auf der Adria unsicher und überfielen griechische Städte von Dalmatien bis zur Peloponnes. Rom nahm davon wenig Kenntnis, obwohl auch dic italische Schiffahrt litt; erst als sich die Klagen häuften, weil viele italische Kaufleute ausgeplündert, umgebracht und in die Sklaverei verkauft worden waren, entschloß sich der Senat schließlich, die Angelegenheit zu prüfen, und schickte zwei Gesandte zu Teuta, der Witwe des illyrischen Königs. Doch dort war nichts auszurichten. Von Staats wegen erklärte die Königin, werde sie versuchen, die Römer vor Schaden zu bewahren, aber private Unternehmungen seien Privatsache, auf die sie keinen Einfluß habe. Der jüngere Gesandte wurde wütend: Rom werde die Königin zwingen, und zwar schnell und wirksam, die Gesetze in Illyrien zu verbessern. Die kaum versteckte Drohung versetzte wiederum Teuta »in solchen Zorn, daß sie, des Völkerrechts nicht achtend, den zurückfahrenden Gesandten

Leute nachschickte, um den freimütigen Sprecher zu töten. Als die Kunde hiervon nach Rom kam, war die Empörung über den Frevel des Weibes so groß, daß man sogleich zum Krieg rüstete, Legionen aushob und eine Flotte zusammenbrachte« (Polybios 2,8).

Zwei konsularische Heere sorgten bald für Sicherheit und Ordnung. Belagerte und bedrohte Griechenstädte stellten sich unter römischen Schutz, die meisten illyrischen Stämme kapitulierten, Teuta floh, bat um Frieden, verlor aber fast ihr ganzes Land, das die Konsuln Demetrios von Pharos gaben, der sich rechtzeitig auf ihre Seite geschlagen hatte. Aber der neue Mann war nicht besser als Teuta. Auch er begann bald mit der Seeräuberei, plünderte griechische Inseln und hielt sich nicht an die römischen Vorschriften. So mußte im Jahr 219, als Sagunt belagert wurde, auch dieses Piratennest ausgehoben werden. Demetrios floh nach Makedonien zu König Philipp V. und betrieb an dessen Hof die Rückkehr in seine dalmatinische Herrschaft. Von diesem Mann sollte Rom noch hören.

Die illyrischen Feldzüge waren kaum mehr als Pflichtübungen, zu denen sich Rom als Schutzherr Italiens erst durchringen mußte. In der Hauptsache blieb es mit der eigenen Halbinsel beschäftigt und dort vor allem mit dem Norden, wo die Legionen zunächst mit den Ligurern kämpften, einem Bergvolk an der Riviera, zähen Männern und Frauen, über deren Härte und Bedürfnislosigkeit phantastische Geschichten umgingen. Wenige Jahre später kam es zum Entscheidungskampf mit dem alten Feind, den Kelten. Raubgierige Stämme überschritten die Alpen, rissen ihre Landsleute in der Poebene mit und versetzten die Römer in solchen Schrecken, daß sie die gesamte Wehrkraft Italiens zu mobilisieren gedachten. Doch dann gelang es, die mit Beute schwerbeladenen Eindringlinge zu schlagen. In den folgenden drei Jahren (224–222) konzentrierte Rom alle Kraft darauf, die Keltenstämme diesseits der Alpen zu unterwerfen. Als sie um Frieden baten und versprachen, sich zu fügen, setzten die

Konsuln durch, daß der Friede nicht bewilligt wurde. Ehrgeiz und Einsicht verbanden sich hier wohl, die Lust auf Sieg und Triumph sowie die Überzeugung, das ewig unruhige Volk müsse zur bedingungslosen Kapitulation gezwungen werden, diesseits der Alpen sollte es keinen Feind mehr geben.

Die römische Außenpolitik nach dem Punischen Krieg war Sicherheitspolitik, nicht mehr und nicht weniger. Sie schützte Italien durch die vorgelagerte Inselkette von Sizilien bis Korsika, behielt die Karthager im Auge, als sie sich in Spanien ausbreiteten, suchte, sich gegen Invasion von Norden zu wappnen. Vielleicht hatten auch die Illyrerkriege eine sicherheitspolitische Seite; wenn die Räubertruppen feste griechische Städte eroberten, mußten auch die Anwohner der italischen Küste auf Überfälle gefaßt sein. Wache Aufmerksamkeit auf mögliche Gefahren und rigorose Schutzmaßnahmen erklärten großenteils schon Roms Ausbreitung über Italien. Das Hinausgreifen über die Insel folgte der gleichen Politik, es hatte allein strategische Gründe und Ziele.

Aber dieses Hinausgreifen verlangte Formen, wie mit Staaten, Städten und Gebieten in Übersee umzugehen sei, so entstanden zwei Neuerungen, die »Provinz« und die »Freundschaft«, amicitia. Provinz wurde zur Bezeichnung außeritalischer Länder, dic Rom annektiert hatte. Das Wort beschrieb den Amtsbezirk eines Wahlbeamten mit imperium, also voller militärischer Befehlsgewalt. Die wirtschaftliche Nutzung der Provinzen kam später, sie war nicht Zweck der Besitzergreifung, sondern Folge des Besitzes. Verwaltung und organisierte Besteuerung sind in Sizilien erst nach dem Zweiten Punischen Krieg zu erkennen, danach wurde die Insel zur Kornkammer Roms. Mit Sardinien hatte Rom mehr Mühe als Gewinn; sechzig Jahre dauerte es, bis es die Sarden endgültig unterworfen hatte, noch zu Augustus' Zeit waren Räuber dort eine Plage.

Amicitia bezeichnete die Form, in der Rom ein gutes Verhältnis zu Staaten außerhalb Italiens begründete. Das Wichtigste daran war, was es nicht war, »Freundschaft« bedeutete nicht Bündnis. Sie regelte praktische Erfordernisse, garantierte die Freiheit und das Eigentum der Bürger beider Seiten und versprach unbegrenzten Frieden und Verzicht auf Hilfe für die Feinde des Freundes, aber sie verpflichtete im Ernstfall zu nichts. Amicitia verband Rom mit Massilia in Südfrankreich, mit Sagunt in Spanien und vor allem mit mehreren griechischen Städten an der Westküste der Balkanhalbinsel, die aus Furcht vor den Illyrern »Freunde« Roms geworden waren.

Der Krieg mit Karthago und die Suche nach Sicherheit haben Roms politischen Horizont erweitert und es erstmals außerhalb Italiens politisch und militärisch engagiert. Die Aufmerksamkeit des Senats konzentrierte sich immer noch auf Italien, aber sie beschränkte sich nicht mehr darauf. Die Römer blieben eine Landmacht, doch sie konnten nun Krieg auch auf dem Meer und über die Meere führen. Sie blieben Insulaner, aber zur Zeit vor dem Punischen Krieg konnten sie nicht zurückkehren – zu weit waren sie mit der Welt außerhalb ihrer Insel in Berührung gekommen.

Isolationismus und Welthandel

Die große Enttäuschung

Die Vereinigten Staaten haben im Ersten Weltkrieg gewonnen, aber den Frieden verloren. Präsident Wilson proklamierte Grundsätze für den Frieden, der anders sein sollte als Friedensschlüsse sonst: Nicht auf einem Gleichgewicht der Kräfte sollte er beruhen, denn das könne sich bald ändern, sondern auf Gerechtigkeit, nicht auf dem Siegerrecht des Stärkeren, das den Besiegten erniedrige und zur Revanche verleite, sondern auf dem gleichen Recht für alle Beteiligten. »Nur ein Frieden unter Gleichen kann dauern«, sagte der Präsident schon im Januar 1917. In seinen berühmten Vierzehn Punkten heißt es ein Jahr später: »Die Tage der Eroberungen und Gebietserweiterungen sind vorüber.« Das Selbstbestimmungsrecht der Völker, war seine Botschaft an Europa, müsse den Frieden begründen, und eine überstaatliche Organisation, ein Völkerbund, müsse ihn garantieren. »Kein Menschenalter« werde der Frieden halten, wenn er »nicht von der geeinigten Kraft der gesitteten Welt verbürgt wird«.

Dieser Satz war prophetisch. Wilson hat wenig von seinen Grundsätzen durchsetzen können. Es gab keinen Frieden unter Gleichen, keinen Verzicht der Sieger auf Gebietserweiterungen, keine unparteiische Befolgung des Selbstbestimmungsrechts. Der Präsident erkannte die zahlreichen Schwächen der Friedensverträge, aber er fand sich damit ab in der Erwartung, der Völkerbund werde später für ausgleichende Gerechtigkeit sorgen. Aber das tat er nicht, schon deshalb, weil ihm die wichtigsten Völker fehlten, nicht nur Deutschland und die Sowjetunion, die man ausschloß, sondern auch Amerika, das sich selbst ausschloß. Sein eigenes Land versagte Woodrow Wilson die Gefolgschaft, dem Verkünder einer neuen Weltordnung fielen die eigenen Leute in den Rükken – der Schlag richtete ihn seelisch und körperlich bald zugrunde.

Was der Präsident versucht hatte, war die Abkehr von einer hundertjährigen Tradition. Es war eine Revolution, als er im März 1917 erklärte: »Wir sind nicht länger Bewohner einer Provinz.« Die letzten dreißig Monate, also der Weltkrieg, »haben uns zu Bürgern der Welt gemacht. Ein Zurück kann es nicht geben ... ganz gleich ob wir das wollen oder nicht«. Der Präsident hatte erkannt, daß sich Amerika aus der Weltpolitik nicht mehr lösen konnte, aber die Amerikaner wollten auf ihrer Insel bleiben. Der Politiker Wilson hatte vergessen, was der Politologe Wilson aus der Geschichte wußte: »Die eifrigsten Reformer haben lernen müssen, daß sie sich selbst jeglicher Macht beraubten, wenn sie den schwerfälligen Massen zu weit vorauseilten.« Die Massen und die Mehrzahl der Kongreßmitglieder waren ihrem Präsidenten nur halbherzig in die Weltpolitik gefolgt, sie kehrten nach dem Krieg nicht zum Isolationismus zurück, sie waren Isolationisten geblieben.

Der Kongreß ließ fast alles scheitern, was der Präsident außerhalb der westlichen Hemisphäre plante: den Völkerbund, den Vertrag von Versailles mit Deutschland, ein Bündnis mit den vor Deutschland Schutz suchenden Franzosen, die Teilnahme an einem internationalen Gerichtshof, ein Mandat über Armenien. Die Parlamentsmehrheit hätte am liebsten auch sogleich nach Kriegsende alle amerikanischen Soldaten nach Hause geholt – Friedenssicherung in Europa war nicht ihr Problem. Die Vereinigten Staaten zogen sich auf sich selbst zurück. Ihre Sicherheitsinteressen begrenzten sie auf beide Amerikas und im Pazifik auf eine Linie von Alaska nach Hawaii; die Philippinen, immerhin amerikanischer Besitz, lagen nach herrschender Meinung schon außerhalb dessen, was verteidigt werden könne und müsse. So war es auch nur konsequent, daß der Kongreß das Militärbudget erheblich senkte und die Flotte nicht, wie Wilson wollte, so verstärkte, daß sie keiner anderen unterlegen wäre. Second to none – das leuchtete damals den allermeisten Amerikanern nicht ein.

Die politische Rückkehr auf die Insel hatte viele Gründe. Dem Demokraten Wilson stand seit 1918 ein Kongreß mit republikanischen Mehrheiten gegenüber, hinzu kamen persönliche Animositäten und taktisches Ungeschick des Präsidenten, der in der Außenpolitik aufging und das Gefühl für die Stimmung im Lande einbüßte. Die Amerikaner waren nicht gern in den Krieg gegangen; um sie dafür zu begeistern, hatte es einer riesigen rücksichtslosen Propagandamaschine bedurft, die Patriotismus predigte, höchste Menschheitsziele beschwor und vor allem Haß auf die »Hunnen« schürte. 75000 Redner hielten vor 300 Millionen Zuhörern Vier-Minuten-Reden, hinzu kamen Presse, Film und Hunderte von Millionen Broschüren, die deutsche Kriegsgreuel ausmalten.

Zwei Millionen Amerikaner erfuhren dann im Jahr 1918, was Krieg ist. Das »Nie wieder!« erfaßte auch die Vereinigten Staaten, auch dort gab es unter Schriftstellern eine »verlorene Generation«; und die Frage, wofür hunderttausend Amerikaner in den Tod gingen, stellte sich für jeden, der sah, wie der Kreuzzug für den ewigen Frieden neuen Unfrieden in Europa nach sich zog, Haß, Streit, sogar bewaffnete Auseinandersetzungen, das Gegenteil dessen, was der Präsident versprochen hatte. Amerika hatte die Alte Welt nicht erlöst, sie blieb so verkommen wie vorher, deshalb schien es vernünftig, daß Amerika sich von Europa abwandte und auf sich selbst besann.

Mit der Forderung »Zurück zur Normalität« gewann der Republikaner Warren G. Harding 1920 die Präsidentenwahl, politisches und militärisches Engagement auf anderen Erdteilen erschienen nicht als normal. Für den Frieden trat Amerika nur ein, wenn sich keine konkrete Verpflichtung damit verband. Als 1923 ein ernster deutsch-französischer Konflikt drohte, weil Frankreich das Ruhrgebiet besetzte, zogen die Vereinigten Staaten ihre letzten Besatzungstruppen aus Deutschland zurück. Als 1925 Deutschland und dessen ehemalige Feindmächte in Locarno zu einem politischen Ausgleich kamen, begrüßten sie das, aber sie verweigerten eine Teilnahme, weil sie europäische Grenzen nicht garantieren wollten. Als es 1928 nur darum ging, dem Krieg »als Werkzeug nationaler Politik« abzuschwören, waren sie dabei, und ihr Außenminister Kellogg gab dem Pakt den Namen.

Grenzen der Selbstbegrenzung

Amerika kultivierte seinen Isolationismus wie nie zuvor. Bis zum Weltkrieg hatte es genügt, Verlockungen und Herausforderungen aus anderen Kontinenten zu widerstehen, jetzt aber mußte es doppelt vorsichtig sein, weil es einmal nicht widerstanden hatte. Doch ganz konnte es zur früheren Enthaltsamkeit nicht zurückkehren. Durch den Krieg waren die Vereinigten Staaten zum größten Gläubiger geworden, mit 12,5 Milliarden Dollar hatte sich die Welt an sie verschuldet, 9,6 Milliarden davon waren Kriegsanleihen. Damit das Geld zurückkam, mußte Washington bei der Gesundung der europäischen Wirtschaft helfen. Frankreich konnte seine Schulden an Amerika nur zahlen, wenn Deutschland seine Reparationen an Frankreich zahlte, mit dem Dawes-Plan erhielt Deutschland eine Dollar-Anleihe und zugleich Sicherheit vor politischen Störungen Frankreichs, die seine wirtschaftliche Erholung gefährden konnten. Fünf Jahre später entlastete der Young-Plan Deutschland weiter. Dawes und Young waren nicht Staatsbeamte, sondern Bankiers, aber sie handelten im Auftrag des Staates, der sich politisch nicht verstricken wollte, aber politisch wirksam werden mußte.

Die ruinierte Wirtschaft Europas brauchte auch amerikanische Investitionen, so kamen zu den Staatsschulden noch Privatschulden, beide zusammen betrugen 1929 fast zwanzig Milliarden Dollar. Allein die Zahlen zeigen, wie die Vereinigten Staaten von zwei gegenläufigen Tendenzen getrieben wurden, dem elementaren Drang, sich außerhalb Amerikas politisch nicht zu binden, und dem ebenso elementaren Interesse, sich außerhalb Amerikas wirtschaftlich zu behaupten, die Märkte offen zu halten und womöglich zu beherrschen.

Die Weltwirtschaftskrise von 1929 schwächte alle Auslandsbeziehungen der Vereinigten Staaten, dennoch wurde das folgende Jahrzehnt zum Jahrzehnt der Entscheidung. Jenseits der Ozeane, in Europa und Ostasien, traten hemmungslose Imperialisten auf den Plan. Hitler, Mussolini und die japanischen Militärs proklamierten in Wort und Tat »Neue Ordnungen« und stellten fast alles in Frage, was Amerika als die wahre Ordnung der Welt betrachtete, von der Demokratie bis zum freien Welthandel. Was sollten die Vereinigten Staaten tun? Sich noch weiter aus einer Welt zurückziehen, die ihnen in jeder Hinsicht zuwider war? Oder ihr Gewicht nutzen, um die Gefahren einzudämmen? Den Isolationisten stellten sich nun Internationalisten entgegen, an ihrer Spitze der Präsident.

Im Oktober 1937 hielt Franklin D. Roosevelt eine Rede, die weltweit aufhorchen ließ, weil sie die Rückführung Amerikas in die Weltpolitik anzukündigen schien. Ein Weltkonflikt sei ausgebrochen, meinte der Präsident, zwischen Recht und Unrecht, zwischen »friedliebenden Nationen« und Kriegstreibern. Zwanzigmal erschien das Wort »Welt« in seiner Rede. Der Konflikt erstrecke sich auf die Welt-Wirtschaft, Welt-Sicherheit und Welt-Humanität. Der Frieden, die Freiheit und die Sicherheit von neunzig Prozent der Welt-Bevölkerung werde von den übrigen zehn Prozent herausgefordert, die einen Zusammenbruch aller internationalen Ordnung und Gesetzlichkeit androhten. Das moralische Gewissen der Welt sei aufgerufen, denn die Epidemie der Welt-Gesetzlosigkeit breite sich aus.

Roosevelt ließ keinen Zweifel, worauf er hinauswollte: »Wenn solche Dinge in anderen Teilen der Welt geschehen, soll niemand sich einbilden, Amerika könne entkommen, Amerika habe die Gnade zu erwarten, daß diese westliche Hemisphäre nicht angegriffen werde.« Bei einem solchen »Zustand internationaler Anarchie und Instabilität« gebe es kein »Entkommen durch bloße Isolierung oder Neutralität«.

Der Präsident sprach von der Welt, weil die Isolationisten nur auf Amerika sahen. Seine Rede war eine Kampfansage, nachdem ein halbes Jahr vorher ein drittes Neutralitätsgesetz vom Kongreß verabschiedet worden war. Es verbot alles, was Amerika in den Ersten Weltkrieg gebracht hatte: An kriegführenden Staaten keine Anleihen und kein Export von Waffen und Munition! Auf Schiffen kriegführender Staaten keine Reisen amerikanischer Bürger! Für kriegführende Staaten keine Transporte auf amerikanischen Schiffen! Keine Bewaffnung amerikanischer Handelsschiffe! Eine konsequente Zurückhaltung nach solchen Regeln sollte jede Möglichkeit ausschließen, daß die Vereinigten Staaten noch einmal in einen Krieg auf fremden Kontinenten gerieten. 70 Prozent aller befragten Amerikaner meinten 1937, der Eintritt in den Ersten Weltkrieg sei ein Fehler gewesen, 73 Prozent waren für eine Verfassungsänderung, nach der, außer bei feindlicher Invasion, eine Kriegserklärung nur nach einer Volksabstimmung möglich geworden wäre. Roosevelt hatte große Mühe, den Antrag zu Fall zu bringen, aber auch er mußte gegen seine Überzeugung den Neutralitätsgesetzen zustimmen. Senator Gerald P. Nye trieb den Isolationismus zur letzten Konsequenz: Nicht nur außenpolitisch, auch außenwirtschaftlich müßten sich die Vereinigten Staaten aus verstrickenden Allianzen heraushalten.

Die Überzeugungen klafften unüberbrückbar weit auseinander, doch in einem stimmten Isolationisten und Internationalisten überein: George Washingtons Vermächtnis konnte nicht mehr bewahrt werden, Außenpolitik und Außenhandel waren nicht mehr zu trennen, bei der nächsten Herausforderung würde Amerika sich entscheiden müssen. Aber zunächst herrschte die Tradition weiter: Fernhalten von fernen Konflikten! Als der Zweite Weltkrieg ausbrach und gefragt wurde, ob Amerika seine Armee und Flotte gegen Deutschland kämpfen lassen sollte, antworteten 84 Prozent der Befragten mit Nein.

Unreife Weltmächte

In ihren ersten großen Krieg jenseits der Meere gerieten Römer und Amerikaner gegen ihren Willen und ohne bestimmte Ziele, so überrascht es nicht, daß sie danach auf ihre Inseln zurückkehrten. Aber das war nicht alles. Sie blieben dort auch, obwohl sich ihre alten Feinde wieder rührten. Die Römer mußten von anderen angestoßen werden, um sich für die karthagische Ausbreitung in Spanien zu interessieren, aber auch dann reagierten sie langsam und manchmal gar nicht. Die lange Belagerung und Eroberung einer befreundeten Stadt ließen sie geschehen in dem Gefühl, es gehe sie nichts an. Zur Piratenjagd in der Adria mußten sie fast getragen werden, zur Tat schritten sie erst, als ihr Gesandter ermordet wurde und ihr Schützling Demetrios eine Grenze überschritt, die der Senat ihm gesetzt hatte.

Die Amerikaner erkannten schon 1933, daß mit Hitler eine besorgniserregende Entwicklung in Deutschland begann. Das Verhältnis zu Berlin verschlechterte sich, das Mißtrauen wuchs zu der Überzeugung nicht nur des Präsidenten, daß dort eine Macht entstand, mit der kein vernünftiges Arrangement möglich sei. Einen ähnlichen Eindruck erweckte der japanische Imperialismus. Roosevelt faßte die europäischen und asiatischen Vorgänge zum Gesamtbild einer ernsten Weltgefahr zusammen. Er stand mit diesem Urteil nicht allein, aber sein Land und das Parlament taten das Gegenteil dessen, was er für notwendig hielt: Je ernster ihm die Gefahr erschien, desto weiter zogen sie sich davor zurück; je mehr er Antwort auf die neue Herausforderung verlangte, desto höhere Schranken errichteten sie, um eine Antwort zu verhindern.

Römer wie Amerikaner scheuten, sich außerhalb ihrer Inseln politisch oder gar militärisch zu engagieren. Aber beide hatten sich schon einmal engagiert und kamen davon nicht mehr ganz los. Beiden waren durch ihre überseeischen Kriege überseeische Interessen zugewachsen, den Römern strategische, den Amerikanern ökonomische. Rom mußte den Schutzgürtel von Sizilien bis Korsika militärisch sichern und Spanien wenigstens im Auge behalten, Amerika konnte sich nur begrenzt den politischen Konsequenzen seiner wirtschaftlichen Stärke entziehen.

Die Vereinigten Staaten waren durch ihre globalen wirtschaftlichen Verflechtungen mehr und enger mit der Außenwelt verbunden als die Militärmacht Rom. Ein weiterer Unterschied lag darin, daß Amerika sich im Zentrum der Welt, in Europa, engagiert hatte, die Römer aber außerhalb des Zentrums ihrer Zeit, des hellenistischen Ostens, geblieben waren. Rom spielte, wenn man von seiner verdienstvollen Polizeiaktion in der Adria absieht, in Griechenland keine Rolle, Amerika hingegen hatte Mühe, in Europa keine oder nur eine kleine Rolle zu spielen.

Römer und Amerikaner blieben Insulaner, aber nicht ganz, sie hatten Macht gewonnen und Erfahrung. Die Römer waren nicht mehr die italischen Bauernkrieger, die lernen mußten, wie sie den Elefanten des Pyrrhos zu begegnen hatten. Hinter ihnen lagen Seeschlachten eines Ausmaßes, das die Kämpfe der hellenistischen Könige übertraf. Der Umgang mit Karthagern und Griechen hatte ihnen einige Weltläufigkeit gebracht, und mit alledem war ihr Selbstbewußtsein gewachsen.

Amerika wurde mit dem Ersten Weltkrieg zur ersten Wirtschaftsmacht des Globus, es erzeugte fast die Hälfte (46 %) aller industriellen Güter, sein Nationaleinkommen war so hoch wie das der folgenden 23 Staaten zusammen, aus einem Schuldner hatte es sich in einen Gläubiger verwandelt, und nicht zuletzt durch seine Enttäuschungen konnte es weltpolitische Erfahrungen sammeln. In der Folge lebte die Debatte wieder auf, ob Amerika Regional- oder Globalmacht sein solle, doch jetzt hatte die Frage ein anderes Gewicht: Weltpolitik war kein Gedankenspiel mehr, sondern eine Erfahrung. Und nachdem es mit Wilson einen Weltpolitiker zum Präsidenten gehabt hatte, gab es Wilsonianer, die wie er überzeugt waren, Amerika könne und dürfe sich nicht mehr mit Amerika begnügen.

Von einer vergleichbaren Debatte in Rom wissen wir nichts, wahrscheinlich gab es sie nicht. Rom blieb nach dem Kampf mit Karthago auf diesen Feind fixiert, Weltpolitik, also Teilnahme an den Wechselspielen der hellenistischen Großmächte, lag damals außerhalb seiner Vorstellungen. Ähnlichkeit mit Amerika zeigt sich aber in der vorsichtigen Form des Umgangs mit der Außenwelt. Die römische Vertragsform der amicitia könnte von Amerikanern erfunden sein, sie erfüllte in idealer Weise, was beide wünschten und scheuten. Sie wollten ein gutes Verhältnis zu Staaten jenseits der Meere haben und nutzen, aber Verpflichtung und Verstrickung vermeiden.

Römer und Amerikaner waren nach ihrem ersten Ausflug in die Welt noch nicht reif für die Weltpolitik, aber sie hatten die Kraft dafür und waren durch Befürchtungen und Interessen mit Geschehnissen jenseits ihrer Meere verbunden, vielleicht sogar so stark, daß es nicht mehr allein von ihnen abhing, ob sie einem neuen Konflikt würden ausweichen können.

3. Der zweite Schritt übers Meer

Roms Kriegserklärung an Karthago

Der Zweite Punische Krieg war ein Kind des ersten. Er entstand nicht zwangsläufig, aber folgerichtig, sowohl in den Gefühlen wie in der Politik. Titus Livius, der Autor der klassisch gewordenen Geschichte Roms, schrieb (21, 1, 3): Fast noch mehr als mit ihren Kräften hätten Römer und Karthager mit ihrem Haß gekämpft, »die Römer unwillig, daß die Besiegten (des ersten Krieges) wagten, den Sieger anzugreifen, die Karthager in dem Glauben, als Besiegte anmaßend und habgierig behandelt worden zu sein«. Die Römer waren überzeugt, die Karthager in den zweiten Rang versetzt zu haben, und nun erstaunt und empört, daß sie gegen Rom aufbegehrten. Die Karthager hatten nicht vergessen, wie Rom ihre Schwäche schamlos ausgenutzt hatte und ihnen Sardinien raubte.

Aber weder römische Arroganz noch karthagisches Ressentiment verursachten den Krieg; dessen Schlüsselbegriffe lauteten Macht und Sicherheit. Hannibal suchte die Macht und Rom die Sicherheit. Die römische Tatenlosigkeit während der Belagerung Sagunts hatte den Karthager ermutigt, sie schien zu beweisen, daß er richtig gerechnet und gehandelt hatte: Man durfte sich von römischen Forderungen nicht einschüchtern lassen. So ließ er alle Rücksicht fallen und ging im nächsten Jahr 218 daran, die Eroberung Spaniens zu Ende zu führen. Mit einem Heer von hunderttausend Mann überschritt er den Ebro und begann, die Völkerschaften dort zu unterwerfen.

Als die Nachricht davon in Rom eintraf, vermutlich wieder von Massilia übermittelt, schlug die Stimmung im Senat um. Die nordspanischen Häfen in karthagischer Hand – damit kehrte die maritime Gefahr für Italien zurück. Sie tat es um so mehr, als Rom erkennen mußte, daß dieser Karthager, anders als sein Vorgänger Hasdrubal, nicht bereit war, römische

Interessen zu respektieren. Über die Eroberung Sagunts hatte man noch hinweggesehen, jetzt verletzte er den Ebrovertrag; mit Hannibal, so schien es, war kein Auskommen. Er war der Sohn des Hamilkar, des karthagischen Feldherrn, der wie kein anderer die Römer im Ersten Punischen Krieg zur Verzweiflung getrieben hatte. Fast drei Jahre lang saß er auf einem Berg an der Nordküste Siziliens und war dort auf keine Weise zu vertreiben: »Keine Kriegslist, die die Geschichte kennt, kein Anschlag, den Zeit und Umstände an die Hand gaben, keine Tat der Kühnheit und Gewalt blieb unversucht« (Polybios 1,57). Hamilkar verkörperte für Rom die karthagische Gefahr. Er war zu Lande unbesiegbar geblieben und hatte über das Meer Italien bedroht. Von seinem Stützpunkt im Norden Sizilien aus verheerte er die Küste bis nach Kampanien; nach dem Krieg rettete er seine Heimatstadt vor den wilden, aufständischen Söldnern und begründete dann in Spanien eine expansive Militärmacht. Vom Sohn dieses Mannes war nichts Gutes zu erwarten.

Schließlich, das war nicht das Geringste, hatte Hannibal nach römischer Auffassung einen Vertrag gebrochen und damit ein Unrecht gegen Rom begangen – das war ein Kriegsgrund. Der Senat schickte daher eine Gesandtschaft nach Karthago, die Wiedergutmachung fordern und, falls sie verweigert würde, den Krieg erklären sollte. Wiedergutmachung (rerum repetitio) hieß Auslieferung der Schuldigen, Hannibals und seiner Berater. Die Forderung entsprach den Formalitäten römischer Kriegserklärung, hatte aber auch einen politischen Zweck. Wie wir von dem zeitgenössischen römischen Historiker Fabius Pictor wissen, war man im Senat überzeugt, daß die Barkiden eine völlig selbständige Politik trieben. Hasdrubal, so berichtet Fabius, habe sich mit einem Staatsstreich zum Herrn Karthagos zu machen versucht, sei aber am Widerstand der »ersten Männer des Staates« gescheitert und habe Spanien dann ohne Rücksicht auf den Rat in Karthago beherrscht. Die Eroberung Sagunts war vom Rat nicht gebilligt worden, so erschien der Versuch nicht ganz aussichtslos, zwischen Hannibal und den Rat einen Keil zu treiben. Aber auch wenn die an Handel statt Krieg interessierten Kaufleute ihren ungestümen General hätten loswerden wollen, sie hatten nicht die Macht dazu.

So gerieten die römischen Gesandten mit dem karthagischen Rat in offene Konfrontation. Die Römer beklagten sich über die Vergewaltigung ihres Verbündeten Sagunt, die Karthager entgegneten, Sagunt sei unter den Verbündeten Roms im Friedensvertrag von 241 nicht genannt. Die Römer beschwerten sich über die Verletzung des Ebrovertrages, die Karthager erklärten, der Vertrag sei gar nicht gültig, weil nur mit Hasdrubal vereinbart und nicht in Karthago ratifiziert. Die Römer beendeten die Debatte und weigerten sich, noch über Rechtsfragen zu streiten, der Leiter der Gesandtschaft wurde auf dramatische Weise ultimativ. »Er zeigte den Mitgliedern des Rats den Bausch seiner Toga und sagte, er habe für sie darin den Krieg und den Frieden; er werde ausschütten und dalassen, was sie haben wollten. Der Sufet (der höchste Beamte) entgegnete, sie sollten ausschütten, was sie selbst für richtig hielten. Der Römer erklärte, er schütte den Krieg aus, mehrere Mitglieder des Rats riefen, sie nähmen ihn an« (Polybios 3,33).

Amerikas Eintritt in den Zweiten Weltkrieg

Der gewollte Kampf mit Deutschland

Amerikas Weg in den Zweiten Weltkrieg hat manche Ähnlichkeit mit seinem Weg in den ersten, noch größer aber waren die Unterschiede. Wie 1914 nahm 1939 die erdrückende Mehrheit der Amerikaner gegen Deutschland und für England Partei, wollte aber unter keinen Umständen in den Krieg eintreten. Wie Wilson erklärte auch Präsident Roosevelt sogleich nach Kriegsausbruch Amerikas Neutralität, aber er unterstützte England nach Kräften, beide Male ging es nicht zuletzt darum, durch steigenden Export die Konjunktur zu beleben und die Arbeitslosigkeit zu senken. Wie Wilson mußte Roosevelt Wege finden, um den Engländern auch dann noch zu helfen, als sie nicht mehr zahlen konnten. Beide Präsidenten hatten das Problem, ihre Lieferungen vor deutschen U-Booten zu schützen.

Der pure Zufall fügte, daß die Vereinigten Staaten 1914 und 1939 von starken Persönlichkeiten geführt wurden, die aus der Innenpolitik kamen, aber zu bedeutenden, zielbewußten Außenpolitikern wurden. Amerikas alles überragende Kraft hätte sich unvermeidlich in der Weltpolitik durchgesetzt, aber wie, wieweit und wie schnell sie es tat, war zu einem großen Teil das Werk Wilsons und Roosevelts. Beide wußten, daß Amerika keine Insel mehr war und es nicht wieder werden konnte, beide wollten, daß es seine Macht in der ganzen Welt zur Geltung bringt. Beide hatten für die Zeit nach den Kriegen eine Weltordnung vor Augen, die von amerikanischen Interessen und Idealen bestimmt sein sollte, von offenen Märkten rund um den Globus bis zum Selbstbestimmungsrecht der Völker und einer überstaatlichen Organisation, die Frieden durch Recht und nicht durch Macht garantiert.

Was bei Wilson erst angelegt war, kam bei Roosevelt zur vollen Entfaltung, Amerika nahm früher, stärker und entschiedener Partei. Gegen den Kaiser und den deutschen Militarismus hatte es heftige Abneigung empfunden, gegen Hitler und den Nationalsozialismus aber entwickelte es schon 1933, nach dessen ersten Gewalttaten, tiefen Abscheu. Wilson forderte 1914 von seinen Landsleuten Neutralität auch im Denken, Roosevelt erklärte 1939 das Gegenteil: »Ich kann nicht verlangen, daß jeder Amerikaner auch im Denken neutral bleibt.« Wilson versuchte, wenigstens den Schein zu wahren, daß er gleichen Abstand von England und Deutschland halte, Roosevelt und seine Anhänger gaben sich kaum Mühe zu verschleiern, daß sie England gegen Deutschland stützten. Wilson hielt es für nötig und möglich, Amerika aus dem europäischen Krieg herauszuhalten, und wurde deshalb 1916 wiedergewählt; auch Roosevelt half es für seine Wiederwahl 1940, daß er versicherte, keine amerikanische Mutter müsse befürchten, daß ihr Sohn in einen Krieg jenseits der Ozeane geschickt werde, aber er war überzeugt, daß eben dies notwendig sei. Wilson proklamierte schon 1915 die Bereitschaft für einen Krieg, stand aber unvorbereitet da, als er ihn führen mußte. Roosevelt hatte, als Hitler im Dezember 1941 den Krieg erklärte, ökonomisch, politisch und strategisch so gut vorgesorgt, wie Verfassung und Opposition es zuließen.

Um auf beiden Ozeanen, im Atlantik und Pazifik, gerüstet zu sein, trieb Roosevelt seit 1933 den Ausbau der Flotte und seit 1938 der Luftstreitkräfte voran; kein anderes Land tat so viel für seine Marine; schon vor Kriegsbeginn 1940 verlangte der Präsident eine Jahresproduktion von fünfzigtausend Flugzeugen. Die Armee wuchs von 1939 bis Mitte 1941 von drei auf 35 Divisionen. Amerika müsse sich verteidigen können, erklärte die Regierung und gewann auch die Zustimmung vieler Isolationisten, aber Roosevelt und seine Minister wußten, daß sie weit mehr taten, als der Schutz der westlichen Hemisphäre erforderte.

Amerikas Weg in den Zweiten Weltkrieg begann einen Tag nach dessen Beginn. Am 2. September 1939 proklamierte Roosevelt den begrenzten nationalen Notstand, zwei Monate später lockerte er die Fesseln der Neutralitätsgesetze, Waffen und Munition durften nun auch an Kriegführende geliefert werden, sofern sie bar bezahlten und die Fracht auf eigenen Schiffen transportierten (cash and carry). Den zweiten, entscheidenden Schritt ging der Präsident im Sommer 1940. Der unerwartete und überraschend schnelle Fall Frankreichs zeigte, daß dieser Krieg anders verlaufen würde als der erste Weltkrieg. Diesmal gab es nicht ein annäherndes Gleichgewicht zwischen Deutschland und seinen westeuropäischen Gegnern, das Amerika mit relativ geringem Aufwand in ein Übergewicht der Westmächte verwandeln konnte. Nach Hitlers Einzug in Paris hatte Deutschland ein Übergewicht, England befand sich in höchster Gefahr, nur Amerika konnte verhindern, daß Europa unter deutsche Herrschaft fiel. Roosevelt begann, den Eintritt in den Krieg vorzubereiten.

Zunächst war schnelle Hilfe für England nötig. Dessen Truppen konnten sich zwar von Dünkirchen noch gerade auf ihre Insel retten, verloren aber fast ihr gesamtes Gerät. Viele Monate hätte es gedauert, um die Verluste auszugleichen, aber schon am 1. Juni ließ Roosevelt prüfen, was Amerika an Waffen entbehren konnte, elf Tage später verluden englische Frachter die ersten Gewehre und Kanonen. Anfang September überließen die Vereinigten Staaten England fünfzig Zerstörer für den Geleitschutz über den Atlantik. Als Gegenleistung räumte England den Amerikanern Luft- und Flottenbasen ein, von Neufundland über Jamaica bis Britisch-Guayana löste die amerikanische Flagge die britische ab. Es war ein Geschäft mit symbolischer Bedeutung: Amerika näherte sich dem europäischen Krieg, und England gab seine letzten strategischen Positionen in Amerika auf.

Die Vereinigten Staaten waren zum Rettungsanker des demokratischen Europa geworden. Auch wenn die Deutschen England eroberten, versicherte Churchill Roosevelt, werde die englische Flotte nicht kapitulieren, sondern von Amerika aus weiterkämpfen. Weit mehr als im ersten Krieg ruhte alle Hoffnung auf der Großmacht jenseits des Atlantik. Und Winston Churchill, den die Engländer im Mai 1940, in der Stunde höchster Bedrängnis, zum Premierminister und Herrn ihrer Kriegsführung gemacht hatten, tat alles, »von der glühendsten Werbung bis zur kältesten Erpressung« (Sebastian Haffner), um Amerika zu immer größerer Hilfeleistung zu zwingen und es, sein letztes Ziel, in den Krieg zu nötigen. »Meine Beziehungen zu dem Präsidenten wurden nach und nach so eng, daß die wichtigsten, unsere beiden Länder betreffenden Fragen im wesentlichen durch diesen persönlichen Meinungsaustausch zwischen ihm und mir geregelt wurden ... Insgesamt sandte ich ihm 950 Botschaften und empfing etwa 800 Antworten.«

Churchill und Roosevelt respektierten einander, Roosevelt bewunderte den Krieger Churchill, Churchill achtete und schätzte den geschickten Politiker und weitsichtigen Staatsmann Roosevelt. Beide teilten die Überzeugung, daß ihre Länder aufeinander angewiesen seien, England konnte ohne den Rückhalt Amerikas den Krieg nicht bestehen, Amerika konnte England nicht fallen lassen, ohne selbst Schaden zu nehmen. »Wenn wir untergehen«, schrieb Churchill dem Präsidenten im Juni 1940, »lauft Ihr Gefahr, Euch einem unter Naziherrschaft vereinten Europa gegenüberzusehen, das weit menschenreicher, weit stärker, weit besser gerüstet wäre als die Neue Welt.«

Roosevelt erklärte Amerika zum »großen Arsenal der Demokratie« und meinte damit eine Aufgabe, so ernst, dringend und patriotisch, als stünden die Vereinigten Staaten selbst im Krieg. Die Verteidigung Amerikas gebot für Roosevelt die Verteidigung Großbritanniens und des gesamten britischen Empire, das war die fast weltweite Ausdehnung der amerikanischen Sicherheitsgrenzen bis Australien, Südafrika und Indien. Im Februar und März 1941 begannen Stabsbesprechungen amerikanischer und englischer Militärs. Am 27. Mai erklärte der Präsident den unbegrenzten nationalen Notstand, was weitere militärische Vorbereitungen erlaubte. Nach der deutschen Besetzung Dänemarks stationierte er amerikanische Einheiten auf dem (dänischen) Island und Grönland.

Amerika näherte sich Europa, nicht nur zu Lande, auch zur See. Es schob die Grenze der »westlichen Hemisphäre« weit nach Osten bis zu den Azoren vor, übernahm mit seiner Kriegsmarine die Sicherung britischer Frachter und befahl, das Feuer auf deutsche U-Boote zu eröffnen, die sich einem Konvoi mehr als hundert Seemeilen näherten. Die Vereinigten Staaten beanspruchten drei Viertel des Nordatlantik als ihre Interessenzone und bekämpften jedes deutsche Schiff, das in sie eindrang.

Der ungewollte Kampf mit Japan

Roosevelt hielt den Krieg mit Deutschland für notwendig im genauen Wortsinn, aber zunächst kam der Krieg aus Japan. Fast gleichzeitig mit Hitlers Deutschland war Japan für Amerika zum Problem geworden; die Interessen stießen sich in China, das Japan zu erobern begann. Zuerst, 1931/32, verwandelte es die eroberte chinesische Provinz Mandschurei in einen japanischen Satellitenstaat, 1937 vertrieb es die chinesische Regierung unter Tschiang Kai-schek aus Nanking, ermordete dort 300000 Chinesen, verdrängte den nationalen wie den kommunistischen Widerstand in den äußersten Westen, errichtete auch in China ein Satellitenregime und proklamierte 1940 eine »neue Ordnung für Großostasien«.

»Neue Ordnung« hieß in amerikanischen Augen verschlossene Türen. Amerikas Chinahandel kam in Gefahr, ganz versperrt zu werden. In Ostasien entstand das gleiche wie in Europa: Die ohnehin schwache Demokratie wich einem »Militärfaschismus«, der alles in Frage stellte, was Amerika heilig war, den freien Handel und den freien Staat, den Frieden und das Selbstbestimmungsrecht der Völker. Aber wie in Europa wollte die große Mehrheit der Amerikaner keinen Krieg mit Japan, die Regierung beschränkte sich auf Diplomatie und Ökonomie. Sie protestierte gegen Gewaltakte und weigerte sich, japanische Eroberungen, Staatsgründungen und Ansprüche anzuerkennen; sie half China mit Gütern und Waffen in seinem Verteidigungskampf und kündigte 1939 den Handelsvertrag mit Tokio.

Seit dem Sommer 1941 weitete sich der Konflikt aus. Japan begann, in Südostasien die Früchte der deutschen Siege in Europa zu ernten, zunächst besetzte es den Süden von Französisch-Indochina, wo es eine ideale Ausgangsbasis für die Eroberung von Holländisch-Indien (Indonesien) sowie des britischen Malaya und Singapur erhielt. Washington, London und die holländische Exilregierung antworteten mit der Einfrierung aller japanischen Guthaben, sie schnitten damit das rohstoffarme Inselreich von lebens- und kriegsnotwendigen Rohstoffen und vor allem vom Öl ab. Die Ostasien-Kenner in den Außenministerien und die amerikanischen Stabschefs warnten, das Embargo werde bewirken, was es verhindern solle, weil es Japan zwinge, sich mit Gewalt zu holen, was ihm vorenthalten werde.

So geschah es. Tokio suchte einen Kompromiß mit Washington, aber bereitete sich zugleich auf einen Krieg vor. Die Zeit drängte, die Ölvorräte reichten noch anderthalb Jahre, Japan mußte Klarheit haben: Wenn Amerika das Embargo nicht aufheben wollte, blieb nur der Zugriff auf die Öl- und Rohstoff-Quellen in den holländischen und britischen Kolonien. Tokio erklärte sich bereit, auf die Expansion in Südostasien zu verzichten, wenn Washington das Embargo beende und Japan freie Hand in China lasse. Damit waren die Gespräche wieder am Kern des japanisch-amerikanischen Interessenkonflikts angelangt. Roosevelt wie sein Außenminister Cordell Hull sahen sich außerstande, China den Japanern zu überlassen.

Die Entwicklung trieb auf den Krieg zu, aber Washington verkannte lange Zeit den Ernst der Lage. Ministerpräsident Konoye schlug ein Treffen mit Roosevelt vor, bei dem alles Trennende überwunden werden sollte. Aber der Präsident wollte erst verhandeln, wenn das Trennende vorher, jedenfalls im Grundsatz, aufgehoben würde. Noten gingen hin und her, die Kriegsvorbereitungen in Japan schritten voran, man dürfe nicht warten, bis man durch wirtschaftliche Sanktionen erdrosselt sei, meinte ein Vertreter der Marine. Der Kriegsminister Tojo erklärte, die Zeit zum Losschlagen sei gekommen, der Premierminister konnte ihn nicht umstimmen und trat zurück, Tojo wurde sein Nachfolger. Auch er schickte noch einen Sonderbeauftragten nach Washington; da er nichts Neues im Gepäck hatte, erhielt er von Außenminister Cordell Hull die alte Antwort: Die Sanktionen bleiben, bis Japan verbindlich zusagt, China und Indochina zu räumen. Tokio beschloß den Krieg.

Aus dem japanischen Funkverkehr erfuhr Roosevelt, daß Japan losschlagen werde. Es war der 28. November 1941; der Präsident und seine Berater spekulierten, wohin der Schlag gehen werde, auf Holländisch-Indien, Thailand oder ein anderes Ziel der Region. In Tokio wußte man, die Vereinigten

Staaten würden nicht dulden, daß sich Japan der europäischen Kolonien in Südostasien bemächtige; da sich ein Krieg mit Amerika nicht vermeiden ließ, wollte man Amerika schwächen, bevor er losging. Während Roosevelt noch über die Angriffsziele im Südchinesischen Meer rätselte, waren japanische Flugzeugträger schon auf dem Marsch mit Kurs auf Hawaii. Und während eine persönliche Botschaft des Präsidenten, die zur Räumung Indochinas mahnte, aber keine Konzession enthielt, den Kaiser erst um drei Uhr nachts am 7. Dezember erreichte, befanden sich die ersten 350 Bomber bereits im Anflug auf Pearl Harbor, den Hafen der amerikanischen Pazifikflotte.

Fünf der acht Schlachtschiffe wurden außer Gefecht gesetzt, drei stark beschädigt, mehr als die Hälfte der 300 Flugzeuge am Boden zerstört. 2231 Soldaten und 57 Zivilisten kamen ums Leben. Die Überlegenheit der amerikanischen Seemacht über die japanische war dahin, ebenso die Planung für den Kriegsfall, die eine offensive Verteidigung durch die Pazifikflotte vorsah.

Die Überraschung war schrecklich, die Zerstörung furchtbar, politisch aber empfanden der Präsident und viele Mitarbeiter Erleichterung. Krieg mit Deutschland wollte Roosevelt, Krieg mit Japan wollte er nicht, aber hielt ihn schließlich für unvermeidlich. Den Kampf selbst eröffnen mochte und konnte er nicht, Kongreß und öffentliche Meinung waren dagegen. So blieb nur, wie das Tagebuch des Kriegsministers verrät, die Überlegung, wie man die Japaner »in die Lage bringen konnte, den ersten Schuß abzugeben, ohne uns selbst zu großem Schaden auszusetzen«.

Der Schaden war groß, aber der innenpolitische Gewinn für Roosevelt war es auch. Japan hatte den ersten Schuß abgegeben, ganz Amerika fühlte sich von dem infamen Überfall getroffen und stellte sich hinter seinen Präsidenten. Vier Tage später gab auch Hitler den ersten Schuß ab, zu dem Roosevelt ihn bis dahin vergeblich zu provozieren versucht hatte. Was Hitler jetzt, im Dezember 1941, zur Kriegserklärung an die Vereinigten Staaten brachte, hatte er schon im April 1941 dem japanischen Außenminister Matsuoka gesagt: Es sei »gleichgültig, mit wem die Vereinigten Staaten zuerst in Konflikt gerieten, ob mit Deutschland oder mit Japan. Sie würden stets darauf aus sein, zunächst ein Land zu erledigen, nicht etwa, um sich anschließend mit dem anderen zu verständigen, sondern um dieses danach ebenfalls zu erledigen. Daher würde Deutschland ... unverzüglich in einem Konfliktfall Japan-Amerika eingreifen, denn die Stärke der drei Paktmächte sei ihr gemeinsames Vorgehen.« Der Krieg mit Amerika, so scheint Hitler gerechnet zu haben, ist zwar »unerwünscht«, aber unvermeidlich, deshalb sei es besser, ihn nicht einzeln, sondern im Verband zu führen.

Die große Debatte

Nach dem Überfall auf Pearl Harbor notierte der republikanische Senator Arthur H. Vandenberg in sein Tagebuch: »An diesem Tage endete der Isolationismus für jeden Realisten.« Bis zu diesem Tage hatte Vandenberg selbst zu Anhängern des Isolationismus gehört, danach konnte niemand mehr, der ernst zu nehmen war, für politische Selbstbeschränkung der Vereinigten Staaten eintreten. Amerika war angegriffen worden, Hawaii lag zwar dreitausend Kilometer von der kalifornischen Küste entfernt und war noch kein Bundesstaat, aber es war amerikanisches Territorium, und die amerikanische Flotte, die dort lag, war Amerika. Der Angriff ermordete zweieinhalbtausend Amerikaner und war hinterhältig, die formale Kriegsklärung Japans traf in Washington ein, als, fast gleichzeitig, die Bomben auf Pearl Harbor niedergingen. Die kurz darauf folgende Kriegserklärung Hitlers vollendete für jeden Amerikaner das Bild einer Nation, die von Feinden umgeben ist und sich wehren muß. Amerika konnte sich von der Welt nicht mehr fernhalten, weil sich die Welt nicht mehr von Amerika fernhielt. Wieviel der eigene Präsident zu dieser Veränderung beigetragen hatte, wurde kaum mehr gefragt; in der Erschütterung, getroffen zu sein, einte sich das Land im Dezember 1941 ebenso hinter seinem Präsidenten wie nach den Terroristenanschlägen in New York und Washington am 11. September 2001.

Pearl Harbor erzwang den Schritt von insularer Selbstbeschränkung zur Weltmachtpolitik. Es beendete gewaltsam eine Debatte, die zuvor nicht nur den Kongreß, sondern das Land bewegt hatte. Was da, am stärksten beim Streit um das Pacht- und Leih-Gesetz, aufeinanderprallte, war kein Kampf unterschiedlicher Meinungen, es war eine Schlacht zwischen fest begründeten Überzeugungen. Eine Tradition von anderthalb Jahrhunderten stand gegen die Auffassung einer neuen Zeit, die Verteidiger des alten Amerika, das sich selbst genug war, standen gegen die Anwälte eines neuen Amerika, das in die Welt drängte.

Die große Debatte hatte eine ökonomische, politische und militärische Dimension. Roosevelt und seine Anhänger meinten, ein deutsches Imperium in Europa und ein japanisches in Ostasien würden autarke, staatlich gelenkte Wirtschaftszonen schaffen, die sich amerikanischem Export und amerikanischen Investitionen entzögen; ohne außenwirtschaftliche Ausbreitung aber könnten die Vereinigten Staaten ökonomisch nicht bestehen. Diese Vorstellung war nicht neu, sie hatte Amerika schon Ende des 19. Jahrhunderts nach Übersee getrieben, jetzt schreckte der Gedanke, mit »gigantischen staatlichen Monopolen« konkurrieren zu müssen, die von Diktatoren geleitet und von enormen militärischen Kräften gestützt würden.

Im Juli 1940, Frankreich hatte kapituliert, Berlin und Moskau waren noch im Einvernehmen, zeichnet Walter Lippmann, der bedeutendste amerikanische Publizist der Zeit, ein düsteres Bild. Wenn England falle, würden Berlin, Moskau und Tokio Europa, Asien und Afrika beherrschen. Amerikas Industrie bliebe auf Kanada, die Länder um die Karibik und vielleicht die Westküste Südamerikas beschränkt. Das übrige Südamerika sei zu 75 Prozent wirtschaftlich an Europa gebunden, und das werde eben, wenn England falle, von Hitler regiert. Amerika also allein in einer »totalitären« Welt, die Vorstellung, dann noch normale Geschäfte treiben zu können, wäre wie der Versuch nackter Soldaten, einen Panzerangriff aufzuhalten.

Die Vertreter der Gegenmeinung erklärten kühl, auch Diktatoren müßten Handel treiben und sich den Gesetzen des Handels beugen. Außerdem sei Amerika ein Kontinent, Steigerung des Binnenhandels um fünf Prozent bringe mehr Dollars als eine Steigerung des Außenhandels um hundert Prozent. Ökonomische Gefahr drohe vielmehr von einer Überanstrengung der Ökonomie. »Ich glaube nicht, daß wir reich genug sind, um alle Kriege der ganzen Welt zu garantieren«, notierte Senator Vandenberg in sein Tagebuch. Sein republikanischer Kollege Robert A. Taft spottete, mit dem Pacht- und Leihgesetz werde Uncle Sam als der beste und größte Santa Claus in die Geschichte eingehen und dann entweder Bankrott machen oder, im besten Falle, die schlimmste Depression und Arbeitslosigkeit bekommen, die das Land je sah. Fazit: »Ein Krieg für den Handel kostet mehr, als der Handel wert ist.«

Internationalisten wie Isolationisten fürchteten einen katastrophalen ökonomischen Niedergang, die einen durch den Zwang, überall mit Staatswirtschaft konfrontiert zu werden, die anderen durch den Zwang, einen Krieg mit unabsehbaren Kosten zu führen. Beide Seiten waren sich aber einig, ein ökonomischer Verfall werde die soziale und damit die politische Stabilität der Vereinigten Staaten gefährden. Sinken des Lebensstandards, Demoralisierung der Menschen und der Wirtschaft, Schwächung der demokratischen Institutionen, Entwicklung einer revolutionären Situation, Verlust der Freiheit, am Ende Sozialismus oder Totalitarismus, denn um sich gegen totalitäre Mächte zu behaupten, müsse man selbst totalitär werden.

Die wirtschaftliche Debatte ging in eine politische Auseinandersetzung über. Die Internationalisten glaubten, die Demokratie müsse weltweit verteidigt werden, wenn sie in Amerika überleben solle. Senator Taft hielt dagegen: »Ein Krieg für die Demokratie zerstört die Demokratie.« Roosevelts Gesinnungsfreund William C. Bullitt war überzeugt: »Diese Erde kann nicht auf die Dauer halb Nazi und halb frei bleiben.« »Warum nicht?« fragte Taft zurück, »die Welt ist immer halb demokratisch und halb autokratisch gewesen.« Auch der alte Streit lebte wieder auf, wie Amerika seine demokratische Aufgabe in der Welt erfüllen müsse: Durch Mission in aller Welt, meinten die einen, nur durch das Beispiel unseres Erfolges, sagten die anderen.

Die meisten Argumente waren nicht neu, doch sie verschärften sich ungemein, weil dahinter die Frage Krieg oder Nicht-Krieg stand. Und diese Frage spitzte sich nochmals zu, denn erstmals schien jetzt die militärische Sicherheit der Vereinigten Staaten nicht mehr garantiert. Was die Römer im Ersten Punischen Krieg tatsächlich erfuhren, behaupteten nun Roosevelt und seine Anhänger: Die Meere schützen nicht mehr. Ein ausführliches Gutachten des Senatsausschusses für Flottenfragen kam im April 1940 zum gegenteiligen Ergebnis. Die Admiräle und Senatoren blieben überzeugt, daß Amerika nach wie vor – militärisch gesehen – eine Insel sei. »Die Armeen Europas und Asiens gefährden uns nicht. Um eine Gefahr zu sein, müssen sie auf Schiffen über die See gebracht werden. Flugzeuge, die auf dem europäischen und asiatischen Kontinent stationiert sind, gefährden uns nicht. Um unsere kontinentale Sicherheit ernstlich zu bedrohen, müssen sie über die See gebracht werden und von Stützpunkten in oder nahe unserer Hemisphäre operieren.« Die Konsequenz hieß daher: Keine Gefahr, »wenn wir die Meere beherrschen, die uns von allen möglichen Feinden trennen«. Und die Empfehlung lautete: Flotte und Luftwaffe so stark machen, daß sie die Meere beherrschen.

Der Regierung genügte das nicht, sie definierte die Sicherheitslage neu. Die Flotten Amerikas könnten Atlantik und Pazifik nicht allein beherrschen; vor Invasion über See seien die Vereinigten Staaten nur dann geschützt, wenn nicht die

Deutschen und Japaner die europäischen und asiatischen Gegenküsten besetzt hielten und auch noch über die Schiffbaukapazitäten zweier Kontinente verfügten. »Die Nazi-Herren Deutschlands haben klar gemacht«, sagte Roosevelt Ende 1940, was sie beabsichtigen: »nicht nur alles Leben und Denken in ihrem eigenen Land zu beherrschen, sondern auch ganz Europa zu versklaven und dann die Ressourcen Europas zu benutzen, um den Rest der Welt zu beherrschen.«

Die konkrete Gefahrenbeschreibung begann oft mit dem Satz »Wenn England fällt«. Roosevelt fuhr fort, dann »werden die Achsenmächte (Deutschland, Italien, Japan) die Kontinente Europa, Asien, Afrika, Australien kontrollieren sowie die Meere. Sie werden in der Lage sein, enorme militärische und maritime Kräfte gegen diese Hemisphäre aufzubringen. Es ist keine Übertreibung zu sagen, wir alle in ganz Amerika werden auf der Mündung einer Kanone leben, einer Kanone geladen mit Explosivgeschossen, wirtschaftlichen wie militärischen.« Der Hinweis auf England galt vor allem der englischen Flotte. Neben der Weite der Ozeane war sie es, die Amerika in der Vergangenheit das Gefühl absoluter Sicherheit gegeben hatte. Wenn Hitler England eroberte, wäre der gewohnte Schutz verloren oder entstünde sogar eine neue Gefahr, denn im Besitz der englischen Flotte könne Hitler zur Invasion Amerikas schreiten. Die Meere würden dann, sagte Roosevelt oft, zu highways für den Angreifer.

Senator Robert Taft ironisierte die militärischen Phantasien: Früher kam die Attacke direkt über den Atlantik, mit einem Stop für Eis in Grönland, einem Stop für Fisch in Neufundland – Gelächter. Diese Theorie sei aus der Mode, jetzt gehe es über den Südatlantik. Zuerst mit einer Million Mann zu dem verlassenen afrikanischen Hafen von Dakar, dann »nur« 1600 Meilen nach Brasilien. Dort marschiert die Million Soldaten durch die Dschungel des Amazonas, übersteigt hohe Gebirge und erreicht schließlich die Nordküste Südamerikas. Aber wie von da weiter? Die Karibik steht unter Kontrolle der amerikanischen Flotte. Also noch einmal 2000

Meilen durch Mittelamerika und Mexiko, durch Wälder und über Berge, wo es zum Teil noch gar keine Straßen gibt.

Im Kern, so scheint es, ging die große Debatte um zwei Fragen. Die erste war: Wie kann Amerika Amerika bleiben? Die Traditionalisten antworteten: Indem es auf seiner Insel bleibt und dafür sorgt, daß die Insel unangreifbar bleibt. Die Modernisten hielten dagegen: Amerika kann nur Amerika bleiben, wenn es nicht in Amerika bleibt, sondern seine Ideale und Interessen überall in der Welt durchsetzt. Die zweite Kernfrage war nicht neu, aber sie stellte sich jetzt mit unentrinnbarem Zwang zur Entscheidung: Kann sich Amerika aus der Weltpolitik überhaupt heraushalten? Die Antwort der Isolationisten hatte der Senatsausschuß für Flottenfragen 1940 in klassische Form gebracht, George Washington hätte es nicht anders gesagt: »Unsere Lage ist glücklicher als die irgendeines anderen Volkes. Wir sollten unsere glückliche Lage nutzen und unseren Frieden und Wohlstand nicht in die Streitigkeiten Europas oder Asiens verstricken.« Und am Schluß eine Warnung: »Wir haben nicht die Macht oder die Mittel, die Welt in Ordnung zu halten (to police the world), wir können einer wirren Welt nicht Frieden bringen, aber wir haben die Macht und die Mittel, andere zu hindern, daß sie ihre Kriege in diese Hemisphäre bringen.« Roosevelt war leidenschaftlich vom Gegenteil überzeugt: Ganz gleich, was Amerika wünsche und wolle, es könne sich gar nicht mehr heraushalten, weil es auf vielfache Weise selbst bedroht sei.

Die Verfechter einer strikten Isolations- und Neutralitätspolitik verabscheuten Nazis, Faschisten und Militaristen nicht weniger als der Präsident; nicht das Feindbild trennte, sondern die Frage: Wie schützt man sich vor einer totalitär werdenden Welt? Indem man sich von ihr fernhält, meinten die einen. Indem man verhindert, daß die Welt totalitär wird, glaubten die anderen. Daß dies Krieg bedeutete, verschwiegen und bestritten sie beharrlich. Roosevelt begründete jeden Schritt, mit dem er Amerika näher an den Krieg führte, mit der Absicht, den Krieg zu vermeiden.

Die öffentliche Meinung, soweit sie in den Umfragen erkennbar wird, folgte ihm. Noch im Sommer 1941 wünschten zwar fast 80 Prozent der Befragten, »draußen zu bleiben« aus dem Krieg. Doch die Zahl verringerte sich, sobald die Antwort an Bedingungen geknüpft wurde. Wenn England fällt, wollten nur noch 56 Prozent »draußen bleiben«. Wenn deutsche U-Boote amerikanische Schiffe versenken, nur noch 50 Prozent (April 1941). Wenn nur amerikanisches Eingreifen die Niederzwingung Deutschlands und Italiens ermöglicht, nur noch 24 Prozent (April 1941). Mit diesem Votum wurde die Grenze vom Inseldenken zur Weltpolitik überschritten, noch deutlicher Ende September 1941: 70 Prozent hielten den Sieg über Deutschland für wichtiger, als »draußen zu bleiben«. Nur noch 30 Prozent wollten auf ihrer Insel verharren, und ebenso wenige (29 %) waren mit einem Status-quo-Frieden einverstanden, bei dem zwar England sein Empire behalten sollte, aber auch Hitler seine Eroberungen.

Roosevelt und die Internationalisten gewannen ständig an Zustimmung – zunächst durch die Tatsachen: Deutsche, Italiener und Japaner unterwarfen und unterjochten immer neue Länder; ferner durch die perfekte Ideologisierung der Frage: Nicht mehr um Europa und Ostasien sollte es gehen, sondern um die Entscheidung zwischen Gut und Böse in der ganzen Welt. Schließlich durch die Überzeugung jedes zweiten Amerikaners (52,9 %), wenn England falle und seine Flotte ausfiele, werde Hitler fähig, Amerika anzugreifen. Dennoch konnte der Präsident nicht mit einer sicheren Mehrheit für seine Politik rechnen, Wunschdenken und Einsicht in die Notwendigkeit lagen bei den meisten seiner Landsleute noch in unentwirrbarem Streit.

Aber Tojo und Hitler entschieden, was in Amerika erst halb entschieden war. Mit den zerbombten Schlachtschiffen in Pearl Harbor versank der Traum von einer Insel der Seligen, unerreichbar von den Gefahren der Welt. Amerika mußte sich der Welt stellen.

4. Die entscheidenden Kämpfe

Auch der Zweite Punische Krieg und der Zweite Weltkrieg sind unvergleichbar, nur zweierlei rechtfertigt, sie nebeneinander zu stellen. Sie waren die schwersten, verlustreichsten und aufwendigsten Kämpfe, die Rom mit einem außeritalischen Gegner und die Vereinigten Staaten mit außeramerikanischen Gegnern zu bestehen hatten. Die zweite Gemeinsamkeit ist ihr Ergebnis: Römer und Amerikaner wurden zu den ersten Weltmächten ihrer Zeit.

Der Zweite Punische Krieg

Der Hannibalische Krieg, wie die Römer ihn nannten, galt den Nachfahren als der denkwürdigste aller Kriege, die je geführt wurden: bellum maxime omnium memorabile, quae umquam gesta sint. »Denn, niemals haben mächtigere Staaten und Völker die Waffen gegeneinandergetragen, niemals hatten beide so viel Kraft und Macht. Auch in der Kriegskunst gab es für beide nichts Neues, alles hatten sie schon im ersten Punischen Krieg gegeneinander erprobt. Das Kriegsglück schwankte, und Mars zeigte sich so unentschieden, daß mehr in Gefahr kam, wer siegte.« Livius (21,1), Zeitgenosse des Augustus, sagte, was schon vor ihm und noch lange nachher in Rom gedacht wurde. Er übertrieb nicht allzusehr, denn die Römer hatten niemals einen Feind wie Hannibal, und seit sie Italien beherrschten, waren sie niemals sonst gezwungen, den Kampf im eigenen Lande zu führen; erst ein halbes Jahrtausend später brachte die Völkerwanderung fremde Eindringlinge nach Italien.

Genie gegen Kraft

Am Anfang verrechneten sich alle Beteiligten. Hannibal hoffte, Rom werde die Eroberung Nordspaniens ebenso tatenlos hinnehmen wie die Eroberung Sagunts. Die römische Kriegserklärung brachte ihn in eine schwierige Lage. Er war nicht nur für Spanien, sondern auch für die Sicherheit Afrikas, also der Hauptstadt Karthago, verantwortlich, aber wußte nicht, wo die Römer den Kampf eröffnen würden. So tat er, was die Strategen aller Zeiten empfehlen, aber selten zustande bringen: Er verteidigte, indem er angriff. Er versuchte Afrika und Spanien zu schützen, indem er nach Italien marschierte. Und er hatte Erfolg, indem er sich zwei der wichtigsten Helfer eines Feldherrn bediente, der Schnelligkeit und der Überraschung.

Er überließ seinem Bruder Hasdrubal Spanien und fast die Hälfte der Truppen sowie allen entbehrlichen Troß, nahm die besten Einheiten und brach nach Italien auf. Der Marsch war improvisiert, und die Überwindung aller Hindernisse mußte improvisiert werden. Mit Bestechung und Gewalt bahnte sich Hannibal den Weg über die Pyrenäen, durch Südfrankreich und über die Alpen. Die letzte Strecke war die schwerste, weil die Bergbewohner den Weg verlegten und das Heer aus dem Hinterhalt attackierten, vor allem aber, weil schon der Winter begann. Ungewöhnlich an Hannibals viel gerühmtem Alpenübergang war nicht, daß er das Gebirge überwand, sondern daß er es tat, als Eis und Schnee die Pässe fast unpassierbar machten. Der Gewaltmarsch kostete schreckliche Verluste. Mit 59000 Mann war Hannibal in Nordspanien aufgebrochen, mit 26000 gelangte er in die Poebene. Feinde, Kälte, Sturz von vereisten Pfaden, Hunger und Krankheit hatten jeden zweiten Mann umgebracht; die Angekommenen erschienen körperlich und moralisch »wie verwildert«.

Die Römer verrechneten sich noch mehr. Jahrzehntelang richteten sie sich auf die falsche Gefahr ein, es war ein grotesker Irrtum: Die Landmacht starrte aufs Meer, aber die Seemacht kam zu Lande. Gegen die karthagische Flotte, die schwach geworden war, hatte der Senat sorgfältig Vorsorge getroffen, aber dann ereilte Rom das Schicksal auf einem Wege, an den niemand gedacht und dessen Begehbarkeit »wegen der Menge und Unzuverlässigkeit der barbarischen Bewohner« der Alpen unmöglich erschien (Polybios 3,49).

Der Senat hatte den Krieg offensiv geplant, ein Konsul sollte nach Spanien gehen, um gegen Hannibal zu kämpfen, der andere sollte nach Afrika übersetzen, um Karthago anzugreifen. Doch dann erschien plötzlich Hannibal in Italien, der Sturm auf Karthago mußte entfallen, um einem Sturm auf Rom zu begegnen. Siebzehn Jahre lang hatten die Römer den Krieg im eigenen Land, eine Niederlage folgte der nächsten, eine immer furchtbarer als die vorhergehende. Ein Treffen am Tessin, ein Kampf an der Trebia, der Untergang eines ganzen Heeres am und im Trasimenischen See und dann im Sommer 216 die Katastrophe von Cannae. 80000 Römer und Verbündete sollten 50000 karthagische Söldner und Hilfsvölker erdrücken, aber die Überzahl wurde von der Minderzahl eingekesselt und vernichtet. Cannae ist bis heute Seminarstoff für strategischen Unterricht, nicht zuletzt in Amerika.

Es war Roms schrecklichste Niederlage. Sie schwächte seine militärische Kraft, brachte italische Verbündete zum Abfall, trieb das einst treue Syrakus zum Seitenwechsel und den Makedonenkönig Philipp zum Bündnis mit Hannibal, aber es stärkte die Entschlossenheit des Senats, unnachgiebig weiterzukämpfen, unnachgiebig sogar gegen das eigene Volk. Hannibal schickte zehn römische Gefangene nach Rom, die sein Angebot überbrachten, alle Gefangenen freizukaufen. Es gab nichts, was die Stadt dringender brauchte. Mehr als 15000 waren im Vorjahr gefallen, jetzt 50000 bei Cannae, man rekrutierte schon halbe Kinder und bewaffnete Schuldknechte, Verbrecher und sogar 8000 Sklaven, die der Staat dafür kaufte. Jetzt hätte er noch 8000 Römer bekommen können, Mitbürger und ausgebildete Soldaten. Die Abordnung der Gefangenen, die Hannibal nach Rom geschickt hatte, bat inständig, befreit zu werden; die Angehörigen flehten, ihre Söhne, Brüder und Männer zu retten. Aber der Senat sagte nein, er blieb unerbittlich und überantwortete die 8000 einem gewissen Schicksal: Da die Heimat sie nicht freikaufte, würden sie in die Sklaverei verkauft werden. Die zehn Beauftragten der Gefangenen hatten Hannibal geschworen, zu ihm zurückzukehren, jetzt hieß Rückkehr Abschied für immer. Neun gingen freiwillig, einer hatte mit einem Trick versucht, sich seinem Eid zu entziehen, und wollte in Rom bleiben; die Behörden nahmen ihn fest und schickten ihn gefesselt ins karthagische Lager. Zwischen Sieg und Tod sollte es künftig kein Drittes mehr geben, und den Verbündeten mußte bewiesen werden, daß Rom der Herr blieb und bis zum Sieg weiterkämpfen werde.

Am Durchhaltewillen und an der Wehrkraft der Römer scheiterte schließlich auch Hannibal. Rom zu belagern und zu erobern war er zu schwach, seine einzige Chance war, das römische Bündnissystem aufzubrechen. Dabei gelang ihm mehr als Pyrrhos; Süditalien fiel ihm großenteils zu, teils freiwillig, teils gezwungen. Sogar die zweite Stadt Italiens, das reiche Capua in Kampanien, trat zu ihm über. Aber den Kern der römischen Macht, das durch treue Festungen gesicherte Mittelitalien, vermochte er nicht zu sprengen. So wendete sich das Blatt allmählich. Rom vermied eine offene Feldschlacht und eroberte die verlorenen Plätze einen nach dem anderen zurück; es hob immer neue Jahrgänge aus, Hannibal bekam keine frischen Kräfte, denn die Römer beherrschten die See. Karthago unternahm keinen ernsthaften Versuch, ihnen auf dem Element entgegenzutreten, auf dem es früher überlegen war und es immer noch gewesen wäre, wenn es sich ernstlich bemüht hätte. Aber Karthago führte den zweiten Krieg nicht mit der gleichen Energie wie den ersten, es war der Krieg der Barkiden, nicht sein Krieg.

Jung gegen Alt

Nach zwölf Jahren hatten Roms Legionen Hannibal isoliert und auf den Südzipfel Italiens zurückgedrängt. Es mußte entschieden werden, wie der Krieg zu Ende zu bringen sei. Sollte man nun doch die Entscheidungsschlacht mit Hannibal riskieren? Oder war es ratsamer, nach Afrika zu gehen und mit dem Angriff auf Karthago die Entscheidung zu suchen? Das zweite war keineswegs neu, sondern die Rückkehr zum ursprünglichen Plan vom Anfang des Krieges, dennoch bildeten sich im Senat zwei Lager, in deren Streit das alte Insel-Denken noch einmal, vielleicht zum letztenmal, hervorbrach. Die Älteren wollten erst Sicherheit im eigenen Land haben, bevor man ein anderes Land angriffe, die Jüngeren wollten das eigene Land sichern, indem sie das andere angriffen.

Wortführer der konservativen Auffassung soll der alte Quintus Fabius Maximus gewesen sein, der Hannibal nach Cannae zusetzte, ohne mit ihm zu kämpfen. Fabius starrte wie gebannt auf den großen Gegner: »Wo Hannibal ist, da sind das Haupt und die Seele des Krieges«, immer noch sei es möglich, daß er gegen Rom selbst vorrücke. Fabius blieb befangen im insularen Sicherheitsdenken: Erst das Eigene verteidigen, dann das Fremde angreifen! Erst Frieden in Italien, dann Krieg in Afrika! Erst selbst die Furcht verlieren, dann andere in Furcht versetzen!

Verfechter der Gegenmeinung war der junge Publius Cornelius Scipio. Er hatte mit einem brillanten Feldzug bereits die Karthager aus Spanien vertrieben und traute sich nun zu, in Afrika den Krieg zu beenden. Für das Jahr 205 hatte das Volk ihn zum Konsul gewählt, er war, wie man heute sagen würde, der Hoffnungsträger der Nation. Sein Plan entsprach der Lage. Hannibals Genie auf dem Schlachtfeld war noch zu fürchten, aber eine Gefahr für Rom war er nicht mehr, da schien es die elegante Lösung zu sein, in Afrika einen Frieden durch Sieg zu erringen, ohne Hannibal besiegen zu müssen.

Doch der Widerstand im Senat war enorm. Er entsprang nicht allein konservativer Sicherheitsdoktrin, sondern galt auch der Person Scipios. Der junge Mann war den alten Herren zu jung, erst dreißig Jahre, und zu populär, zu selbstbewußt und eigenwillig mit einem Schuß Genialität – das erträgt keine Honoratiorenversammlung. Verhindern konnten die Konservativen den Afrikafeldzug nicht, aber investieren mochten sie nichts in das fragwürdige Unternehmen. Es war Scipios Idee und Wunsch; sollte er sehen, wie er damit fertig wurde. Als Operationsgebiet gab man ihm nur Sizilien und die schwammige Erlaubnis, nach Afrika zu gehen, wenn es im Staatsinteresse liege. Falls er in Afrika scheiterte, sollte alle Verantwortung bei ihm liegen. Scipio erhielt auch nur zwei Legionen, die nicht als die besten galten; neue Truppen ausheben durfte er nicht, sondern mußte sich mit Freiwilligen behelfen und die Mittel für den Flottenbau bei den Verbündeten zusammensuchen. Die meiste und beste militärische Kraft behielt der Senat in Italien, vier Legionen gegen Hannibal, der bereits resignierte.

Aber Scipio setzte sich über alle Widerstände hinweg, bedrängte die Karthager in Afrika so hart, daß sie um Frieden baten und Roms erste Bedingung erfüllten, Hannibal aus Italien abzuberufen. Der Friedensvertrag war in Rom schon ratifiziert, die Beeidung in Karthago sollte folgen, doch als Hannibal zurückkehrte, faßten seine Landsleute wieder Mut: Mit ihm müßte möglich sein, den Feind aus Afrika zu vertreiben. Eine Entscheidungsschlacht gegen Hannibal blieb den Römern nicht erspart, aber Scipio gewann sie.

Roms schwerste und größte Zeit

Rom hatte gesiegt, aber nur unter ungeheuren Anstrengungen und Verlusten. Bis zu 25 Legionen standen zeitweise im Felde, das sind 200000 Mann, mehr als je zuvor. 300000 Italiker sollen in den siebzehn Jahren des Krieges gefallen sein, beinahe jeder vierte Römer und Latiner kam im Kampf oder durch Krankheit und Hunger ums Leben. Die politische Elite litt wie das Volk, nur noch 123 Senatoren gab es nach Cannae, mit außerordentlichen Berufungen brachte man das Führungsgremium auf 177 Mitglieder. Italien war verwüstet, verarmt und verödet. Vierhundert Ortschaften seien zerstört, sagt die Überlieferung, auch von den treuesten, den latinischen Gemeinden erklärten sich zwölf im Jahr 209 außerstande, Rekruten zu stellen und ihre Finanzpflichten zu erfüllen. Getreide mußte aus Sizilien und einmal sogar aus Ägypten eingeführt werden, denn viel Land lag brach, weil die Bauern fern von ihren Höfen in den Legionen dienten. Sie mußten

Italien verteidigen, Sizilien wieder unterwerfen, Angriffe auf Sardinien und Korsika abwehren, Spanien erobern, in Illyrien und Griechenland auftreten, um eine makedonische Invasion Italiens zu verhindern, und schließlich in Afrika den Endkampf führen.

Das Schlimmste war: Rom hatte in Hannibal einen der größten Heerführer der Weltgeschichte zum Gegner, Genie ist wie höhere Gewalt, auch der Tüchtige kommt nicht dagegen an. Tüchtig, erfahren und tapfer waren die römischen Generäle fast alle, andere Feinde schlugen sie, aber mit Hannibal konnte keiner sich messen. Erst zu Ende des Krieges bekam Rom in Scipio einen Mann, der ihm ebenbürtig war, weil er über seinesgleichen hinausragte. Beider Laufbahn hatte sogar gewisse Ähnlichkeiten. Als Nachfolger ihrer Väter kamen sie schon mit 25 Jahren zum höchsten Kommando in Spanien und eroberten es. Beide verteidigten ihre Heimat, indem sie den Krieg ins Land des Feindes trugen, beide endeten als Opfer ihres Ruhms und ihrer Persönlichkeit, die Karthager ertrugen Hannibal und die Römer Scipio nicht, der eine ging ins Exil, der andere verbittert auf seine Landgüter.

In der letzten Schlacht schlug Scipio Hannibal, aber den Sieg in ihrem schwersten Krieg verdankten die Römer nicht einem einzelnen, sondern ihrer physischen und moralischen Kraft. Fünfzehn Jahre lang verteidigten sie Italien vor einem Gegner, den sie nicht schlagen, sondern nur allmählich zermürben konnten. Sie verloren die meisten Schlachten, aber sie gewannen den Krieg. In ihrer größten Not entwickelten sie ihre größte Stärke, nicht nachgeben, nicht aufgeben, länger durchhalten als der Gegner. Hannibals Chance war, durch spektakuläre Siege das römische Herrschafts- und Bündnissystem aufzubrechen, da genügte es nicht, klug zu operieren und tapfer zu kämpfen, Rom mußte sich allezeit als Herr seiner Verbündeten bewähren und als deren siegessicherer Führer beweisen. All das gelang ihm. Nie zuvor und nie nachher hatte es eine solche Herausforderung zu bestehen, niemals gab es eine so überzeugende Antwort.

Amerika im Zweiten Weltkrieg

Anders als Rom hatte Amerika das Glück, auch in seinem zweiten großen Kampf eine unerreichbare Insel zu bleiben, es mußte nicht um seine Existenz kämpfen. Im Westen kam der Feind nur bis Pearl Harbor, Hawaii war damals noch kein Bundesstaat, im Osten drangen deutsche U-Boote 1942 zur amerikanischen Küste vor und störten den lebhaften Schiffsverkehr dort ein halbes Jahr lang. Aber kein deutscher oder japanischer Soldat betrat den Boden der Vereinigten Staaten, sogar der gesamte Doppelkontinent, von Alaska bis Kap Hoorn, blieb unberührt von jeglicher Feindeinwirkung. Washington brauchte auch nicht wie Rom ein Bündnis zusammenzuhalten, um Herr im eigenen Land zu bleiben, die meisten lateinamerikanischen Staaten folgten ihm vielmehr in den Krieg. Vor allem stand Amerika nicht allein gegen Deutschland und Japan, es hatte starke Bundesgenossen, in Europa England und die Sowjetunion, in Asien China, England und Australien. Schließlich blieb ihm erspart, was Rom an den Rand seiner Existenz trieb: Es mußte keinen deutschen oder japanischen Hannibal fürchten.

Dennoch war der Zweite Weltkrieg eine Herausforderung, wie sie die Vereinigten Staaten nie zuvor hatten bestehen müssen. Auch für sie begann der Kampf mit einem unerwarteten Schrecken und anders als geplant. Im Mai 1941 hatten sie ihre pazifische Schlachtflotte von der kalifornischen Küste nach Hawaii verlegt, um im Kriegsfall zweitausend Kilometer näher am Feind zu sein, aber eben dies machte die Flotte für die japanischen Flugzeuge erreichbar. Der Überfall auf Pearl Harbor nahm Amerika seine maritime Überlegenheit im Pazifik und leitete eine Kette von Niederlagen ein. Der gesamte amerikanische Besitz westlich von Hawaii ging verloren, vor allem die Philippinen, General MacArthur mußte die Inseln auf Befehl des Präsidenten verlassen und sein Hauptquartier in Australien einrichten.

Unter der Schockwirkung von Pearl Harbor plädierten viele,

auch einige Senatoren, dafür, zunächst mit aller Kraft gegen Japan vorzugehen, aber Roosevelt sah nach wie vor in Hitler den Hauptfeind und setzte durch, daß der Kampf gegen Deutschland Vorrang behielt; so war es auch schon im März 1941 mit den Engländern vereinbart worden. Aber es blieben zwei Kriege, die Amerika zu führen hatte, mit doppeltem Aufwand an Menschen und Material und mit doppelter Mühe, sich auf sehr unterschiedliche Gegner und Kriegsschauplätze einzustellen.

Im Vergleich zum Ersten Weltkrieg zogen zweimal so viele Amerikaner die Uniform an, die Kosten beliefen sich auf das Zehnfache. Die Staatsschulden stiegen vom Oktober 1939 bis zum Kriegsende von 40 auf 250 Milliarden Dollar. Aber es kam auch etwas heraus. Ende 1942, also ein Jahr nach Amerikas Eintritt in den Krieg, produzierte es bereits so viel wie seine drei Feinde Deutschland, Italien und Japan zusammen; 1944 erzeugte es das Doppelte und an Stahl, damals der Schlüssel der Industrie, sogar mehr als alle Länder der Welt zusammen. Die Handelsflotte verdreifachte sich zur größten der Welt, die Zahl der Flugzeuge wuchs um das Fünfzehnfache.

Im ersten Krieg mußten die Amerikaner nur England und Frankreich unterstützen, im zweiten auch die Sowjetunion und China. England erhielt mindestens 1700 mittlere und schwere Bomber, über zwölftausend Panzer, Lastwagen und über 70000 Jeeps, die Sowjetunion etwa genauso viele Panzer, sehr viel mehr (427000) Lastwagen für ihre langen Wege und 50000 Jeeps.

Im ersten Krieg landeten die amerikanischen Truppen in Frankreich und fuhren dann zur Front, im zweiten mußten sie sich an den Feind erst langsam unter harten Kämpfen heranarbeiten, von Insel zu Insel springend an Japan und über Nordafrika, Sizilien und Italien an Deutschland. Auch das genügte nicht. Um den Krieg zu entscheiden, war es nötig, Europa im Herzen anzugreifen. Am 6. Juli 1944 landeten Engländer und Amerikaner in Nordfrankreich, ein Unternehmen nur beschreibbar in Superlativen. Die größte Schiffsansammlung der Geschichte ermöglichte die größte Truppenlandung der Geschichte. Sie konnte nur gelingen, weil Amerika die Voraussetzungen schuf. Fast 13000 Flugzeuge sicherten die absolute Luftüberlegenheit, über viertausend Landungsboote brachten Truppen und Waffen an die normannische Küste. Nach zwölf Tagen hatte Feldmarschall Montgomery über 600000 Soldaten, 95000 Fahrzeuge und 218000 Tonnen Material zur Verfügung.

Amerika führte den Krieg auf amerikanische Weise. Einerseits nutzte die Wirtschaftsmacht ihre ökonomische Überlegenheit und technische Stärke, andererseits bemühte sich die Demokratie, das Leben ihrer Bürger zu schonen. Unmassen von Bomben und Granaten deckten den Feind zu, bevor die Soldaten gegen ihn vorrückten. Aber Material allein genügte nicht, auch die Amerikaner mußten kämpfen. Die Deutschen leisteten ebenso hartnäckig wie sinnlos Widerstand.

So hatte Amerika in Europa einen langen Krieg zu führen. Zweieinhalb Jahre dauerte es, bis die englisch-amerikanischen Truppen von Französisch Nordafrika durch Italien bis nach Venedig, Mailand und Turin vordrangen, allerdings handelte es sich aus amerikanischer Sicht nur um einen Nebenkriegsschauplatz; fast ein Jahr brauchten die Alliierten, um sich von der Normandie bis zur Elbe vorzukämpfen.

Im Pazifik ging es zunächst darum, die Verluste von Pearl Harbor auszugleichen, was nach einem halben Jahr, im Juni 1942, in der Flugzeugträger-Seeschlacht bei den Midway-Inseln (nordwestlich von Hawaii) gelang. Die überlegene Produktionskraft Amerikas sicherte ihm auch die militärische Überlegenheit zur See und in der Luft. Aber der Weg über den Großen Ozean war lang und kostete viele Opfer. Erst drei Jahre nach Pearl Harbor begannen amerikanische Einheiten die Rückeroberung ihrer Halbkolonie, der Philippinen. Und als Deutschland kapitulierte, kämpften sie auf Okinawa, das sie erst nach drei Monaten eroberten; von dort waren es noch einmal über fünfhundert Kilometer bis zur Südspitze der südlichen Insel Japans.

Unentbehrlich für die Kriegsführung der Vereinigten Staaten war und blieb die Sowjetunion. Ob, wie und wann die Westmächte allein imstande gewesen wären, Deutschland zu besiegen, ist fraglich. In jedem Falle leistete die Rote Armee die Hauptarbeit und brachte Opfer, die Amerika nicht hätte bringen können. Die Sowjetunion verlor in diesem Krieg 13,6 Millionen Menschen, die Vereinigten Staaten 260000. »Für jeden Amerikaner, der im Krieg fiel, starben 53 Russen« (Detlef Junker). Fast um jeden Preis bemühte sich Roosevelt daher, das Bündnis mit Stalin zu bewahren, der wiederum immer dringender eine »Zweite Front« gegen Deutschland anmahnte und die Bündnistreue der Angelsachsen anzweifelte, weil sie die Landung in Frankreich fast zwei Jahre lang von Termin zu Termin aufschoben.

Roosevelt versuchte, Stalins Mißtrauen zu entkräften; die Forderung nach bedingungsloser Kapitulation Deutschlands hatte auch den Zweck, Stalin glaubhaft zu machen, daß Amerikaner und Engländer keinen Sonderfrieden mit Berlin eingehen würden, sondern entschlossen waren, den Krieg bis zum Sieg zu führen. Roosevelt war weit mehr geneigt, auf die Sowjetunion Rücksicht zu nehmen, als Churchill, der aus alter europäischer Erfahrung künftige Konflikte mit den Russen voraussah. Doch die Amerikaner dachten mehr militärisch als politisch; sie hofften, mit »Uncle Joe« zu einer einvernehmlichen Nachkriegsordnung in Europa zu kommen, vor allem behielten sie im Auge, daß sie noch einen zweiten Krieg zu Ende bringen mußten. Der Kampf gegen Japan war ungewöhnlich hart und verlustreich gewesen, die letzte Etappe, die Eroberung der japanischen Inseln, würde noch lange dauern und ließ das Schlimmste befürchten. Erst am 1. November 1945 wollte man den Sprung auf die Südinsel Kiuschiu wagen und dann am 1. März 1946 die Hauptinsel Hondo mit Tokio angreifen, im Spätherbst erwartete man das Ende des japanischen Widerstandes. Der Stabschef General Marshall rechnete mit Verlusten von einer halben Million Mann.

Was den Sieg über Deutschland mit vergleichsweise geringen Opfern ermöglicht hatte, sollte auch die Bezwingung Japans erleichtern. Auf der Konferenz in Jalta im Februar 1945 hatte sich Stalin in einem Geheimabkommen verpflichtet, zwei bis drei Monate nach der Kapitulation Deutschlands in den Krieg gegen Japan einzutreten. Er tat es nicht umsonst. Roosevelt zahlte mit beachtlichen Zugeständnissen in Ostasien, Stalin erhielt zurück, was der Zar 1905 nach dem russisch-japanischen Krieg hatte abgeben müssen, dazu die japanischen Kurilen, die bis heute das Verhältnis zwischen Moskau und Tokio verderben. Als Roosevelts Nachfolger Harry S. Truman im Juli 1945 zur Gipfelkonferenz nach Potsdam ging, war ihm das noch kämpfende Japan wichtiger als das schon besiegte Deutschland; um die versprochene Hilfe bei der Niederwerfung Japans nicht zu gefährden, sah er sich »geradezu gezwungen, die Besetzung Ostpolens durch die Russen und die Besetzung Schlesiens östlich der Oder durch Polen gutzuheißen. Es war ein glatter Gewaltakt«, schrieb er in seinen Memoiren, aber »damals lag uns noch an der russischen Kriegsbeteiligung gegen Japan. Erst nachher stellten wir fest, daß wir Rußland gar nicht gebraucht hätten.«

Mit der Atombombe erhielt Amerika eine Waffe, die ihm die militärische Eroberung Japans ersparte. 92000 Tote in Hiroshima, 40000 in Nagasaki zwangen Japan, fast bedingungslos zu kapitulieren, amerikanische Truppen besetzten die Inseln, ohne einen Schuß abgeben zu müssen. Die amerikanische Weise, Krieg zu führen, feierte ihren höchsten, schrecklichen Triumph. Die amerikanische Technik hatte die sowjetische Hilfe entbehrlich werden lassen; als die Sowjetunion sich an der Besetzung Japans beteiligen wollte, wies der Präsident das Verlangen höflich, aber bestimmt zurück. Diesen Krieg hatte Amerika allein geführt und gewonnen, so behielt es auch den Sieg für sich allein.

Amerika gewann den Zweiten Weltkrieg, indem es seine besonderen amerikanischen Fähigkeiten ins Feld führte. Seine staunenswerte Produktionsleistung war das Ergebnis einer zivilen Kriegswirtschaft, Industrievertreter gingen in höchste Staatsstellen, staatliche Lenkung wurde nur so weit erlaubt, wie es unbedingt nötig erschien, es war weniger als im Ersten Weltkrieg. Der Staat verließ sich auf die Kräfte, die Amerikas Wirtschaft bis dahin vorangetrieben hatten. Der Drang nach Profit sollte weiterwirken, die Großen sollten sich entfalten können, die Trustbekämpfung wurde eingestellt, aber auch die Mittleren und Kleinen sollten beteiligt werden, um Stimmung für den Krieg zu machen. Kriegsminister Henry L. Stimson wußte: Kriegführung ist in einer kapitalistischen Wirtschaft nicht möglich, wenn dabei nicht Geld gemacht wird (unless business makes money).

Die zweite Leistung, die den Erfolg erklärt, erscheint keineswegs selbstverständlich: Den Amerikanern gelang es, ihre wirtschaftliche Überlegenheit in militärische Überlegenheit zu übersetzen. Es gibt Nationen, die nur produzieren und Handel treiben können, im Krieg aber versagen oder auf Söldner oder kriegstüchtige Bundesgenossen angewiesen sind. Das technische Talent, der praktische Sinn und die Manager-Qualitäten der Amerikaner aber bewährten sich auch in der Kriegsführung. Was andere mit Massenheeren erreichten, glichen sie mit Massen von Material aus. Wo andere Menschen opfern mußten, setzten sie Technik ein, vom Radar, der tödlichen Waffe gegen deutsche U-Boote, bis zur Atombombe. Während andere noch an Traditionen hingen, wandten sie sich, die nie eine Offizierklasse hatten, ganz dem praktischen Nutzen zu, vom Kampfanzug (nicht Uniform) über den Jeep bis zu den Mehrzweckflugzeugen. Der moderne Krieg verlangte, was die Amerikaner am besten können, Technik, Organisation und Produktion großer Mengen. Und indem sie diese Fähigkeiten nutzten, trieben sie die Modernisierung des Krieges kräftig voran, was wiederum ihre militärische Überlegenheit steigerte. Mit der Atombombe begann sogar ein neues Zeitalter der Strategie.

Die dritte Leistung erbrachte die Nation. In ihrer übergroßen Mehrheit war sie gewohnt und gestimmt, sich auf sich selbst zu beschränken und die Angelegenheiten anderer Kontinente anderen zu überlassen. Staat und Militär galten wenig, das eigene Wohlergehen gab den Maßstab. Auch dieser Krieg lag den meisten nicht nur geographisch fern, doch der Überfall auf Pearl Harbor brachte erstmals ins Bewußtsein, daß Amerika militärisch gefährdet werden könnte, und schuf ein Gefühl, daß es patriotische Pflichten gibt, denen man sich mit Anstand schwer entziehen kann. Mancher nutzte seine Beziehungen, um nicht in den Krieg zu müssen, viele aber meldeten sich freiwillig.

Weltmächte

Pazifizierung der Feinde

Nach ihrem zweiten Sieg verhielten sich Römer und Amerikaner anders als nach dem ersten. Im Jahr 241 war Karthago zwar erschöpft, aber nicht völlig besiegt, Rom begnügte sich daher mit der Abtretung strategisch wichtiger Inseln und einer Kriegskontribution. Deutschland war 1918 zwar am Ende seiner Kräfte, aber seine Armeen standen noch außerhalb des Landes. Wilson bemühte sich um einen Frieden versprechenden Frieden, der auch einem demokratischen Deutschland eine Einordnung in die Völkerfamilie ermöglichen sollte; als er damit scheiterte, überließ Amerika Deutschland und Europa sich selbst. Die zweiten Kriege endeten mit gänzlicher Entmachtung der Gegner, die gefährlicher geworden waren, Hannibal bedrohte Rom am Leben, Hitler erschien den Vereinigten Staaten als Bedrohung ihrer Lebensgrundlagen. Römer wie Amerikaner gingen entschlossen daran, ihre Feinde für immer unschädlich zu machen.

Spanien war die Basis der neuen karthagischen Macht gewesen, von dort hatte Rom einen Angriff zur See befürchtet und einen Angriff zu Lande erfahren, die Abtretung Spaniens wurde zur ersten, fast selbstverständlichen Friedensbedingung; Rom hatte es auch schon erobert und behielt es. Als es Scipio dann sogar gelang, Hannibal zu schlagen und damit einen vollständigen Sieg zu erringen, diktierte er Karthago einen Friedensvertrag, der es militärisch und politisch entwaffnete. Es mußte alle Elefanten und die Kriegsflotte bis auf zehn kleinere Schiffe ausliefern und durfte außerhalb Afrikas keinen Krieg mehr führen und in Afrika nur mit römischer Erlaubnis. Außerdem sollte es fünfzig Jahre lang Reparationen zahlen. Die Karthager behielten ihr Land und die Hoheit über die untertänigen Städte in Afrika, aber als ihre Kriegsflotte aufs Meer hinausgefahren wurde und dort in Flammen aufging, sollen sie getrauert haben, als brenne ihre Stadt nieder. Sie durften weiter Handel treiben, aber als politische Größe gab es sie nun nicht mehr, sie mußten noch dankbar sein, daß sie keine römische Besatzung aufzunehmen brauchten.

Die Vereinigten Staaten bestanden schon während des Krieges darauf, daß Deutschland und Japan bedingungslos kapitulierten; sie wollten, gemeinsam mit England und der Sowjetunion, die volle Verfügungsgewalt über die gefährlichen und schwer niedergerungenen Feinde haben, um dafür sorgen zu können, daß sie nie wieder Feinde würden. Sie verfuhren dabei wie die Römer gegenüber Karthago und begnügten sich nicht mit der vollständigen militärischen Entwaffnung, sondern verpflichteten die Besiegten auch rechtlich, in alle Zukunft Frieden zu halten. Die Römer verboten Karthago im Friedensvertrag jede selbständige Kriegsführung, die Amerikaner schrieben in die Verfassung Japans, daß es für »ewig« auf das »souveräne Recht« zur Kriegführung verzichte; das Grundgesetz der Bundesrepublik verbietet die Vorbereitung eines Angriffskrieges; das entsprach der Ausdrucksweise der Nürnberger Prozesse.

Römer wie Amerikaner folgten dann der alten Großmachterfahrung, daß Vertrauen gut, Kontrolle aber besser ist. Die Kontrollmethoden unterschieden sich. Als die Karthager ihre Reparationen vorfristig abzahlen wollten, lehnte der Senat ab, der Besiegte sollte möglichst lange tributpflichtig bleiben. Vor allem setzte Rom der entmündigten Stadt einen ständigen Aufpasser in den Nacken. Der Numiderkönig Massinissa schuf sich mit römischem Rückhalt einen kräftigen Staat, den er durch Okkupation karthagischen Gebiets beharrlich und fintenreich vergrößerte. Da sich die Karthager militärisch nicht zur Wehr setzen durften, ohne Rom um Erlaubnis zu fragen, mußten sie Rom immer wieder als Schiedsrichter in den ewigen Grenzstreitigkeiten anrufen, und so blieben sie in Abhängigkeit und bekamen fast niemals Recht, weil der Senat fast immer zugunsten Massinissas entschied. Der Friedensvertrag sicherte ihnen zwar zu, nach ihren »Gesetzen« und »Sitten« leben zu dürfen, aber als Hannibal 196 zum Sufeten, vergleichbar dem römischen Konsul, gewählt worden war und daranging, die oligarchische Verfassung zu ändern, intervenierte Rom, und Hannibal floh ins Exil.

Die Amerikaner betrachteten die Form der Verfassung sogar als Schlüsselfrage: Deutsche und Japaner würden künftig nur dann Frieden halten, wenn sie Demokraten würden. Das verlangte die Austreibung von Nazismus und Militarismus, Bestrafung der Kriegsverbrecher, gründliche »Umerziehung« beider Völker, demokratische Verfassungen. Aber auch das genügte zunächst noch nicht. Anders als Karthago erhielten Deutschland und Japan eine Militärregierung und militärische Besatzung.

Auch die Ergebnisse, die Römer und Amerikaner erzielten, sahen sehr ähnlich aus. Karthago, Deutschland in seinem westlichen Teil und Japan erholten sich erstaunlich bald, wuchsen zu wirtschaftlichen Riesen, blieben aber politische Zwerge. In ihre inneren Angelegenheiten mischten sich Rom und Washington mit der Zeit kaum mehr ein, achteten aber sorgfältig auf außenpolitische Folgsamkeit. Zwei Tage nach Pearl Harbor hatte Roosevelt gesagt, Amerika werde nicht nur den Krieg, sondern auch den Frieden gewinnen, der Satz bewahrheitete sich für Rom wie für die Vereinigten Staaten: Vor diesen Feinden hatten sie endgültig Ruhe, Amerika gewann sogar zwei treue Verbündete.

Überragende Macht

Mit dem Ende des Zweiten Punischen und des Zweiten Weltkrieges begann eine andere Zeit. Nicht nur die Besiegten, Karthago, Deutschland und Japan, verließen die Weltbühne, auch die verbliebenen Großmächte gerieten, wenn auch nicht überall bemerkt, ins zweite Glied. Rom und Amerika rückten ins erste, sie wurden die unerreichbar mächtigsten Staaten der Welt – darin liegt die historische Bedeutung beider Kriege und ihre (einzige) Gemeinsamkeit: Sie bildeten für Römer und Amerikaner die entscheidende Station auf dem Wege zur Weltmacht.

Weitsichtige Griechen haben die Macht Roms und deren Folgen früh vorausgesehen. Schon im Jahr 217, lange vor Roms Sieg über Karthago, warnte ein ätolischer Politiker vor der »Wolke im Westen«: Wer auch immer im großen Kampf zwischen Rom und Karthago siege, er werde sich nicht mit der Herrschaft über Italien und Sizilien zufriedengeben. Die Griechen müßten ihre Streitereien untereinander wenigstens jetzt einmal zurückstellen, auch König Philipp (von Makedonien) solle die Hellenen als Blut von seinem Blut betrachten und sie schützen, denn sonst, schloß der Ätoler Agelaos, »bin ich in schwerer Sorge, daß die Waffenstillstände, die Kriege und alle die Kinderspiele, die wir jetzt miteinander treiben, uns gründlich ausgetrieben werden«. Einige Jahre später beschwor der Akarnane Lykiskos eine Erinnerung, die alle Griechen einte: Aus dem Westen drohe durch die Römer das gleiche wie seinerzeit aus dem Osten durch die Perser, eine Fremdherrschaft der Barbaren (Polybios 5, 103; 9, 32).

Amerika ging als einziger Kriegsteilnehmer unbeschädigt aus dem Zweiten Weltkrieg hervor. Alle anderen waren fast zu Tode erschöpft, Amerika war gestärkt. Alle anderen waren verarmt, Amerika war reicher geworden. Europa, auch die zweite Siegermacht Sowjetunion, hatte unendliche Verwüstungen erlitten, allein Amerika war ohne die geringste Zerstörung in seinem Land davongekommen. Alle anderen mußten ihre Städte wiederaufbauen und ihre Wirtschaft in Gang bringen, nur Amerika konnte anderen helfen.

Eine Epoche war zu Ende gegangen. Jahrhundertelang hatte Europa die Welt teils beherrscht, teils bestimmt, jetzt war nach einem zweiten selbstmörderischen Krieg seine Kraft verbraucht. Um von Hitler befreit zu werden, bedurfte es zweier halbeuropäischer Großstaaten, Amerikas und der Sowjetunion. Das einstige Machtzentrum der Welt hatte sich in ein Machtvakuum verwandelt, das die Befreier füllen mußten. Auf gleicher Höhe wie Amerika stand nur noch die Sowjetunion, aber auch das nur militärisch und ohne die Atombombe, über die am Ende des Krieges allein Amerika verfügte. Ein ähnliches Vakuum war in Ostasien entstanden. Der japanische Krieg hatte viel zerstört, China stark geschwächt, die europäischen Kolonialherren von Java bis Burma verjagt. Erst die Vereinigten Staaten hatten Japan überwunden, sich dort eine feste Stellung geschaffen und bildeten nun die einzige handlungsfähige Kraft in der ganzen Region.

Rom und Amerika waren Weltmächte geworden, aber waren sie reif für die Weltpolitik? Nach dem Ersten Punischen und dem Ersten Weltkrieg waren sie es nicht, in den zweiten Kriegen hatten sie jedoch viel gelernt. Ihr Horizont erweiterte sich auf die gesamte Welt ihrer Zeit. Römische Heerführer, Offiziere und Soldaten kamen nach Spanien, Afrika und Griechenland, sie trafen auf Völker, deren Namen sie kaum kannten. Amerikanische Heerführer, Offiziere und Soldaten lernten alle Kontinente kennen, die einen Nordafrika und Italien, andere England, Frankreich und Deutschland. Einige wurden in Australien stationiert, andere bewachten Island, Grönland und die Aleuten. Eine Division focht in Burma, andere kämpften sich durch die Dschungel und Berge Neuguineas und der Philippinen voran und besetzten schließlich Japan. Piloten flogen Transporte von Indien über den Himalaja nach China, wo amerikanische Offiziere Tschiang Kaischek berieten. Siebeneinhalb Millionen amerikanische Soldaten befanden sich 1945 in Übersee.

Wichtiger waren die politischen Erfahrungen. Scipio mußte spanische Stammesfürsten gewinnen und zwischen numidischen Königen lavieren. Gegen König Philipp von Makedonien brachten römische Gesandte und Kommandeure bunte Bündnisse zustande: mit den eroberungssüchtigen Ätolern sowie mit Spartanern und Messeniern, dann mit den Barbaren im Norden Makedoniens, schließlich mit König Attalos von Pergamon. Sie mußten sich mit den Diplomaten aus Rhodos und Ägypten auseinandersetzen, die Roms Krieg mit Philipp zu beenden suchten, und brauchten die Hilfe der Epiroten, um ihn zu beenden.

Die Vereinigten Staaten trugen die Last ihrer Stärke und ihres Reichtums. Man müsse in »fünf Kontinenten und sieben Meeren« denken, schrieb Roosevelt im Januar 1941, um die Probleme zu erfassen, vor denen Amerika stehe, es waren strategische, wirtschaftliche, politische und versorgungstechnische Probleme. Die Vereinigten Staaten waren den Wünschen, Forderungen und Erpressungen ihrer Alliierten ausgesetzt, mußten zwischen extrem schwierigen Verbündeten vermitteln, dem eigenwilligen Churchill, dem undurchschaubaren Stalin, dem monomanen Tschiang Kai-schek, dem penetranten de Gaulle; selbst Kanadier und Australier waren nicht immer einfach. Doch so verwirrend mühevoll sich das diplomatische Geschäft anließ, Römer und Amerikaner gewannen Weltkenntnis und Weltläufigkeit, sie machten aus Unerfahrenheit Fehler, aber sie lernten.

Vor allem gewannen sie Selbstbewußtsein. Alfred Heuss schrieb als Quintessenz des Zweiten Punischen Krieges: »Sich behaupten in Krisen ist immer zugleich Fortschritt.« Der gigantische Kampf hatte Rom zwar geschwächt in seinen Mitteln, aber gestärkt in seinen Möglichkeiten, es mußte viele Wunden heilen, wußte aber, daß es nun keinen Feind mehr zu fürchten brauchte. Polybios meinte, die Römer hätten nach dem Sieg über Karthago beschlossen, die ganze Welt zu unterwerfen. Die Absicht oder gar einen Plan hatten sie zweifellos nicht, Polybios neigt dazu, aus Ergebnissen auf Motive zu schließen, dennoch teilt er eine wichtige Beobachtung mit, die er aus Gesprächen mit Zeitzeugen der führenden Familien gewonnen haben kann: Mit dem Sieg über seinen größten Feind wurde Rom sich seiner Kraft bewußt.

Als die Vereinigten Staaten in den Zweiten Weltkrieg eintraten, fiel ihnen, außer in der Sowjetunion und China, fast automatisch die Führung zu. Auch England, das lange die Hauptlast des Kampfes trug, geriet in die Rolle des Juniorpartners. Amerika hatte alles und konnte alles herstellen, was gebraucht wurde. Den Sieg über Japan erkämpfte es fast allein, den Oberbefehl bei den Feldzügen in Europa erhielt der amerikanische General Eisenhower. Churchill hatte großes Gewicht bei den Planungen und Entscheidungen, aber das letzte Wort hatte Roosevelt, und je länger der Krieg dauerte, desto mehr. Als de Gaulle militärische und politische Extratouren ritt, sogar italienisches Gebiet, einen Teil des Aostatals, besetzte und zu annektieren versuchte, brachte ihn Präsident Truman zur Raison, indem er den französischen Truppen den Nachschub zu sperren drohte. Andererseits waren es die Amerikaner, die de Gaulle erlaubten, an der Spitze einer französischen Panzerdivision als erster in Paris einzuziehen. Gunst und Strafe – wo so viel Macht war, mußte sich viel Machtbewußtsein einstellen.

Anders als die Römer gingen die Amerikaner im sicheren Gefühl ihrer Kraft daran, für die Nachkriegszeit zu planen. Roosevelt begnügte sich nicht damit, die Störenfriede zur Ruhe zu zwingen, er wollte eine Ordnung für die Welt schaffen, die Störenfrieden keine Chance ließ und die amerikanischen Interessen weltweit zur Geltung bringen sollte. Schon im August 1941, also vor Eintritt der Vereinigten Staaten in den Krieg, verkündete der Präsident gemeinsam mit Churchill den Vorläufer der UN-Charta, die Atlantik-Charta. Deren Grundsätze entsprachen den amerikanischen Vorstellungen von Selbstbestimmung, friedlicher Weltordnung und -organisation, freiem und gleichem Zugang zum Welthandel und zu den Rohstoffquellen, wobei klar war, daß die größte Wirtschaft den ungleich größten Vorteil von dieser Freiheit haben werde. Schon 1944, also noch während des Krieges, etablierte Roosevelt den Dollar als internationale Leit- und Reservewährung. Schon Ende April bis Ende Juni 1945, während Deutschland erst kapitulierte und Japan noch kämpfte, wurde die Satzung der Vereinten Nationen ausgearbeitet und verabschiedet. All das fand in Amerika statt: 1941 auf einem amerikanischen Schlachtschiff vor Neufundland, 1944 in Bretton Woods, 1945 in San Francisco, und im selben Jahr erhielt Amerikas Schöpfung für die Zukunft der Welt, die Vereinten Nationen, ihren Sitz in New York.

5. Die Besetzung der Gegenküsten

Nichts war im Rom des Jahres 201 weniger zu erwarten als der Beschluß zu einem neuen großen Krieg. Nichts brauchten Land und Leute mehr als die Heilung der tiefen Wunden, die der Kampf mit Hannibal geschlagen hatte. Das Volk feierte begeistert den Triumph des Siegers Scipio, doch als es schon im nächsten Jahr einen Krieg gegen Philipp von Makedonien beschließen sollte, lehnte die Volksversammlung den Antrag mit überwältigender Mehrheit ab. Nach siebzehn Jahren Krieg im eigenen Land, dem opferreichsten, den Rom je führte, sollte Ruhe sein und Frieden.

Nichts war im Amerika des Jahres 1945 weniger zu erwarten als die Aufnahme eines neuen Kampfes, der nicht weniger gefährlich werden konnte als der Kampf gegen Deutschland und Japan. Nichts wünschten die Amerikaner so dringend wie die Heimkehr ihrer Soldaten. »Die Geschichte«, schrieb Präsident Truman in seinen Memoiren, »kennt kein anderes Volk, das, einmal die Gefahr vorüber, der militärischen Lebensweise so schnell überdrüssig wird.« Truman schilderte dann den wachsenden Druck, unter den er geriet: »Briefe von Eltern baten um die Entlassung einzelner Soldaten, und Organisationen baten um die Entlassung ganzer Gruppen. Die Kongreßmitglieder wurden von ihrer Wählerschaft mit Briefen und Telegrammen bombardiert« und bombardierten dann ihrerseits die Regierung. Der Präsident versuchte zu beschwichtigen: Knapp vier Wochen nach der Kapitulation Japans seien die Entlassungen außerordentlich gesteigert worden, von 4200 Mann täglich auf 15 200. »Es kehrten mehr als 650 Mann pro Stunde ins bürgerliche Leben zurück.« Die Statistik näherte sich der Groteske, und das Tempo entsprach »nicht mehr einer planmäßigen Demobilierung, sondern eher einer Auflösung unserer Streitkräfte«.

Freiheit für Hellas

Dennoch nahmen Römer und Amerikaner sogleich eine neue, schwere Auseinandersetzung auf sich, die einen mit Philipp von Makedonien, die anderen mit Stalins Sowjetunion. Die Römer waren schon Jahrzehnte vorher in die Interessenzone der makedonischen Könige geraten, als sie die Seeräuberei in der Adria bekämpften und dann Teile Illyriens in ihre Abhängigkeit brachten und griechische Adria-Gemeinden in ihre Obhut nahmen. Ihr früherer Günstling Demetrios von Pharos war von ihnen aus seiner illyrischen Herrschaft vertrieben worden, an den Hof Philipps geflohen, dort zum Vertrauten und Ratgeber des Königs aufgestiegen. Er hetzte zum Krieg gegen die Römer. Philipp V. war jung, ehrgeizig und von unstillbarem Tatendrang getrieben. Als Rom nach der Niederlage bei Cannae auch politisch geschlagen schien, schloß er ein Bündnis mit Hannibal und sicherte sich als Siegesbeute die römischen Gebiete in Illyrien. Der König tat, was man in Rom nicht vergaß, er nutzte die schwächste Stunde der Stadt und verband sich mit ihrem schlimmsten Feind. Zur Katastrophe von Cannae war für die Römer noch ein zweiter Krieg gekommen, und beim Friedensschluß mit Philipp im Jahr 205 hatten sie Zugeständnisse machen müssen, weil der Kampf mit Hannibal Vorrang verlangte. Nach römischem Verständnis war hier noch eine Rechnung offen, und das Selbstverständnis der Großmacht forderte eine Begleichung.

Doch das war nicht alles. Im Sommer 201 kamen Gesandte des König Attalos von Pergamon und der Inselrepublik Rhodos nach Rom. Beide Staaten führten Krieg gegen Philipp, aber sahen sich nicht in der Lage, ihn zu besiegen, und baten den Senat um Hilfe. Der Makedone wütete in der Ägäis und eroberte griechische Städte, versklavte in Kios sogar dessen Einwohner und versuchte vor allem, den Bosporus und damit den Zugang zum Schwarzen Meer in seine Gewalt zu bekommen, was die Handelsinteressen von Rhodos bedrohte. All das ging Rom nichts an. Während des Hannibalischen Krieges hatte es sich zwar in die Wirrnis der hellenistischen Politik begeben und sich mit Attalos verbündet, aber nur weil es Alliierte gegen Philipp brauchte.

Die Gesandten brachten dem Senat jedoch eine Neuigkeit. Von den drei Großmächten im Osten war eine, das ptolemäische Ägypten, im Inneren schwach und nach außen handlungsunfähig geworden, das wußte man auch in Rom. Nicht bekannt war dort aber das Geheimabkommen, das die beiden anderen Großmächte, Philipp und Antiochos III., der Herrscher über Vorderasien, geschlossen hatten, um sich der großen Außenbesitzungen Ägyptens zu bemächtigen. Für den Senat war dabei nur eines interessant: Die beiden stärksten Staaten der politisch bekannten Welt hatten sich zusammengetan, damit war eine Machtkonzentration entstanden, die Rom zu beachten hatte. Das traf zwar nicht zu, denn das Geheimabkommen diente lediglich dem Zweck, einander bei der Ausraubung Ägyptens nicht zu behindern, im übrigen gingen Philipp und Antiochos eigene Wege. Aber das konnte der Senat kaum erkennen, und die Gesandten aus Pergamon und Rhodos werden mit den grellsten Farben eine Gefahr ausgemalt haben, die nicht nur sie, sondern über kurz oder lang auch Italien bedrohen werde. Der alte Sicherheitsinstinkt der Römer wurde geweckt, der gebot, Gefahren zu ersticken, auch wenn sie sich erst fern am Horizont zeigen.

Für den Senat kam also zweierlei zusammen, die offene Rechnung mit Philipp und die Möglichkeit, daß Philipp gemeinsam mit dem mächtigen Antiochos – er galt als zweiter Alexander – zu einer Bedrohung würde. Was von beidem stärker wirkte, bleibt unklar. Doch ob die Alarmnachricht der Pergamener und Rhodier den entscheidenden Kriegsgrund bildete oder nur einen willkommenen Anlaß und Vorwand, ohne diesen Anstoß von außen hätte sich Rom kaum zum Kampf gegen Makedonien entschlossen. Ende des Jahres 201, nach Anhörung der griechischen Gesandten, bereitete sich der Senat auf den Krieg vor, indem er dafür sorgte, daß einer der wenigen Kenner des Ostens, Publius Sulpicius Galba, zum Konsul des Jahres 200 gewählt wurde. Beim zweiten Versuch gelang es dann auch, das Volk zum Krieg zu überreden.

Im ersten Kampf mit Philipp war es nur darum gegangen, die Makedonen von Italien fernzuhalten und, soweit möglich, auch von den römischen Klientelstaaten an der Adria, jetzt aber mußte Rom den König niederzwingen. Dafür genügte es nicht, Legionen zu schicken; in der komplizierten Vielstaaten-Welt des Ostens war es nötig, das Unternehmen politisch abzusichern. Die ersten Schritte des Senats erinnern an die Art und Weise, wie die Präsidenten Bush senior und junior den Golfkrieg und den Krieg gegen den Terrorismus in Afghanistan einleiteten. Auch sie wollten in eine ferne, fremde, schwer berechenbare Region vorstoßen und bemühten sich als erstes, eine Koalition zu schaffen und Sympathisanten des Gegners zum Stillhalten zu bewegen. Eine römische Gesandtschaft ging nach Athen, traf dort mit Attalos von Pergamon zusammen, versuchte, den Achäischen Bund auf der Peloponnes auf die Seite Roms zu bringen, was mißlang, reiste weiter nach Rhodos und von dort zu den Königen von Ägypten und Syrien, um deren Neutralität zu erreichen. Auf Rhodos erfuhren die Gesandten, daß Philipp an den Dardanellen die Stadt Abydos belagerte. Ihr Auftrag gebot, mit dem König persönlich zu verhandeln, deshalb unterbrachen sie die Reise, aber fuhren nicht zu Philipp, sondern blieben in Rhodos und schickten nur ihren jüngsten Mann zu ihm nach Abydos. Zu verhandeln gab es nichts, der Krieg war beschlossen, es sei denn, der König kapitulierte.

Der junge Marcus Aemilius führte das Gespräch mit beispielhafter römischer Arroganz. Er erklärte die Forderungen des Senats: Mit keinem Griechen mehr Krieg führen, auf keine ägyptische Besitzung die Hand legen, einem Schiedsgericht sich unterwerfen für das Unrecht, das er an Attalos und den Rhodiern begangen habe. Wenn er die Forderungen erfülle, werde er Frieden haben mit Rom, sonst Krieg. Philipp setzte an zu erklären, die Rhodier hätten ihn, nicht er die Rhodier angegriffen, doch Aemilius unterbrach ihn: »Und was war mit Athen, was mit Kios, was ist jetzt mit Abydos, die hast du angegriffen.« Der König wich aus: Er verzeihe die anmaßende Rede, und zwar aus drei Gründen: Erstens weil Aemilius noch jung sei und politisch unerfahren, zweitens weil er der schönste Mann sei, der ihm je begegnete, drittens und vor allem weil er ein Römer sei.

Den Krieg führte Rom zunächst ohne Energie und ohne Erfolge. Das wurde erst anders, als Titus Quinctius Flamininus auf den Plan trat, ein Vertreter einer neuen Generation, vergleichbar mit Scipio. Auch Flamininus kam aus dem ältesten, patrizischen Adel, bestach durch seine Persönlichkeit, übersprang in der Ämterlaufbahn zwei Stationen, den Ädil und den Prätor, und wurde mit knapp dreißig Jahren Konsul. »Es war ein Glück für die Römer«, schrieb Plutarch, daß sie Flamininus für den Kampf gegen Philipp hatten, weil hier »mit gewinnenden Worten und freundlichem Wesen« viel mehr auszurichten war als »mit Krieg und Gewalt«. Flamininus konnte beides, Krieg führen und die Griechen an die Seite Roms ziehen. Ihm gelang, was seine Vorgänger nicht vermocht hatten, der Durchbruch durch die Schluchten des gebirgigen Epiros nach Thessalien, wo er im nächsten Jahr (197) Philipp in offener Feldschlacht schlug. Die beweglichen Formationen der Römer überwanden die starre Phalanx der Makedonen, eine kriegsgeschichtliche Wende mit historischen Folgen.

Doch zu siegen genügte nicht. Die Römer galten bei den Griechen als Barbaren, die wie eine drohende Wolke über Hellas hingen, und als Barbaren hatten sie sich im ersten Krieg gezeigt, den sie wie einen Beutezug führten im Bunde mit den Ätolern, den größten Räubern unter den Griechen. Um nicht nur gegen Philipp, sondern auch für Rom Stimmung zu machen, mußten sie sich anders benehmen. Flamininus wußte das, und er war, noch wichtiger, ein Freund der Hellenen. Er sprach fließend griechisch, verehrte die griechische Kultur und setzte sich noch in späten Jahren, als er kein Amt mehr hatte, für griechische Wünsche ein. Wie kein anderer vertrat, ja verkörperte er im Jahr 198 Roms Programm, die Hellenen vom Joch der Makedonen zu befreien.

Als Philipp um Frieden bat, bekam er ihn zu römischen Bedingungen. Er mußte auf alle griechischen Eroberungen in Europa und Asien verzichten, 1000 Talente Kriegsentschädigung zahlen, einen Sohn als Geisel stellen und die Flotte ausliefern, nur fünf Schiffe durfte er behalten. Die römische Insel war sicher vor dem Osten, und Makedonien, das einst Asien bis zum Indus erobert hatte, schied für immer aus der Reihe der Großmächte aus. Sein König, früher ungestüm und eroberungssüchtig, verstand die Zeichen der Zeit und verzichtete auf Herrschaft über Griechenland, wie seine Vorfahren sie fast anderthalb Jahrhunderte ausgeübt hatten. Rom trat an seine Stelle. Es hatte Macht über ganz Hellas und mußte entscheiden, was es mit dieser Macht anfangen sollte.

Der Senat hatte zwei Gesichtspunkte zu beachten. Der Krieg war in Namen der griechischen Freiheit geführt worden, das gebot, den Griechen die Freiheit zu geben; aber im Osten drohte durch König Antiochos, der sich Europa näherte, ein neuer Krieg, der verlangte, in Griechenland dafür Vorsorge zu treffen. Politische Glaubwürdigkeit stand gegen militärische Notwendigkeit. Der Senat entschied, allen Griechen in Europa und Asien die versprochene Freiheit zu gewähren, ließ aber offen, was mit den drei Festungen geschehen solle, mit denen die Makedonen Griechenland »gefesselt«

hatten. Eine Zehnerkommission des Senats müsse die Frage an Ort und Stelle prüfen. Im Blick auf Antiochos wollte die Kommission die Kontrollposten behalten, Flamininus widersprach: Wir können Vertrauen nur schaffen, wenn wir allen die Freiheit geben.

Die Griechen hatten weit über hundert Jahre lang erlebt, wie ein mächtiger König nach dem anderen Einfluß oder sogar Herrschaft über sie zu gewinnen versuchte, jeweils mit der Proklamation der griechischen Freiheit. Die Parole war verbraucht, und die Erfahrung sprach für die Annahme, daß man auch diesmal nur den Herrscher wechseln und Rom sich dort festsetzen werde, wo früher die Makedonen saßen. Bei den Isthmischen Spielen im Frühsommer 196 sollte bekannt gemacht werden, was die Römer beschlossen hatten; fast alles, was Rang und Namen hatte, strömte nach Korinth. »Die unterschiedlichsten Gerüchte schwirrten hin und her, alle möglichen Vermutungen wurden laut. Manche erklärten es für unmöglich, daß die Römer die entscheidenden Plätze räumen würden; einige versicherten, sie würden zwar die berühmten Orte aufgeben, aber andere behalten, die weniger bekannt, strategisch jedoch wichtig seien. Sie konnten diese Plätze sogar genau benennen, als ob sie alle im Rat gesessen hätten; einer wußte es besser als der andere. So tappte alles noch im Dunklen, als sich die Menge im Stadion zu den Festspielen versammelte. In diesem Augenblick trat der Herold vor, gebot durch einen Trompetenstoß Schweigen und verlas die Botschaft: ›Der römische Senat und der Proconsul und Imperator Titus Quinctius verkünden, nachdem sie Philipp und die Makedonen besiegt haben: Wir geben Freiheit und Selbstverwaltung, ohne Besatzungen hineinzulegen, ohne Tributzahlungen zu fordern, den Korinthern, Phokern, Lokrern, Euboeern, phthiotischen Achäern, Magneten, Thessalern, Perrhaebern‹.« Das hieß Freiheit für alle makedonisch beherrschten Städte und Völkerschaften, auch für die drei makedonischen Kontrollposten. »Sogleich erhob sich ein gewaltiger Beifall. Aber manche hatten die Botschaft nicht gehört, manche wollten sie noch einmal hören, die meisten aber mochten ihren Ohren nicht trauen und meinten, sie hätten geträumt. Ein neues Geschrei setzte ein: der Herold solle alles noch einmal wiederholen. Als der Herold zum zweiten Mal erschien, wieder durch Trompetenstoß den Lärm zum Schweigen brachte und dasselbe wie vorher mit denselben Worten verkündete, da brach ein derartig ohrenbetäubender Lärm los, daß es unmöglich ist, dem heutigen Leser eine Vorstellung davon zu geben« (Polybios 18,46).

Die Römer hielten Wort. Die allgemeine Freiheitserklärung mußte in Einzelverfügungen umgesetzt werden: Welche Stadt bekam welche Rechte und welche Grenzen für ihr Gebiet; welche Ansprüche der Städtebünde waren zu erfüllen oder zu verweigern? Viele Streitigkeiten mußten entschieden werden; ein Feldzug gegen den spartanischen Tyrannen Nabis wurde nötig, der die Peloponnes unsicher machte. Darüber vergingen zwei Jahre, dann inszenierte Flamininus feierlich und wirkungsvoll seinen Abschied. Wiederum in Korinth hielt er vor den Vertretern ganz Griechenlands eine Rede, rühmte die Wohltaten der Römer und bewies sie, indem er vor aller Augen die römische Besatzung aus der Festung Akrokorinth abziehen ließ. Das gleiche wiederholte er bei den beiden anderen einst makedonischen Zwingburgen Chalkis und Demetrias, und ging dann mit Heer und Flotte zurück nach Italien.

Er brachte Massen von Gold, Silber und Kunstschätzen nach Rom, die er in einem dreitägigen Triumph vorführte, aber kein römischer Soldat blieb auf griechischem Boden. Rom hatte sich bemüht, dort Verhältnisse zu schaffen, die den Wünschen der Griechen entsprachen. Sie sollten einig sein, mahnte Flamininus in seiner Abschiedsrede, dann könne kein König und kein Tyrann Macht über sie gewinnen; Rom habe ihnen die Freiheit gegeben, nun sei es ihre Aufgabe, die Freiheit zu bewahren und zu schützen. Das war weniger idealistisch als egoistisch gedacht: Eine gute Friedensordnung in Griechenland sollte Italien vor Störung und Bedrohung aus dem Osten sichern.

Demokratie für Westeuropa und Ostasien

In Amerika herrschte nach dem Zweiten Weltkrieg eine ähnliche Stimmung wie nach dem ersten: Die Soldaten schnell nach Hause holen, überseeische Verpflichtungen abbauen, die Wirtschaft auf zivilen Bedarf umbauen, rigoros sparen, um den Haushalt in Ordnung zu bringen, und Frieden in der Welt mit Hilfe einer Weltorganisation schaffen und sichern, damals mit dem Völkerbund, jetzt mit den Vereinten Nationen.

Im Mai 1945 standen dreieinhalb Millionen amerikanische Soldaten in Europa, im März 1946 waren es noch 410000, die vor allem zur Kontrolle Deutschlands gebraucht wurden. Länger als zwei Jahre, sagte Roosevelt in Jalta zu Stalin, werde der Kongreß wahrscheinlich Truppen in Europa nicht dulden. Auch die Einsicht, daß militärische Stärke weiterhin nötig war, stieß auf die Entschlossenheit des republikanisch beherrschten Kongresses, lieber zu sparen als zu rüsten: die Wehrpflicht erschien zu teuer und die Mittel für die militärische Forschung zu hoch.

Die Erwartung, mit Hilfe der Vereinten Nationen einen stabilen Weltfrieden zu schaffen, hielt nicht lange an, denn es wurde für Amerikaner, überhaupt für westliche Regierungen, immer schwieriger, sich mit der Sowjetunion zu verständigen. Einiges gelang jedoch. Anfang 1947 konnten mit Italien, Ungarn, Rumänien, Bulgarien und Finnland Friedensverträge unterzeichnet werden; die Grenzen, welche die vier großen Siegermächte festlegten, gelten noch heute. Über Deutschland zerstritten sich die Vier, jedoch mit einer, wesentlichen, Ausnahme. Sie blieben sich einig über das Ziel, für das sie den Krieg geführt hatten: Nazismus und Militarismus sind auszurotten, Deutschland darf nie wieder eine Gefahr für den Frieden werden. Diese Gemeinsamkeit überdauerte den Kalten Krieg; sogar auf dessen Höhepunkt im Jahr 1959 sagte John Foster Dulles, Außenminister und einer der kältesten kalten Krieger, zu Willy Brandt: »Die Russen und wir mögen uns über tausend Dinge uneinig sein. Doch über eines gibt es zwischen uns keine Meinungsverschiedenheit: Wir werden nicht zulassen, daß ein wiedervereinigtes, bewaffnetes Deutschland im Niemandsland zwischen Ost und West umherirrt.« Noch 1990 bei der Vereinigung Deutschlands folgten Amerikaner und Russen diesem Grundsatz.

Seit dem Beginn des Jahres 1946 wandelte sich in Washington das Bild der Sowjetunion, die Unterschiede in Auffassung und Interessen überwogen die Gemeinsamkeiten, und allmählich wuchsen die Unterschiede zu Gegensätzen. Noch 1945 hatte Roosevelt mit Blick auf Stalin gesagt: »Es gibt nur eine Möglichkeit, einen Freund zu bekommen, selbst einer zu sein.« Sein Nachfolger Harry S. Truman vermochte der schönen Maxime nicht mehr zu folgen, zu rabiat erschien ihm Stalins Art, sich Vorteile zu verschaffen. Im sowjetisch eroberten Teil Europas schuf er vollendete Tatsachen, im Iran hielt er sich nicht an den vereinbarten Truppenrückzugstermin, die Türkei bedrängte er, um Kontrolle über den Zugang vom Schwarzen zum Mittelmeer zu gewinnen, den Norden Griechenlands beherrschten kommunistische Partisanen, die Regie führte allerdings Tito, den Stalin zu bremsen versuchte, aber das wußte man in Washington nicht. Dort sah man auch mit großer Sorge auf Frankreich und Italien, wo starke kommunistische Parteien, eng verbunden mit Moskau, zur Macht drängten. Die Deutschen, eben noch Hitlers Gefolgsleute, erschienen unberechenbar. Und vielleicht das Schlimmste: Der Krieg hatte Europa verelendet. Nach einem Besuch dort brachte ein amerikanischer Politiker seine Eindrücke auf einen einzigen Begriff: »Armut, Armut, Armut«.

Vor allem war es den Amerikanern immer weniger möglich, sich mit Moskau über eine gemeinsame Politik in Deutschland und in Österreich zu einigen. »Wenn man Rußland nicht die eiserne Faust zeigt und die stärkste Sprache spricht, werden wir einen neuen Krieg erleben«, sagte Truman schon am 5. Januar 1946. »Es gibt nur eine Sprache, die die Russen verstehen, nämlich: Wie viele Divisionen habt Ihr?« Im September 1946 enttäuschte Außenminister James F. Byrnes Stalins

Hoffnung, die amerikanischen Truppen würden nach zwei Jahren Europa verlassen: Sie würden ebenso lange in Deutschland bleiben wie die Truppen der anderen Besatzungsmächte.

Statt gemeinsame Lösungen mit Moskau zu suchen, schien es nötig, eine Abwehrfront gegen Moskau aufzubauen. Tatsachen und Expertenurteile verdichteten sich zu der festen Vorstellung, die Sowjetunion sei ihrem Wesen nach expansiv, wenn man ihr nachgebe, ermutige man sie zu weiteren Forderungen. Das ABC der sowjetischen Außenpolitik, meinte Truman im April 1947, sei, »die Expansion des Kommunismus in dem hilflosen Europa«.

Das Schreckbild entsprach nur zu Teilen der Wirklichkeit, doch der Präsident war fest überzeugt davon und fest entschlossen, die Gefahr einzudämmen. Containment, Eindämmung, wurde zum Programm der amerikanischen Rußlandpolitik, die ein eigener Planungsstab unter der Leitung des Rußland-Kenners George Kennan ausarbeitete. Eine große Debatte, wie Roosevelt sie im Krieg zu bestehen hatte, blieb Truman erspart. Der Isolationismus hatte nicht mehr die Kraft wie damals, aber lebte noch. Der Präsident ging vorsichtig zu Werke, versicherte sich zunächst der Unterstützung gleichgesinnter Parlamentarier, vor allem des republikanischen Senators Vandenberg, der einst selbst isolationistisch dachte.

Den öffentlich erkennbaren Beginn einer neuen Politik ermöglichte ein Hilfegesuch der Engländer, die nicht mehr die Mittel hatten, Griechenland gegen die kommunistischen Partisanen zu stützen. Wie in der Karibik und im Atlantik lösten die Vereinigten Staaten auch im Mittelmeer die Seemacht England ab. Sie taten es in der Sorge vor einer umfassenden Bedrohung: Wenn Griechenland verlorenginge, müßte »auch die Türkei zu einem unhaltbaren Außenposten inmitten einer kommunistischen See werden«. Und nicht nur das: Wenn Amerika die Türkei und Griechenland nicht sicherte, müßte »das im ganzen Nahen und Mittleren Osten wie auch in Italien, Frankreich und Deutschland stärkste Rückwirkungen zeitigen«, meinte Truman und folgerte: »Untätigkeit,

Rückzug auf die ›Festung Amerika‹, Isolationismus – all das konnte nur ein Ergebnis haben, nämlich Rußland riesige Ländermassen in den Rachen zu werfen.«

Von Stalin, so schien es, drohte das gleiche wie von Hitler: ein totalitär beherrschtes Europa, das dem freien Welthandel entzogen wäre, keine Demokratien mehr hätte und der Sowjetunion so große Macht schüfe, daß sie Amerika selbst bedrohen könnte. Diesmal jedoch befand sich Amerika in besserer Lage, es mußte nicht erst mühsam den Atlantik überqueren, sondern stand schon in Europa. Wenn es jetzt wieder nach Hause ginge, könnte das bedeuten, noch ein drittes Mal kommen zu müssen.

Truman begnügte sich nicht mit Sicherheitsvorsorge. Er erweiterte die Hilfe für Griechen und Türken zu einem Hilfeversprechen für alle, die sich vom Kommunismus bedroht fühlten, sei es von innen, sei es von außen, sei es in Europa, sei es sonst in der Welt. Er tat es im Stil seiner Vorgänger Wilson und Roosevelt. Probleme, die Amerika mit der Sowjetunion hatte, erhob er zu Problemen der ganzen Welt; regionale Konflikte, die mit Kommunisten zusammenhingen, beförderte er zu Gefahren für den Weltfrieden; und wie Roosevelt teilte er die Welt in »zwei große Richtungen«, eine demokratische, der Freiheit verpflichtete Lebensform und eine autokratische, die Freiheit unterdrückende. Im Rückblick auf seine »Truman-Doktrin« stellte er befriedigt fest: »Der Trennungsstrich war gezogen: Jede Nation hatte von jetzt an zwischen den beiden Lebensformen zu wählen.«

Ohne Ideologisierung hätte der Präsident seine Politik nur schwer oder vielleicht gar nicht im Kongreß durchsetzen können. Aber nur um Taktik handelte es sich nicht, die Dämonisierung des Gegners entsprang der unerschütterlichen Selbstgewißheit, die Amerika seit seinen Anfängen beseelt. Wer die eigene Lebensform heiligt, muß die Verfechter einer anderen verteufeln. Mit der Doktrin vom 12. März 1947 entsprach Truman der sowjetischen Führung, die mit umgekehrten Vorzeichen das gleiche dachte und wenig später auch offiziell verkündete: Die Welt bestehe aus zwei Lagern, dem imperialistischen antidemokratischen und dem antiimperialistischen und demokratischen, hieß es im September 1947 bei der Gründung des Kominform, das die damals wichtigsten kommunistischen Parteien Europas fester an Moskau binden sollte. Aus einem Kampf um Macht und Interessen wurde auf beiden Seiten ein Glaubenskampf. Wie jeder Religionskrieg ließ er, zumindest auf längere Sicht, nur Sieg oder Niederlage zu, die Welt würde demokratisch oder kommunistisch. Kompromisse waren theoretisch ausgeschlossen und praktisch sehr erschwert.

Um den Europäern die Wahl der Freiheit zu erleichtern, entwarf Washington den Marshall-Plan, der Zweck war, der kriegszerstörten Wirtschaft Europas aufzuhelfen und die Not zu überwinden, damit die Kommunisten keine Chance bekämen. Marshall-Plan wurde zum Begriff, denn er erwies sich als »das bisher erfolgreichste Beispiel für eine Politik der Hilfe zur Selbsthilfe« (Richard von Weizsäcker). Geholfen hatte Amerika schon vorher, doch statt einzelner, unzusammenhängender Leistungen begann es nun eine große, geschlossene Aktion, geleitet nach einheitlichen Grundsätzen und getrieben vom politischen Willen der stärksten Weltmacht. Die moralische Wirkung kam der ökonomischen gleich, übertraf sie vielleicht sogar, so war es auch beabsichtigt. Nicht nur die Armut sollte bekämpft werden, sondern auch die Mutlosigkeit.

Mit der Hilfe für Europa half Amerika auch sich selbst. Nur wenn die Wirtschaft der Alten Welt gedieh, konnte sie die Waren der Neuen kaufen. Die alte Sorge »Wohin mit unserem Überschuß?« bewegte die Vereinigten Staaten auch nach dem Zweiten Weltkrieg wieder, und wie früher schloß sich daran die alte Schreckenskette: schwindende Absatzmärkte, Rezession, Arbeitslosigkeit, Haushaltsdefizit, soziale Unruhe und politische Ungewißheit.

Zwei Schwierigkeiten behinderten Marshalls Plan. Die Wirtschaft Europas war so stark mit der Wirtschaft Deutschlands verflochten, daß die eine nicht ohne die andere wiederhergestellt werden konnte. Aber die Deutschen füttern, nachdem sie ganz Europa ausgebeutet hatten, das mußte auf Widerstand stoßen. Die USA erreichten mühsam, daß die drei westlichen Besatzungszonen Deutschlands dennoch in den Plan einbezogen wurden. Der Vorgang wiederholte sich noch oft: Amerikanisches Interesse gebot, europäische Erfordernisse gegen europäische Einwände durchzusetzen.

Schwerer fiel eine Antwort auf die Frage, ob auch der Sowjetunion und deren Klientelstaaten Marshall-Hilfe angeboten werden sollte. Zwar lockte die Aussicht, Polen, Tschechen, Ungarn und andere ökonomisch mit Westeuropa zu verbinden und damit ihre Bindung an die Sowjetunion zu lockern, doch war kaum zu erwarten, daß der antikommunistisch eingestimmte Kongreß dafür die Gelder billigen werde. Andererseits barg ein Ausschluß des Ostens die Gefahr, die Spaltung Europas und Deutschlands zu vertiefen oder doch dafür verantwortlich gemacht zu werden. So lösten die Planer das Problem diplomatisch: Sie luden den Osten ein, aber sie stellten Bedingungen, die für dessen Vormacht nicht annehmbar waren: In letzter Konsequenz hätten die Satelliten nicht mehr um Moskau, sondern um Washington gekreist. Nachdem der sowjetische Außenminister Molotow Engländer und Franzosen beschimpft hatte, sie wollten ganz Europa den Amerikanern unterwerfen, verließ er die Konferenz; Moskau nötigte Warschau und Prag, ihre Teilnahme am Marshall-Plan zurückzuziehen. Dessen Schöpfer war erleichtert. Schon am Tag nach der Ankündigung seines Plans, am 6. Juni 1947, hatte er sich von zwei Rußland-Kennern versichern lassen, daß die Sowjetunion ablehnen werde.

Mit dem Marshall-Plan errichtete Amerika eine ökonomische Schutzmauer für Westeuropa, aber nur eine ökonomische. Die Besatzungstruppen in Deutschland mußten dort bleiben, weil es keine Einigung mit Moskau über Deutschland gab. Gewisse militärische Stärke erschien auch sonst erforderlich, aber beschränkt auf den eigenen Kontinent. Militärisches Engagement in anderen Erdteilen blieb ausgeschlossen, nach Übersee durften nur Waffen geliefert und militärische Berater entsandt werden, Hilfe sollte vor allem Wirtschaftshilfe sein. Truman war verärgert, als die griechische Regierung nur an Waffen und Geld für die Armee interessiert zu sein schien, während es doch darauf ankäme, die Wirtschaft auf die Beine zu bringen. Eindämmung des Kommunismus hieß lediglich, den Widerstand anderer gegen den Kommunismus stützen und stärken, finanziell, ökonomisch und psychologisch. Die Vereinigten Staaten blieben ihrer Tradition treu, sich jenseits der Ozeane nicht auf »verstrickende« Bündnisse einzulassen.

In Ostasien traf Amerika ein Schlag, den es zwanzig Jahre lang nicht verwinden konnte, es »verlor« China. Es hatte China zwar nie besessen, aber viel dort investiert, Militär- und Dollar-Hilfe sowie vor allem große Hoffnungen auf einen weiten Absatzmarkt und einen guten Verbündeten. Sogleich nach Japans Kapitulation war der Bürgerkrieg zwischen Nationalregierung und Kommunisten weitergegangen. Amerika versuchte zu vermitteln, zu schlichten und Tschiang Kaischek zu helfen, doch alles war vergeblich. 1949 zog Mao Tsetung als Sieger in Peking ein. Das letzte Mittel, den Einsatz eigener Truppen, ließ Truman mit guten Gründen ungenutzt. Der Aufwand wäre immens gewesen, der Erfolg mehr als zweifelhaft in den Weiten des Riesenlandes, und der Kongreß hätte aus Sparsamkeit und Grundsatz die Mittel verweigert: Keine Verstrickung auf fremden Kontinenten!

China entzog sich amerikanischem Einfluß, aber in Japan war allein Amerika der Herr. Es hatte das Land allein erobert, nur amerikanische Truppen hielten es besetzt, und mit dem Militärgouverneur Douglas MacArthur regierte dort ein Mann, den die Römer Prokonsul und die Engländer Vizekönig genannt hätten. Nicht nur die Sowjetunion, auch Großbritannien, Australien und Neuseeland bemühten sich um Mitregierung, vermochten jedoch die Alleinherrschaft der Amerikaner kaum einzuschränken. Deren Ziel war, das asiatische

Land in einen friedlichen Staat westlicher Bau- und Denkungsart zu verwandeln. Einen japanischen Verfassungsentwurf wiesen sie zurück und erzwangen die Annahme eines Textes, den sie selbst geschrieben hatten.

Korea wurde im August und September 1945 vereinbarungsgemäß von sowjetischen und amerikanischen Truppen besetzt. Wie in Deutschland konnten sich die Besatzungsmächte nicht darüber einigen, wie der vorgesehene souveräne Staat gebildet werden und wie er aussehen sollte, so entstanden zwei Staaten. Anders als in Deutschland erwies sich jedoch das kommunistische Nord-Korea als stärker, es war weit mehr industrialisiert und straffer geführt; Süd-Korea hingegen fehlten fast alle Voraussetzungen, eine Demokratie nach amerikanischen Vorstellungen zu werden. Präsident Syngman Rhee regierte autokratisch, wurde von den Amerikanern wegen seines »Polizeiregimes« beargwöhnt und nur halbherzig gestützt.

In Korea geschah, was in Deutschland unmöglich war: Die Sowjetunion konnte es sich leisten, ihre Truppen zurückzuziehen, ohne das kommunistische Regime zu gefährden, danach konnte und wollte Amerika es sich nicht leisten, als Besatzungsmacht zu bleiben, und nahm seine Streitkräfte ebenfalls zurück. Im Februar 1950 ließ Außenminister Dean Acheson sogar erkennen, daß Süd-Korea nicht zur Sicherheitszone der Vereinigten Staaten gehöre, also nicht verteidigt werden müsse. Wie in Europa vermied Amerika auch in Ostasien militärisches Engagement.

Ungewollte Verstrickung

Unmittelbar nach ihren Siegen im Zweiten Punischen und Zweiten Weltkrieg gerieten Römer und Amerikaner in neue Konflikte. Rom führte Krieg gegen Makedonien, Amerika organisierte Verteidigung gegen die Sowjetunion. Gemeinsam blieb beiden die Scheu vor militärischer Verpflichtung. Rom zog seine Legionen aus Griechenland zurück; Amerika mußte zwar länger als beabsichtigt in Deutschland und Japan bleiben, aber mehr als Besatzungstruppen ließ es, von einigen Flotten- und Luftwaffenbasen abgesehen, nicht in Übersee stehen.

Die militärische Zurückhaltung schloß jedoch Engagement anderer Art nicht aus, im Gegenteil: Beide bemühten sich, ihre Gegenküsten politisch und wirtschaftlich zu sichern. Damit kein Feind dort eindrang, stiftete Rom in Griechenland eine Friedensordnung, und Amerika versuchte, Westeuropa und Japan ökonomisch zu sanieren. Der Zweck war in beiden Fällen nicht, Herrschaft zu gewinnen, sondern Verpflichtungen loszuwerden. Flamininus stellte den Griechen die Aufgabe, die Freiheit, die Rom ihnen gab, selbst zu bewahren und zu schützen. Der Marshall-Plan war nur als Hilfe zur Selbsthilfe gedacht, die Wirtschaft Westeuropas sollte so bald wie möglich auf eigenen Beinen stehen, wie die griechische Freiheit und Friedensordnung sich selbst tragen sollten. Doch beides waren Fehlrechnungen.

Römern wie Amerikanern erwuchsen aus ihren Maßnahmen auch Pflichten. Nachdem Rom die griechischen Verhältnisse geregelt hatte, wurde es unvermeidlich zur Garantiemacht für seine Regelungen. Und nachdem Amerika allen Hilfe versprochen hatte, die sich dem Kommunismus widersetzten, war es genötigt, auch dort zu helfen, wo es das gar nicht beabsichtigt hatte. Diese Pflichten wuchsen noch dadurch, daß beide ihre Politik auf Prinzipien gründeten, der eine proklamierte Freiheit für alle Griechen, der andere Freiheit für die ganze Welt. Für beide folgte daraus die Notwendigkeit, die verkündete Freiheit zu schützen, wenn sie bedroht würde.

Rom wie Amerika hüteten sich vor jeder formalen Festlegung, sie schlossen keine verstrickenden Bündnisse, aber sie verstrickten sich, weil sie ihr Prestige und ihre Glaubwürdigkeit eingesetzt hatten. Beiden bedeutete ihr Ansehen viel. Rom war nach dem Sieg über Karthago noch selbstbewußter geworden, Präsident Truman erklärte im März 1947, als er die nach ihm benannte Doktrin verkündete: »Die Welt blickt heute auf uns als ihren Führer.«

Für beide war eine Gefahr, die ihre Ordnungen bedrohte, bereits absehbar. In Kleinasien stand der Syrer Antiochos III. und schaute begehrlich nach Griechenland, in Mitteleuropa stand die Sowjetunion und erfüllte den Westen des Kontinents mit Furcht vor dem Kommunismus. Die Frage war kaum mehr, ob Rom und Amerika ihren Verzicht auf militärisches Engagement durchhalten könnten, sondern nur noch, wie lange das möglich sein werde. Sie waren zu weit in die Weltpolitik gegangen, um auf ihre Inseln zurückkehren zu können.

6. Die letzten Kämpfe

Die Entmachtung der hellenistischen Großmächte

Die Verdrängung Syriens

Mit Antiochos wollte Rom keinen Krieg. Nach den Verheerungen, die Hannibal angerichtet hatte, war zunächst das eigene Haus in Ordnung zu bringen, der Kampf mit Philipp hatte die Arbeit nur unterbrochen. Zehn Jahre lang, von 201 bis 191, bekam ein Konsul, oder sogar beide, »Italien« als Amtsbezirk, das bedeutete vor allem, die Halbinsel nach Norden zu sichern. Damit die Alpen, wie Cato sagte, die Mauer Italiens würden, mußte alles Land bis zum Gebirge fest unter Kontrolle gebracht werden. Die Kelten in der Poebene hatten Hannibal unterstützt und die römischen Kolonien dort verwüstet, die Ligurer im nördlichen Apennin hatten den Karthagern als Rekrutierungsbasis für Söldner gedient; erst 191 waren die Kelten bezwungen, die Ligurer nochmals zehn Jahre später. Zugleich begannen die iberischen Völker zu rebellieren, sie wollten nach der karthagischen Herrschaft nicht unter die römische fallen. Im Jahr 196 begann eine Serie von Aufständen, Kämpfen und Kriegen, die erst sechzig Jahre später ein Ende fand.

Im Osten hatte Rom nur ein Interesse: Es sollte Ruhe herrschen. Der politische Zustand, den es mit Mühe geschaffen hatte, durfte nicht angetastet werden. Doch zwei Störer drohten. Die Ätoler, die stärkste politische und militärische Kraft in Griechenland und Verbündete Roms in zwei Kriegen gegen Philipp, sahen sich von Flamininus und dem Senat um den Lohn ihrer Waffenhilfe gebracht. Sie hatten Makedonien als Vormacht in Hellas ablösen wollen, aber Rom ließ Philipp Land und Herrschaft. Die Ätoler fühlten sich gekränkt und betrogen und begannen, in ganz Griechenland gegen Rom zu agitieren: Hellas habe nur den Herrn gewechselt, Flamininus habe ihm die Fesseln vom Fuß genommen, um sie ihm dann um den Hals zu legen.

Die zweite Störung drohte von Antiochos, der zielstrebig von Syrien nach Westen vordrang. Im Frühjahr 197 zog er durch Kleinasien, im folgenden Frühjahr setzte er über die Meerenge nach Europa über. Drei kleinasiatische Griechenstädte baten Rom um Hilfe. Die ersten Verhandlungen mit dem König begannen in entspannter, fast freundlicher Atmosphäre, aber endeten mit einem Eklat. Die Positionen waren unvereinbar. Die Römer verlangten, Antiochos solle seine Hand von den Griechenstädten lassen, auch den asiatischen, und fragten, was er eigentlich in Europa wolle. Der König fragte zurück, was die Römer eigentlich in Asien zu suchen hätten, und beharrte auf seinen Interessen in Europa.

Trotz der Spannungen zog der Senat zwei Jahre später, im Frühjahr 194, alle Truppen aus Griechenland ab und suchte einen Kompromiß. Flamininus sollte eine Lösung finden, die der dignitas wie der utilitas, der Würde wie dem Vorteil des römischen Volkes, entsprach. Die Würde verlangte, die allen Griechen versprochene Freiheit gegen Antiochos zu schützen, nicht nur in Griechenland, sondern auch in Asien. Der Vorteil gebot, sich aus fernen Regionen, in denen Rom keine Interessen hatte, fernzuhalten. Flamininus' Angebot lag in der Mitte: Wenn sich Antiochos aus Europa zurückziehe, dürfe er in Asien tun, was er wolle; wenn er aber in Europa bleibe und dort griechische Städte unterwerfen wolle, so werde Rom auch die Freiheit der Griechen in Asien verteidigen.

Antiochos wünschte ebenfalls keinen Krieg, suchte sogar Freundschaft mit Rom, aber Rom stand seinem Lebenswerk und Lebenstraum im Wege. Der König wollte das Großreich wiederherstellen, das sein Urgroßvater Seleukos in den Diadochenkämpfen nach Alexanders Tod gebildet hatte. Im Osten, wo er fast bis Indien vordrang, war ihm das großenteils gelungen, im Süden hatte er seine Herrschaft auf Kosten Ägyptens erweitert, im Westen sollte nun Thrakien (heute die europäische Türkei) hinzukommen. Der Anspruch auf dieses Gebiet war hundert Jahre alt, von Großvater und Vater längst aufgegeben, aber Antiochos, von Erfolgen verwöhnt, hing daran. Seinem Ehrgeiz fehlte jedoch die Klugheit. Statt sich mit den thrakischen Erwerbungen zu begnügen, sehr fraglich, daß Rom deshalb einen Krieg begonnen hätte, ließ er sich von den Ätolern nach Griechenland locken. Er hatte dort keinen historischen Anspruch, nahm auch nur ein schwaches Heer von 10500 Mann mit sich und begann einen halb politischen und halb militärischen Konkurrenzkampf mit Rom, wer der wahre Schirmherr der griechischen Freiheit sei. Wie Wahlkämpfer zogen der König und Flamininus kreuz und quer durch Hellas und bemühten sich, Anhänger an- oder abzuwerben und Verbündete bei der Stange zu halten. Auch Rom beorderte kleine Truppenkontingente nach Griechenland, als Antiochos' Soldaten eines überfielen und Römer töteten, hatte der Senat einen Anlaß zur Kriegserklärung. Der Grund lag in einer Mischung aus Sicherheits- und Machtinteresse.

Antiochos war ein Eroberer, der sich nicht aufhalten ließ, er ging auf keinen Kompromiß ein und drang nach Griechenland, in Roms Sicherheitszone vor, bei alledem wurde er von Hannibal beraten, was eine Invasion Italiens als Fernziel befürchten ließ. Zugleich forderte er Rom als Garanten der griechischen Freiheit heraus, das traf gleichermaßen das Selbst- und das Machtbewußtsein der regierenden Herren am Tiber. Deren Kriegserklärung entsprang daher den beiden

Grundmotiven, die schon Roms Politik in Italien bestimmt hatten: Eine auch nur möglich erscheinende Gefahr energisch bekämpfen, um ganz und gar sicher zu bleiben, unbedingte Stärke zeigen, um als Vor- und Schutzmacht überzeugend zu bleiben.

Ein halbes Jahr später war Antiochos aus Griechenland verjagt, er floh nach Asien und hielt den Konflikt damit für beendet: Rom bestimmte in Europa, er in Asien, wie Flamininus vorgeschlagen hatte. Aber die Römer führten keine halben Kriege. Unter der Leitung ihres besten Feldherrn Scipio Africanus rückten sie Antiochos nach, und als sie mit Hilfe von Pergamon und Rhodos die Seeherrschaft in der Ägäis errungen hatten, setzten sie am Hellespont (Gallipoli) ihre Legionen nach Kleinasien über. Schon die Zeitgenossen sahen darin mehr als eine militärische Maßnahme: Seit den Perserkriegen der Griechen erschienen Europa und Asien als zwei Welten, auch der Senat hatte hier die Interessengrenze zu Antiochos zu ziehen versucht, jetzt griff die Vormacht Europas nach Asien über.

Auch der König scheint empfunden zu haben, daß sich hier ein historischer Wandel anbahnte. Er bat um Frieden, nunmehr zu Flamininus' Maximalforderungen: Er werde den Griechen in Europa und auch in Asien die Freiheit lassen. Aber auch dafür war es jetzt zu spät. Nicht mehr auf die griechische Freiheit kam es Rom nun an, sondern auf den vollen Sieg. Antiochos sollte für alle Zeit unschädlich gemacht werden, er habe sich, verlangte Scipio, auf sein syrisches Kernland zurückzuziehen. Der König lehnte ab, mußte kämpfen und wurde trotz seiner großen zahlenmäßigen Überlegenheit geschlagen. Nun war er gezwungen, Scipios Bedingungen anzunehmen und auf Kleinasien zu verzichten, nur im äußersten Osten und Süden jenseits des Tauros-Gebirges blieb ihm ein Rest. Seine Flotte wurde zerstört und verbrannt, die noch erlaubten zehn Kriegsschiffe durften nicht weiter nach Westen fahren, als sein Herrschaftsgebiet reichte. Kriegselefanten wurden ihm verboten, Kriege nur nach Osten und Süden erlaubt; zwanzig Geiseln, darunter sein Sohn Antiochos, hatten für seine Vertragstreue zu bürgen.

Das Jahr 190, Roms Sieg bei Magnesia im westlichen Kleinasien, beendete eine Ära. Mehr als hundert Jahre lang hatte der Osten der Alten Welt im Machtschatten dreier Großmächte gestanden, die nun abtraten. Das Ägypten der Ptolemäer war schon früher durch innere Schwäche aus dem Kreis der Starken ausgeschieden. Makedonien konnte seine Ziele nur noch durch Dienstwilligkeit bei römischen Feldzügen verfolgen. Antiochos' Seleukidenreich war auf den Rang einer Mittelmacht niedergedrückt. Als politische Erscheinung existierte der Hellenismus nicht mehr. Rom trat an seine Stelle. Es war für die Antike geworden, was Amerika nach dem Ende der Sowjetunion für unsere Gegenwart wurde, die einzige verbliebene Großmacht, auf die sich alle Augen richteten, weil alles von ihr abhing. »Fast sämtliche Staaten und Städte Asiens« schickten gleich nach dem Sieg über Antiochos Gesandtschaften nach Rom, »da nun für alle die Erfüllung aller Wünsche für die Zukunft in den Händen des Senats lag« (Polybios 21,18).

Die Väter taten, was sie konnten, aber eigene Vorstellungen von einer Neuordnung des Ostens hatten sie nicht. Wie sollten sie auch? Die Feldherren hatten dort Krieg geführt, hatten manche Städte und Herrscher als Freunde erlebt, andere als Feinde und dritte als Neutrale, die abwarteten. Aber von den Problemen der hellenistischen Welt, von deren historischen Wurzeln und fortwirkenden Gefühlen, von den Träumen und Verletzungen wußten sie wenig oder gar nichts und blieben darauf angewiesen, was andere ihnen erzählten.

So luden sie ihre besten Freunde und Helfer als erste in den Senat und fragten sie nach ihren Wünschen. König Eumenes von Pergamon, der Mann mit den meisten Verdiensten, zierte sich und gab vor, dem Senat alle Entscheidung zu überlassen. Aber die Senatoren wußten auch nicht, was zu tun sei, holten den König wieder in den Saal und drängten ihn zu sprechen. Hinreichend genötigt, rückte Eumenes mit seinem großen

Wunsch heraus: Er wolle alles bekommen, was Antiochos aufgeben müsse, und er wolle alles behalten, was er hatte, denn auch er hielt griechische Gemeinden in Abhängigkeit, die auf das Freiheitsversprechen der Römer hofften. Die Gesandten von Rhodos, die als zweitbeste Freunde Roms vorgeladen wurden, machten sich zu deren Anwälten. Sie verlangten scheinbar nichts für sich, nur Freiheit für alle Griechen in Asien und packten den Senat bei seiner Ehre. »Die erhabenste eurer Taten war die Befreiung der Hellenen. Wenn ihr jetzt konsequent auf diesem Wege fortschreitet, wird das die Vollendung eures Ruhmes sein; wenn ihr das unterlaßt, wird das unfehlbar auch die erste Tat verdunkeln« (Polybios 21,23).

Die Senatoren bemühten sich, es allen recht zu machen. Eumenes durfte Antiochos beerben, die Rhodier erhielten die Länder ihrer Gegenküste Karien und Lykien, für die anderen asiatischen Griechenstädte wurden Kompromisse gesucht zwischen ihrem Anspruch auf Freiheit und dem Herrschaftsanspruch der neuen Mittelmächte Pergamon und Rhodos.

Doch damit war die Arbeit des Senats nicht getan. Vor der Tür standen die Gesandten fast aller anderen kleinasiatischen Staaten, die ebenfalls Wünsche und Befürchtungen, Ansprüche und Streitigkeiten miteinander hatten. Das war zu viel. Der Senat empfing alle, fertigte sie aber kurz mit dem Versprechen ab, eine Zehner-Kommission werde nach Asien kommen und an Ort und Stelle alles Erforderliche regeln. Im folgenden Sommer 188 tagte in Apameia (in West-Kleinasien) eine Konferenz aller Beteiligten, die zehn Senatoren der Kommission gaben Asien bis zum Tauros eine neue politische Ordnung.

Rom hatte das Wichtigste erreicht. Der letzte Rivale war aus dem Rennen geworfen, niemand konnte Roms Macht über den Osten noch anzweifeln oder gar seine Sicherheit bedrohen. Aber die totale Sicherheit hatte ihren Preis, sie wurde durch die Notwendigkeit erkauft, die gesamte bekannte Welt unter Kontrolle zu halten. Rom mußte sich in Übersee engagieren, und zwar dauerhaft, es hatte sich unlösbar in der Welt verstrickt, die rechtlichen Formen waren unerheblich, politisch gab es kein Zurück mehr auf die Insel.

Fraglich ist allerdings, daß sich der Senat dessen bewußt war. Er verhielt sich wie nach dem Krieg gegen Philipp und zog, nachdem die nötigen Verfügungen getroffen waren, die Legionen wieder nach Italien zurück. Politische Aufsicht über die Staatenwelt im Osten schien zu genügen. Es gab keine Macht mehr, die den römischen Frieden von außen stören konnte, wie Antiochos es getan hatte, und es gab innerhalb der römischen Machtsphäre nur noch Mittelmächte, die zu schwach waren, um erfolgreich aufzubegehren, und bei ihren zahllosen Rivalitäten auf Rom als Schiedsrichter angewiesen blieben. Im übrigen wußte jedermann zwischen Adria und Tauros, daß die Legionen noch existierten und Rom seinen Willen jederzeit mit Gewalt durchsetzen konnte.

Doch die politischen Mittel sollten, wenn es irgend ging, ausreichen. Die Könige, Städte und Städtebünde, das war die Hoffnung des Senats, würden einsehen, daß Rom ihnen die beste aller Welten geschaffen habe, deren Bewahrung in ihrem Interesse liege. Rom hatte nichts für sich genommen, keine Provinz errichtet. Es hatte seine Freunde belohnt und seine Gegner geschont, Plünderung und Versklavung waren die Ausnahme; sogar die Ätoler, die den Krieg verursacht hatten, kamen glimpflich davon. Der Senat und die Zehner-Kommission hatten sich im übrigen bei der Streitschlichtung und Neuordnung um Gerechtigkeit bemüht, vor allem gab Rom, was Generationen entbehrt hatten, gesicherte Grenzen, Ruhe von beutegierigen Nachbarn und das höchste aller Güter: Frieden.

Der Senat folgte keinem Plan und hatte kein Konzept, er traf eine Fülle von Einzelentscheidungen, die alle jedoch auf demselben Grundgedanken beruhten, der schon die Regelungen nach dem makedonischen Krieg bestimmt hatte: In das ewig unruhige Staatengewirr östlich von Italien sollten stabile Verhältnisse einkehren, damit Italien aus dem Osten keine Störungen mehr befürchten mußte.

Die Liquidierung Makedoniens

Eine halbe Herrschaft kann problematischer sein als eine ganze, sie läßt sich schwerer ertragen und ist schwieriger zu handhaben. Die Beherrschten fühlen sich frei, spüren daher ihre Unfreiheit um so stärker; die Herrschenden müssen überreden und überzeugen und können nur befehlen, wenn es nicht anders geht. Die einen werden unwillig, die anderen ungeduldig, das Verhältnis trübt sich.

Griechenland litt unter zwei Übeln, einer nicht zu stillenden Streitsucht, die jeden Nachbarn zum Feind werden ließ, und eine Verelendung der Unterschichten, die zu wachsender Spannung zwischen arm und reich führte. Mit beidem hatte Rom nichts zu tun, aber beides berührte das Verhältnis der Städte und Bünde zu Rom und verdarb es schließlich. Zur Freiheit der Griechen, so sagte es der Ätoler Agelaos schon 217, gehöre nicht zuletzt die Möglichkeit, »Krieg zu führen miteinander und Frieden zu schließen, wann wir wollen, überhaupt Streitigkeiten zwischen uns selbst zu entscheiden« (Polybios 5,104,10). Damit war es nun weitgehend vorbei. Was die Griechen vorher unter sich ausmachten, oft in brutaler Form, entschieden nun die Römer, die Frieden wünschten, weil sie Ruhe haben wollten. Statt einen Anspruch mit der Waffe durchzusetzen, pilgerten jetzt Gesandtschaften ins ferne Rom, der Senat entschied oder entschied auch nicht oder gab eine so zweideutige Antwort, daß jede Partei sie für sich auslegte und der Streit weiterschwelte. Wenn der Senat entschied, brachte er den Unterlegenen gegen sich auf, und wenn er sich, was öfters geschah, um die Durchsetzung seiner Entscheidung nicht kümmerte, enttäuschte er auch den Begünstigten.

Sofern den Senatoren eine Sache wichtig erschien, schickten sie einen oder zwei aus ihren Reihen, um an Ort und Stelle zu prüfen und zu entscheiden. Wenn auch die Gesandten zu keinem Ratschluß kamen, empfahlen sie den Streitenden, Gesandte nach Rom zu schicken und dem Senat die Sache vorzutragen. Ein Kreislauf der Vergeblichkeit entstand, der die Entscheidung Suchenden verstörte und die Schiedsrichter ermüdete. Die Römer haben zwar manchen Kleinkrieg verhindert oder beendet, aber je mehr sie für alles und alle zuständig wurden, ließen sie die Griechen und auch die kleinasiatischen Könige spüren, daß sie nicht mehr Herr in ihrem eigenen Haus waren. Die versprochene und erhoffte Freiheit, die Flamininus so eindrucksvoll verkündet hatte, schien sich – von Jahr zu Jahr stärker spürbar – in eine neue Knechtschaft zu verwandeln.

Unvermeidlich bekamen die außenpolitischen Streitigkeiten der Griechen eine innenpolitische Seite. Die Römer hielten es mit dem wohlhabenden Bürgertum. Die Ärmeren und Armen, die große Mehrzahl, waren daher antirömisch gesonnen. Soziale Forderungen verbanden sich mit dem Verlangen nach Freiheit von Rom. Im Parteienkampf suchten die einen Rückhalt beim Volk und die anderen bei Rom. Der Achäer Kallikrates ermunterte den römischen Senat unverblümt, sich in die inneren Angelegenheiten der Griechen einzumischen: »Wenn der Senat nur ein Zeichen seines Mißfallens gäbe, würden die Politiker (die für Eigenständigkeit eintreten) sogleich umfallen und zur römischen Partei übergehen, die Menge würde ihnen aus Angst folgen.« Wenn der Senat hingegen die Dinge schleifen ließe, würden alle der anderen Richtung zuneigen, denn sie gilt »beim Volk als rühmlicher und ehrenhafter« (Polybios 24,10).

Rom griff in Griechenland nicht nur im eigenen Interesse ein, es wurde vielfach zum Eingreifen eingeladen und setzte dann natürlich seine Interessen durch und stützte die Partei, die ihm die größte Folgsamkeit zu versprechen schien. Manchmal führten Parteivertreter ihren Zank sogar im römischen Senat oder in Gegenwart eines römischen Abgesandten fort. Die Einstellung zu Rom wurde zum Maßstab innenpolitischer Auseinandersetzung, die einen mußten sich als Rom-Knechte, die anderen als Rom-Feinde verdächtigen lassen. Form wie Inhalt solcher Denunziation und Argumentation sind dem Europäer Anfang des 21. Jahrhunderts wohl vertraut. Kallikrates erklärte uneingeschränkte Solidarität mit Rom für ein Gebot des Staatsinteresses, sein Gegner Archo entgegnete, er stimme dem nicht zu, aber sei deshalb keineswegs ein Feind der Römer (Livius 41,23–24). Wie immer, wenn eine äußere Macht in die Innenpolitik hineinwirkt, wird das Klima vergiftet, und die Ressentiments gegen diese Macht wachsen.

Auch die Gegenseite fühlte sich enttäuscht. Rom hatte die Macht, eine furchterregende sogar, aber nicht hinreichende Möglichkeit, sie zur Wirkung zu bringen. Die Legionen waren nur das allerletzte Mittel. Im diplomatischen Verkehr, dem Hin und Her der Gesandtschaften, hatte Rom zwar das letzte Wort, setzte aber seinen Willen keineswegs immer durch. Die Zahl und Stärke der konsequenten Romfreunde wuchs, aber die Gegner hielten sich vielerorts in ihren Stellungen, setzten sich manchmal sogar an den ersten Platz. Der Senat konnte seine bewährten Freunde stützen und kleine Staaten gegen die Übergriffe größerer schützen, doch mit der Dankbarkeit ging es, wie es damit in der Politik fast immer geht: Sie wird schnell vergessen und sollte klugerweise nicht eingefordert werden, weil sie sonst bald in Verärgerung umschlägt.

Das stärkste Argument der Römer blieb ihre »Stärke und ihr Glück«: Sie haben Philipp und Antiochos besiegt, gegen ihre Macht ist nicht aufzukommen (Livius 42,44,4). Nicht unwichtig waren aber die Formen. Die Römer neigten zur Arroganz, zuweilen gemildert durch Philhellenentum, die Griechen hatten sich über hundert Jahre lang daran gewöhnt, ihren jeweiligen Herren zu schmeicheln, zuweilen unterbrochen von ehrlicher Bewunderung. Hochmut und Liebedienerei feuerten sich gegenseitig an, die Römer ernteten Erbitterung, die Griechen Verachtung.

Die Unzufriedenheit miteinander mußte nicht zum Konflikt führen. Die Römer waren sich ihrer Überlegenheit sicher und die Griechen ihrer Schwäche bewußt. Der Achäer Philopoimen, Führer in der Front der begrenzten Widersetzlichkeit, hoffte nichts weiter zu erreichen als eine Verzögerung der totalen Abhängigkeit von Rom. Doch dann schien sich eine neue Aussicht zu eröffnen: Makedonien unter seinem jungen König Perseus gewann unerwartete Kraft. Die Römer hatten seinen Vater Philipp schlecht behandelt. Zuerst belohnten sie ihn für seine Treue im Krieg gegen Antiochos, dann nahmen sie ihm seinen Lohn, Eroberungen in Thrakien, größtenteils wieder weg, und das geschah auch noch in demütigender Form. Da Anpassung an Rom nichts brachte, versuchte er, ohne Rom weiterzukommen, straffte seinen Staat, rüstete und duldete, daß sein illegitimer Sohn Perseus den legitimen Sohn Demetrios beseitigte, um sein Nachfolger zu werden. Rom hatte auf Demetrios gesetzt, der in Geiselhaft viele Sympathien erworben hatte und zum Römerfreund geworden war.

Perseus wahrte korrekt die Formen gegenüber Rom, aber begann systematisch, die Unzufriedenheit in Griechenland zu pflegen und zu nutzen. Er gewann kaum Verbündete, niemand wollte makedonische Herrschaft statt der römischen haben, schwächte aber die unbedingte Romtreue und stärkte die Neigung zur Neutralität: Wenn Makedonien ein Gegengewicht zu Rom schaffe, würden die Griechen zwischen beiden Mächten mehr Spielraum oder sogar Freiheit gewinnen. Es war die zeitlose Rechnung kleiner Länder zwischen zwei großen.

Der Senat beobachtete Perseus' Bemühungen, und was ihm entging, berichteten ihm andere. Roms alter Freund und Makedoniens alter Feind, König Eumenes von Pergamon, informierte und dramatisierte. Die drei klassischen Elemente, die den Senat zum Handeln brachten, kamen zusammen: Wankelmütigkeit der Verbündeten, eine neue Macht, die versuchte, die Verbündeten zum Abfall zu bewegen, und ein zungenfertiger Grieche, der alles zu einer Gefahr für Rom aufblies. Perseus hatte eine tüchtige Armee und eine gut gefüllte Kriegskasse, aber eine Gefahr war er nicht für Roms Herrschaft und schon gar nicht für Italien. Doch die Atmosphäre war aufgeheizt, wilde Gerüchte gingen um, Perseus habe Eumenes zu ermorden versucht, ja, der ganze Senat solle vergiftet werden. Der Kriegsbeschluß in Rom trug deutliche Züge von Hysterie, der Krieg wurde zunächst schlecht geführt, bis ein fähiger Mann, Lucius Aemilius Paullus, das Kommando übernahm und Perseus bei Pydna in Makedonien vernichtend schlug.

Militärisch hatte Rom sich wieder durchgesetzt, politisch aber war es gescheitert und zog sogleich und entschieden die Konsequenz. Es entmachtete alle, die seine Herrschaft in Frage gestellt hatten oder es künftig tun könnten. Perseus wurde kein Pardon gegeben, er bat mehrfach um Frieden, aber Rom bestand auf bedingungsloser Kapitulation und löschte Makedonien, aus dem einst ein Alexander hervorgegangen war, für alle Zeit als Staat aus der Politik. Die Monarchie wurde aufgehoben, Perseus in einen italienischen Kerker verbannt, das Land in vier selbständige Zonen geteilt, deren Bewohnern Handel und sogar Heiraten über die Zonengrenze hinweg verboten waren.

Epiros, das zu Perseus übergegangen war und die Römer aus dem Land vertrieben hatte, mußte schwer büßen, siebzig Ortschaften zerstörte der Sieger Aemilius Paullus auf Befehl des Senats und ließ, so sagt die Überlieferung, 150000 Freie in die Sklaverei verkaufen. Im übrigen Griechenland erhielten die strengen Gefolgsleute Roms freie Hand, alle anzuzeigen, die nicht feste Gesinnungstreue bewiesen hatten. Die Bestrafung übernahmen die Römer größtenteils selbst und deportierten etwa zweitausend Männer nach Italien, allein aus dem Achäischen Bund waren es mehr als tausend, darunter Polybios, der wie sein Vater Lykortas eine gewisse Selbständigkeit gegenüber Rom hatte wahren wollen.

Auch Roms alte Verbündete bekamen seinen Zorn zu spüren, sobald nur der Schatten eines Verdachts auf sie fiel, nicht den Sieg Roms gewünscht zu haben. Dem Eumenes von Pergamon verweigerte der Senat sogar eine Audienz, er mußte, ohne empfangen worden zu sein, Italien verlassen. Die Rhodier hatten zwischen Rom und Perseus zu vermitteln versucht, eine Treulosigkeit in einem Kampf, der nach herrschender Meinung in Rom eine unbedingte Parteinahme verlangte. Der ältere Cato, eines der bedeutendsten Mitglieder des Senats, erklärte seinen aufgebrachten Standesgenossen das Motiv der Rhodier: Sie hatten die Sorge, ganz unter römische Herrschaft, ja in römische Knechtschaft zu kommen, wenn die Römer niemanden mehr zu fürchten hätten und ganz nach ihrem Belieben handeln könnten. »Ich meine also, daß sie um ihrer Freiheit willen so gesonnen waren« (Gellius, Attische Nächte 6,3).

Cato gelang es, Rhodos vor einer römischen Kriegserklärung zu retten, dennoch begann Rom eine neue Politik. Die alte war wenigstens zu Teilen auf Vertrauen gegründet worden, die neue setzte auf Kontrolle. Die alte war nach der toleranten Maxime verfahren: Wer nicht Freund ist, ist deshalb nicht Feind. Die neue folgte dem Grundsatz totaler Herrschaft: Wer nicht Freund ist, ist Feind. Die alte Politik hatte kein Konzept, die neue hatte noch weniger eines. Auch ihrer Gewalttätigkeit fehlte die Konsequenz. Nachdem alles bestraft, belohnt und geregelt war, zog der Senat wieder die Legionen nach Italien zurück. Die Insulaner wollten herrschen, ohne sich zu belasten.

Der Kalte Krieg

Knapp drei Jahre lang konnten die Vereinigten Staaten nach dem Zweiten Weltkrieg noch ihrer Tradition folgen und zu den Wirrnissen der übrigen Welt leidlich Abstand wahren. Schon mit dem Marshall-Plan hatten sie sich Europa mehr genähert als je zuvor in Friedenszeiten, doch dabei handelte es sich nur um finanzielle und wirtschaftliche Hilfe. In den Jahren 1948 und 1950 wurde Amerika dann aber dreimal vor Entscheidungen gestellt, die es zwangen, die Tradition zu prüfen.

Berliner Luftbrücke

Das erste Mal ging es um Deutschland. Da eine gemeinsame Politik mit Moskau nicht möglich erschien, begann Amerika, den westlich besetzten Teil des Landes in seinem Sinne zu entwickeln und zu befestigen. Die Sowjetunion hatte in Mitteleuropa und auf dem Balkan vollendete kommunistische Tatsachen geschaffen, nun schuf Washington vollendete demokratisch-kapitalistische Tatsachen in Westeuropa und Deutschland. Es vereinte seine Besatzungszone mit der englischen und dann mit der französischen, gab den drei Zonen eine neue Währung und damit eine solide wirtschaftliche Grundlage. Anfang 1948 ging es noch einen entscheidenden Schritt weiter und verständigte sich mit London, Paris und den Benelux-Hauptstädten, die westlichen Besatzungszonen als Staat zu organisieren.

Die Sowjetunion war alarmiert, sie sah den größeren Teil Deutschlands in eine feindliche Front einbezogen. Stalin nutzte seinen geographischen Vorteil und riegelte die Westsektoren Berlins von aller Zufuhr zu Lande und zu Wasser ab. Der Druck auf die Achillesferse des Westens sollte die Gründung eines deutschen Weststaates verhindern. Es war nicht die erste Kraftprobe zwischen den großen Siegern des Zweiten Weltkrieges, aber die folgenreichste und spektakulärste.

Was sollte Amerika tun? General Lucius D. Clay, der Oberbefehlshaber in Deutschland, schlug vor, die Blockade mit Panzern zu durchbrechen. Der Präsident lehnte ab. Sterben für Berlin, das noch drei Jahre vorher Hitlers Hauptstadt gewesen war? Auch wenn Stalin zurückzucken würde, wie Clay annahm, das Risiko erschien zu groß. Oder Berlin räumen, was andere für vernünftig hielten bei dieser scheinbar unhaltbaren Position? Die absehbaren Folgen erschienen verheerend. Würden die Deutschen im Westen noch einen Weststaat zu gründen wagen, wenn Amerika West-Berlin aufgibt? Würden die Westeuropäer noch weiter sowjetischem Druck widerstehen, wenn Amerika solchem Druck weicht? Würde sich überhaupt noch jemand in der Welt auf ein amerikanisches Hilfeversprechen verlassen? Die Welt kannte nur ein Amerika, das sich nach jedem Engagement in Übersee so schnell wie möglich auf seinen Kontinent zurückzog.

Kriegsgefahr oder Kapitulation? Als Mittelweg zwischen beiden Übeln folgte die Regierung dem abenteuerlichen Vorschlag, die Westinsel im Osten aus der Luft zu versorgen. Für die etwa 30000 alliierten Soldaten mochte das gehen, aber auch für eine Zwei-Millionen-Stadt? Niemand wußte, ob es möglich ist, die Zweifel überwogen zunächst. Niemand wußte auch, wie die Westberliner sich verhalten würden; ohne oder gar gegen sie war die Festung nicht zu verteidigen.

Die Mutigen gewannen den Kampf. Amerika und England wagten die Luftbrücke, Bürgermeister Ernst Reuter sicherte ihnen die Solidarität der Westberliner. Nach elf Monaten gab Stalin auf. Die Vereinigten Staaten hatten gesiegt, die westdeutschen Ministerpräsidenten stimmten der Schaffung eines Weststaates und damit der Teilung Deutschlands zu, Westeuropa gewann Zutrauen zu Amerika. Die dramatischen Umstände hatten mitgeholfen. Hätte Truman eine Public Relations-Firma damit beauftragt, eine siegreiche Verteidigung der Freiheit zu inszenieren, sie hätte die Luftbrücke erfinden müssen.

NATO

Mit der Berlin-Blockade begann der Kalte Krieg, ein Kampf, bei dem außer Waffengebrauch fast jedes Mittel recht war. Die Notwendigkeit, den »Vorposten des Westens« zu schützen, bestätigte eine Einsicht, die sich auch sonst in Washington allmählich durchsetzte: Nur mit wirtschaftlichen Mitteln war der Kommunismus nicht einzudämmen. In zunehmendem Maße befürchtete Westeuropa aus Moskau nicht nur politischen Druck und ideologische Unterwanderung, sondern auch militärische Gewalt: Die Länder östlich des »Eisernen Vorhangs« wurden immer offener in kommunistische Staaten umgewandelt, das neutrale Finnland war zu einem »Freundschaftspakt« mit der Sowjetunion »eingeladen«, die gewaltsame Stabilisierung des sowjetischen Ostens erschien als Auftakt zur Eroberung des Westens.

Im März 1948 schlossen England, Frankreich, die Niederlande, Belgien und Luxemburg einen Pakt, der gemeinsame Verteidigung gegen einen militärischen Angriff vorsah. Doch um einer Offensive der sowjetischen Militärmacht standzuhalten, waren die fünf kriegsgeschädigten Länder viel zu schwach, und ihre geringen Mittel wurden für den Wiederaufbau gebraucht. Allen war klar: Ohne Amerika konnte Westeuropa nicht gesichert werden. Der britische Außenminister Ernest Bevin hatte sich daher, bevor er die Initiative zur Schaffung des »Brüsseler Pakts« einleitete, der Unterstützung Präsident Trumans versichert. Wenn das amerikanische Engagement überzeugen sollte, mußte es eine militärische Verpflichtung einschließen.

Die Vereinigten Staaten standen vor einer vorbildlosen Entscheidung: Mitten im Frieden sollten sie sich in Übersee militärisch binden, und zwar dauerhaft. In den beiden Weltkriegen hatten sie sich nur für die begrenzte Zeit eines Feldzugs in anderen Erdteilen engagiert, jetzt sollten sie die Verteidigung Westeuropas für Jahrzehnte garantieren, der Brüsseler Pakt war sogar auf fünfzig Jahre angelegt. Es wäre der Bruch einer Tradition von anderthalb Jahrhunderten, die »verstrickende Bündnisse« verbot.

Verstrickung bedeutete jedoch nicht mehr das gleiche wie früher. Im 19. Jahrhundert wäre Amerika von europäischen Mächten als Figur auf dem europäischen Schachbrett benutzt worden; so versuchte es der englische Außenminister Canning 1823, und noch hundert Jahre später scheiterte Präsident Wilson mit seinem Friedenskonzept an der Selbstbefangenheit der europäischen Politiker. Nach dem Zweiten Weltkrieg aber war Amerika übermächtig, kein westeuropäischer Staat und nicht einmal alle zusammen waren ihm gewachsen. Wenn es sich jetzt in der Alten Welt vertraglich band, konnte es die Regeln bestimmen und wurde sogar genötigt, die Führung zu übernehmen. Es bekam zwar viel Ärger mit den

Empfindlichkeiten, Eitelkeiten und Sonderwünschen seiner Alliierten, aber es war nur Ärger, und das letzte Wort behielt Washington.

Das galt auch für die entscheidende Frage, den Bündnisfall. Die Europäer wünschten dringend eine Beistandsklausel im NATO-Vertrag, die zu automatischer militärischer Hilfe verpflichtet. »Verfassungsrechtlich unmöglich« erklärte Washington. Der Kongreß würde sich das Königsrecht auf Kriegserklärung nicht nehmen lassen; Roosevelt hatte seinerzeit nur mühsam verhindern können, daß eine Kriegserklärung sogar erst von einer Volksabstimmung abhängig wurde. In der innenpolitischen Barriere drückte sich außenpolitische Vorsicht aus: Wir schließen zwar ein Bündnis, lassen uns aber nicht binden; was wir im Ernstfall tun, entscheiden wir dann selbst.

Außerdem sprach wenig dafür, daß der Ernstfall überhaupt eintrat. Schon im Juni 1946 hatte General Eisenhower dem Präsidenten gesagt: »Ich glaube nicht, daß die Roten einen Krieg wollen. Was können sie jetzt bei einem bewaffneten Konflikt gewinnen? Sie haben so ziemlich alles bekommen, was sie bewältigen können.« Noch zwei Jahre später, als sich das Ost-West-Verhältnis zur Krise verschärft hatte, hielt die Führung in Washington einen sowjetischen Angriff für sehr unwahrscheinlich. Sogar die Generäle meinten, die Gefahr sei viel mehr politischer, ökonomischer und psychologischer als militärischer Art. Die Planer im Verteidigungsministerium waren sich zwar der sowjetischen Überlegenheit in Europa bewußt, in 45 Tagen wäre Westeuropa bis auf Spanien und Großbritannien überrannt, aber das strategische Hauptproblem sahen sie in der politischen Unentschiedenheit der meisten Europäer. Schon im Fall »akuter internationaler Spannungen« wäre der Standort mancher Länder, besonders Frankreichs und Westdeutschlands, fraglich.

Die Westeuropäer fürchteten einen Überfall der Sowjetarmee, die Amerikaner fürchteten die Schwäche der Westeuropäer. Im NATO-Kapitel der Memoiren Trumans findet sich kein Wort, das auf Sorge vor einem militärischen Angriff der Sowjetunion deutet, der Präsident sprach nur von den Sorgen der Westeuropäer. Notwendig sei, ihnen »den Alpdruck der Furcht zu nehmen und Vertrauen in die Zukunft einzuflößen«. Mehr als bisher müsse getan werden, »um Westeuropas Erholung und Selbstbehauptungswillen zu stärken«. Die NATO bilde daher »einen Schild gegen Angriffe und gegen die Furcht vor Angriffen«.

So gelang es Truman, vor allem unterstützt vom Republikaner Vandenberg, den Senat von der Notwendigkeit regionaler Militärpakte zu überzeugen. 82 Senatoren stimmten dafür, 13 dagegen, einer enthielt sich der Stimme. Bei der Unterzeichnung des NATO-Vertrages am 4. April 1949 verstieg sich der Präsident zu der Behauptung: »Hätte es 1914 und 1939 etwas Ähnliches gegeben, dann wären jene Angriffsakte, die die Welt in zwei katastrophale Kriege gestürzt haben, bestimmt unterblieben.«

Präsident und Senat waren sich sicher: Amerika ist so stark, daß ein Bündnis mit Amerika jeden Gegner von Angriffsabsichten abhalten wird. Und da der mögliche Angreifer, wie es schien, gar nicht angreifen wollte und nur die verelendeten und mutlosen Westeuropäer einen Angriff fürchteten, hielt man es in Washington nicht für nötig, die amerikanischen Truppen in Europa zu verstärken. Sogar das Militärhilfeprogramm für die Westeuropäer, das die NATO-Gründung begleitete, war noch ein Jahr später kaum angelaufen. Auch das Militärbudget wurde nicht erhöht, Truman wollte es 1950 sogar um 6 Prozent kürzen. Der Nationale Sicherheitsrat forderte zwar im April 1950 eine drastische Steigerung, doch das war zunächst nur eine Forderung, die wenig Aussicht hatte, vom sparwütigen Kongreß erfüllt zu werden.

Im Rückblick bildet die NATO-Gründung einen tiefen, vielleicht den tiefsten Einschnitt in der Außenpolitik Amerikas; von vorn betrachtet, aus der Lagebeurteilung der Jahre 1948/49, ergibt sich fast das Gegenteil. Amerikas größter Schritt nach Übersee erschien den Zeitgenossen gar nicht so groß. Truman, Acheson und die meisten Abgeordneten wußten und sagten auch, daß sie mit einer Tradition brachen, aber der Bruch sah sich für sie mehr als Fortsetzung dessen an, was sie schon taten: Wirtschaftshilfe, Waffenhilfe und energische Weltpolitik. Den Verantwortlichen in Washington ging es bei der NATO nicht um die Fähigkeit zur Führung eines Krieges in Europa, sondern um Abschreckung zur Verhinderung eines Krieges dort. Notwendig erschienen ihnen nicht eigene Anstrengungen, sondern die Ermutigung der Westeuropäer, sich anzustrengen. Wie der Marshall-Plan nur zur Hälfte aus Ökonomie, im übrigen aus Psychologie bestand, so sollte die NATO neben der militärischen vor allem der moralischen Aufrüstung dienen. Dahinter verbarg sich die heimliche Hoffnung, Westeuropa werde nach einiger Zeit in der Lage sein, sich selbst zu verteidigen, und Amerika könne seine Truppen, größtenteils oder sogar ganz, wieder nach Hause holen. Dem Militärpakt lag derselbe Gedanke zugrunde wie Marshalls Finanz- und Wirtschaftsplan: Er sollte den Westeuropäern helfen, sich selbst zu helfen, damit Amerika später nicht mehr zu helfen brauchte.

Korea

Zweimal innerhalb eines Jahrzehnts widerfuhr Amerika das gleiche: Es konzentrierte seine Aufmerksamkeit und seine Mittel auf Europa, aber der Krieg kam aus Asien, im Dezember 1941 mit dem japanischen Überfall auf Pearl Harbor, 1950 mit dem nordkoreanischen Überfall auf Süd-Korea. Obwohl es Warnungen gegeben hatte, war Amerika überrascht und bestürzt. Was sollte es tun? Seine Sicherheit war nicht bedroht, das hatte der Außenminister noch kurz vorher bestätigt, und Süd-Korea war keine verteidigungswürdige Demokratie, sonst hätte Washington ihm nicht die schweren Waffen und Panzer zu seiner Verteidigung verweigert. Nun unterlag die schlecht ausgerüstete und schlecht geführte Armee des autokratischen Präsidenten Syngman Rhee den gut bewaffneten und straff geführten Truppen des Angreifers. Konsequent wäre es gewesen, Korea den Koreanern zu überlassen, also auch politisch zu räumen, was militärisch schon – von 750 Militärberatern abgesehen – geräumt war. So empfahlen es auch manche.

Doch der Präsident entschied anders, er empfand es als die schwerste Entscheidung seiner Amtszeit, aber glaubte fest, keine andere Wahl zu haben als die militärische Entgegnung: »Der Kommunismus ging in Korea ebenso vor, wie Hitler, Mussolini und Japans Feudalherren vor zehn, fünfzehn oder zwanzig Jahren vorgegangen waren. Wenn wir den Untergang Süd-Koreas zuließen, dann würde das, davon war ich überzeugt, die kommunistischen Führer ermutigen, Länder zu überrennen, die unseren Küsten viel näher liegen. Wenn wir den Kommunisten erlaubten, sich ohne Gegenwehr der freien Welt Süd-Koreas zu bemächtigen, dann würde kein kleines Land in Zukunft den Mut aufbringen, sich gegen Drohungen und Angriffe stärkerer kommunistischer Nachbarn zur Wehr zu setzen. Wenn man dieser Herausforderung nicht entgegentrat, dann war der Dritte Weltkrieg fällig, wie der Zweite Weltkrieg aus ähnlichen Vorspielen erwachsen war« (Memoiren II, 375 ff., dort auch die weiteren wörtlichen Zitate in diesem Abschnitt).

Diese Sätze erklären nicht nur, weshalb die Vereinigten Staaten in den koreanischen Krieg eintraten, sie enthalten auch die Vorstellungen, aus denen sie sich auf einen Zweikampf mit der Sowjetunion einließen, der vierzig Jahre dauern sollte. Da war zunächst die Gleichsetzung der Kommunisten mit den Nationalsozialisten und die noch frische Erinnerung an den Zweiten Weltkrieg, der mit Überfällen auf kleinere Länder begonnen hatte. Die Lehre daraus hieß: Gegen einen Feind dieser Art hilft kein appeasement, keine Beschwichtigung, kein Nachgeben. Wer zurückweicht, ermuntert ihn nur zu weiterem Vordringen, und am Ende muß er einen Weltkrieg bestehen. Truman führte den Krieg in Korea in der Überzeugung, einen Dritten Weltkrieg zu verhindern. Außerdem dachte er an die geographische Lage seines Landes:

Auch wenn ein kommunistisches Korea die Sicherheit Amerikas nicht gefährdet, danach werden die Kommunisten Gebiete besetzen, »die unseren Küsten viel näher liegen«. Amerika dachte hier wie Rom: Den Feind in größtmöglichem Abstand von der eigenen Insel halten!

Die zweite feste Vorstellung in Washington setzte alle kommunistisch beherrschten Länder mit Moskau gleich. Amerika sah sich nicht einem feindlichen Bündnis gegenüber, dessen Mitglieder auch eigene Interessen hatten und eigene Ziele verfolgten, sondern einem fest gefügten Block, in dem allein der Kreml die Regie führte. Vielleicht hätte Washington Korea sich selbst überlassen, wenn dort nur eine Bürgerkriegspartei gegen eine andere vorgegangen wäre. Aber da fiel ein von Moskau geschaffener Staat über einen von Amerika geschaffenen Staat her, Kommunisten überrannten Gegner des Kommunismus. Das war in amerikanischen Augen kein lokaler Konflikt, sondern ein Angriff »der Kommunisten« auf die »freie Welt«.

Wir wissen heute, daß nicht Stalin, sondern Kim Il-sung den Korea-Krieg vom Zaun brach; der Herr Nord-Koreas hatte sogar große Mühe, das Einverständnis des Herrn im Kreml zu erlangen, 48 Telegramme soll er nach Moskau gesandt haben. Truman und Acheson konnten das damals nicht wissen, aber sie hätten es auch nicht geglaubt. Sogar das große China erschien ihnen als sowjetischer Satellit. Anfang Dezember 1950 erläuterte der britische Premierminister Clement Attlee in Washington, nach Auffassung seiner Regierung seien »die chinesischen Kommunisten potentielle Titoisten«. Es war kein prophetischer, sondern ein schon damals unmittelbar einleuchtender Satz, denn Mao unterschied sich wie Tito von allen anderen neuen kommunistischen Regenten: Beide verdankten ihre Herrschaft nicht der Roten Armee, sondern hatten sie sich selbst erkämpft und waren daher in der Lage, sich von Moskau zu lösen. Attlee folgerte: »Wenn wir die Chinesen als sowjetische Satelliten behandeln, spielen wir nur Rußland in die Hände.« Außenminister Acheson antwortete: Nicht China, sondern Sowjetrußland müsse als der Hauptgegner betrachtet werden, die Aktion in Korea sei ausschließlich von Moskau inspiriert worden. Truman bekannte später: »Ich hatte die kommunistische Aktion in Korea nie anders als ein russisches Manöver aufgefaßt.«

Die dritte feste Vorstellung bestand in der Gleichsetzung Amerikas mit der »freien Welt«. Moskau, so glaubte man in Washington, erstrebt die Weltherrschaft, folglich muß Amerika die Welt vor Moskau schützen. Es war ein globaler Zweikampf, auf den sich die Vereinigten Staaten nun einrichteten. Nach dem Überfall auf Süd-Korea waren die strategischen Überlegungen von der Sorge beherrscht: Wenn wir uns in Ostasien stark engagieren, werden die Kommunisten uns in Europa angreifen, vielleicht haben sie in Korea überhaupt nur angegriffen, um in Europa freie Hand zu bekommen.

Die globale Gefahr mußte global bekämpft werden, nur Amerika hatte dazu die Kraft und den Willen, einmal um seiner eigenen Sicherheit willen: »Der Weltfrieden«, sagte Truman, »ist der einzige zuverlässige Weg, die Sicherheit der Vereinigten Staaten zu gewährleisten.« Zum anderen um seiner Macht willen: Schon mit der Truman-Doktrin hatte sich Amerika als Schutzpatron für alle Länder verpflichtet, die sich von Kommunisten bedroht fühlten, daraus folgte der Zwang, rund um den Erdball überall einzugreifen, wo Kommunisten angriffen. Bis zum Ende des Ost-West-Konflikts blieb Washington von dieser Zwangsvorstellung beherrscht: Nur einmal einen kommunistischen Geländegewinn dulden, und wir sind als Schutzmacht unglaubwürdig in der ganzen Welt!

Schließlich war es nicht nur die Machtwahrung, die ein Eingreifen in Korea gebot, auch die Selbstachtung verlangte es. Wer sich als Führer und Beschützer der Welt betrachtet, kann nicht kneifen. Der pragmatische Engländer Attlee erinnerte an die »natürliche« Rivalität zwischen Russen und Chinesen in Ostasien und wollte die Chinesen von der Vorstellung abbringen, daß Rußland ihr einziger Freund sei. »Ich möchte auf sie einwirken, damit sie sich von Rußland trennen. Ich möchte sie zu einem Gegengewicht zu Rußland im Fernen Osten machen.« Dean Acheson lehnte jedoch stolz ab, sich um Peking zu bemühen: »Nach allem, was uns die Chinesen angetan haben, müssen sie uns erst einmal ihre Freundschaft beweisen. Unser Standpunkt ist jetzt, uns vor allem die Machtmittel zu schaffen, die ähnliche Vorfälle von vornherein verhüten. Wir müssen unsere Außenpolitik aus einer Position der Stärke führen.« Der Präsident stimmte seinem Außenminister zu.

Amerika mußte sich im Jahr 1950 seine Machtmittel erst schaffen. Der Überfall auf Süd-Korea löste in Washington einen tiefen Schock aus, weil er zeigte: Die Kommunisten beschränken sich nicht mehr auf »Infiltration und Wühlarbeit«, sondern greifen »zu Waffengewalt und zum offenen Krieg« (Truman am 27. Juni 1950). Wirtschaftshilfe, Finanzkredite und Waffenlieferungen genügten also nicht mehr zur Eindämmung, Amerika mußte selbst zu den Waffen greifen, aber es verfügte nur über schwache Kräfte. Es war, ähnlich wie nach Pearl Harbor, auf Krieg nicht vorbereitet.

Um Korea nicht ganz verlorengehen zu lassen und wenigstens einen Brückenkopf im Süden zu halten, raffte es an Truppen zusammen, was irgendwo verfügbar war. Zunächst gingen alle Kampfeinheiten aus Japan auf die bedrohte Halbinsel; die innere Sicherheit Japans mußte 75000 japanischen Polizisten überlassen werden. Militärs fürchteten, die Sowjetunion könne diese Schwäche ausnutzen. Noch ein halbes Jahr später war auch Amerika selbst von Truppen entblößt, nur eine Division blieb dort verfügbar, erst im Frühjahr 1951 sollte die Ausbildung weiterer Divisionen abgeschlossen sein. Die erschrockenen Westeuropäer baten um Stationierung neuer amerikanischer Einheiten, selbst wenn es nur Rekruten wären, sagte Attlee. Aber Washington konnte die Entsendung weiterer Truppen nur versprechen und mußte den Termin wegen des Koreakrieges offenlassen. Im Dezember 1950 ernannte es General Eisenhower zum Oberbefehlshaber der geplanten europäisch-amerikanischen NATO-Streitkräfte. Mehr als gute Worte und einen tüchtigen Mann konnte es nicht bieten.

Truman führte den Korea-Krieg zunächst mit äußerster Vorsicht. Er verschaffte sich einen Auftrag der Vereinten Nationen, das sicherte ihm die politische sowie moralische Unterstützung der Weltorganisation und die Waffenhilfe von 15 Staaten, die Kontingente schickten. Zugleich bemühte sich der Präsident, eine Ausweitung des Konflikts zu vermeiden. Er sandte die 7. Flotte in die Straße von Formosa, »um sowohl kommunistische Angriffe auf Formosa (Taiwan) als auch Ausfälle Tschiang Kai-scheks gegen das Festland zu verhindern«. Truman achtete auch weiter streng darauf, daß der revanchebegierige Tschiang keine Gelegenheit erhielt, den chinesischen Bürgerkrieg zu erneuern, seine Soldaten durften auch in Korea nicht helfen, obwohl sie zeitweise gebraucht wurden. Zur Zurückhaltung wurden auch die eigenen Streitkräfte angehalten, sie durften den 38. Breitengrad, die Grenze zwischen Süd- und Nord-Korea, weder überschreiten noch überfliegen. China sollte keinen Grund, keinen Anlaß und nicht einmal einen Vorwand bekommen, in den Korea-Krieg einzugreifen.

Aber es ist ein Unterschied, ob man in Bedrängnis ist oder Aussicht hat, auf die Siegerstraße zu gelangen. Als die Amerikaner genügend Kräfte gesammelt hatten, um zum Gegenstoß anzusetzen, galt ihnen der 38. Breitengrad nicht mehr als Grenze. Truman genehmigte eine Weisung der Vereinigten Stabschefs, mit der Besetzung Nord-Koreas zu beginnen, sofern nicht chinesische oder sowjetische Streitkräfte auf den Plan treten. Chinas Außenminister Tschu En-lai warnte, China werde eingreifen, wenn nicht-koreanische Truppen den 38. Breitengrad überschritten; aber Washington nahm die Botschaft nicht ernst, und General MacArthur versicherte dem Präsidenten, die Chinesen würden nicht kommen, weil sie ein fürchterliches Gemetzel zu erwarten hätten.

Einen Tag später, am 26. November 1950, kamen sie, zweihunderttausend Mann stark, und trieben die Amerikaner und anderen UN-Verbände bis zum 38. Breitengrad vor sich her. Erst dort blieb die Front stehen und stand noch drei Jahre, bis endlich ein Waffenstillstand gelang, der den früheren Zustand wiederherstellte: nördlich des ominösen Breitengrads ein kommunistisches und südlich ein halbdemokratisches Korea, dessen Bestand Amerika mit ständiger militärischer Präsenz garantieren mußte. Erstmals seit 1814 hatten die Vereinigten Staaten einen Krieg nicht gewonnen. Sie hatten ihn in kluger Selbstbeschränkung begonnen, dann aber in hochmütiger Verachtung des Gegners weiter getrieben, als ihre Kräfte reichten. Sie erkannten nicht, daß China ebenso reagieren mußte wie sie: Amerika konnte nicht dulden, daß Süd-Korea an den Osten fiel, China konnte nicht dulden, daß Nord-Korea an den Westen fiel. Wie Amerika chinesische Truppen nicht in Mexiko hingenommen hätte, so ließ China amerikanische Truppen nicht an seine Staatsgrenze heran.

Globales Engagement

Der Korea-Krieg war auf Korea beschränkt geblieben, aber er wirkte wie ein Menetekel. Was bis dahin als ziemlich unwahrscheinlich galt, erschien nun durchaus möglich: ein Krieg mit der Sowjetunion oder sogar mit der Sowjetunion und China. Das Menetekel verwandelte Amerika, beinahe nichts galt nun mehr, was bis dahin sein Verhältnis zur Welt bestimmt hatte.

Nach dem Korea-Krieg fielen alle Hemmungen, sich dauerhaft in Übersee politisch und militärisch zu verpflichten. Präsident und Kongreß beendeten eine Tradition von anderthalb Jahrhunderten, »verstrickende« Bündnisse wurden nicht mehr gemieden, sondern gesucht. In Europa war Amerika bis dahin den Hilferufen der Europäer gefolgt, nach dem Überfall auf Süd-Korea ging es daran, die Papier-Allianz der NATO in ein schlagkräftiges Instrument zu verwandeln. So bald wie möglich schickte es vier neue Divisionen über den Atlantik und setzte gegen vielerlei Widerstände durch, daß weitere

Staaten das Bündnis verstärkten, 1951 Griechenland und die Türkei, 1955 auch die Bundesrepublik. Mit dem Halb-Faschisten Franco schloß Washington ein Abkommen, das ihm militärische Stützpunkte und Einrichtungen auf spanischem Territorium gaben. Auf dem Balkan versicherte es sogar dem kommunistischen Jugoslawien, das von Moskau abgesprungen war, seinen Rückhalt, allerdings nur indirekt über die NATO-Mitglieder Griechenland und Türkei.

Auch in der zweiten wichtigen Region, in Ostasien, bemühte sich Amerika, fest Fuß zu fassen. Im Herbst 1951, ein Jahr nach Beginn des Korea-Krieges, verband es sich mit den englischsprechenden Verwandten Australien und Neuseeland zur ANZUS (Australia, New Zealand, United States). In seiner ehemaligen Kolonie, den Philippinen, und im besetzten Japan sicherte es sich ein zeitlich unbegrenztes Stationierungsrecht, ähnlich in Süd-Korea und Formosa-Taiwan; beiden sagte Amerika jetzt vertraglich zu, was es ihnen vor dem Korea-Krieg verweigert hatte: Hilfe gegen bewaffnete Angriffe.

All das schien noch nicht genug zu sein. Den Planern in Washington schwebte eine große Allianz vor, die ganz Ost- und Südasien zu einer antikommunistischen Front vereinte. Doch der SEATO (South East Asia Treaty Organisation), dem asiatischen Gegenstück zur NATO, fehlten die Asiaten, nur Thailand beteiligte sich, das Angst vor China hatte, und Pakistan, das Angst vor Indien hatte. Die volkreichsten und wichtigsten Staaten Indien, Burma und Indonesien wollten sich nicht in den Ost-West-Kampf der »weißen« Nationen hineinziehen lassen, ebenso die meisten islamischen Staaten in Vorderasien und Nordafrika. Außer der NATO fehlte den Allianzen, die Washington gegen Moskau und Peking meist nur mühsam zustande brachte, Substanz und Dauer. Amerika war am stärksten allein und schloß zahlreiche zweiseitige Abkommen, es gab Dollars und bekam Stützpunkte. Ein globales Netz militärischer Positionen entstand, das an das britische Empire erinnerte, teilweise daran anknüpfte und es am Ende sogar übertraf.

Strategie ging nun vor Ideologie, auch das war, jedenfalls in diesem Maße, neu. Antikommunistisch mußten Amerikas Verbündete sein, demokratisch waren viele nicht, weder die Türkei, der Iran, Saudi-Arabien und Pakistan noch Süd-Korea und Taiwan, Titos Jugoslawien gehörte ideologisch sogar auf die Gegenseite. Die Todfeinde von einst, die Deutschen und Japaner, avancierten nach Korea fast über Nacht zu Verbündeten, früher als beabsichtigt und noch keineswegs in der Gewißheit, daß sie Nazismus und Militarismus überwunden hatten. Japan bekam einen Friedensvertrag, und der Bundesrepublik wurde das Ende des Kriegszustandes bescheinigt. Die Besatzungstruppen hießen nun Alliierte Streitkräfte, sie sollten Deutsche und Japaner weiter kontrollieren, vor allem aber gemeinsam mit ihnen die Freie Welt schützen.

Im Kampf mit der Sowjetunion reifte Amerika zur Weltmacht. Die Kraft und Fähigkeit dazu hatte es schon seit Beginn des Jahrhunderts; die Notwendigkeit, Weltpolitik zu treiben, hatte sich mit Roosevelt durchgesetzt, doch erst die Vorstellung, in der Sowjetunion einen global agierenden Feind zu haben, zwang die Vereinigten Staaten, ebenfalls langfristig global zu denken, zu planen und zu operieren. Der Gesichtskreis der meisten Amerikaner blieb weiter auf die eigene Insel beschränkt, doch es bildete sich eine außenpolitische Elite, die auf hohem Niveau tat, was Außenminister Dean Rusk 1965 forderte: »Wir müssen uns um alles kümmern, um alle Länder, Gewässer, die Atmosphäre und den Weltraum, der uns umgibt.« Schon der Zweite Weltkrieg hatte amerikanische Truppen auf fast alle Kontinente gebracht, aber meist nur für die Zeit des Krieges. Der Kampf gegen den »Weltkommunismus« führte nun die Vereinigten Staaten politisch und militärisch für unbegrenzte Dauer in alle Teile der Welt. Das Wichtigste schließlich, die Sicherung des amerikanischen Territoriums, konnte nicht mehr allein der Flotte anvertraut werden; Schutz vor sowjetischen Raketen versprach nur die Abschreckung durch amerikanische Raketen. Die Atomstrategie, die fast zu einer eigenen Wissenschaft anwuchs, mußte Globalstrategie sein. Die Insel war unlösbar mit der Welt verflochten.

Wettkampf der Systeme

Die Auseinandersetzung mit der Sowjetunion verlangte von Amerika, was noch nie zuvor von ihm verlangt worden war. Die durch und durch unmilitärische (was nicht heißt: pazifistische) Nation hatte sich auf Kriege früher erst eingestellt, wenn sie bevorstanden, Amerika war fast immer unvorbereitet und brauchte eine Anlaufzeit, um einen Kampf mit ganzer Kraft führen zu können. Im Blick auf Moskau und Peking sah es sich nun genötigt, jederzeit militärisch einsatzbereit zu sein. Es genügte nicht mehr, Rüstung und Reserven auf einem relativ niedrigen Friedensniveau zu halten, Hochrüstung mußte nun Dauerzustand werden. Und da die Sowjetunion ebenfalls rüstete, entstand ein Rüstungswettlauf, der immer größere Anstrengungen verlangte. Die Macht der Vereinigten Staaten wuchs in eine neue Dimension, die erste Wirtschaftsmacht des Globus wurde auch zur ersten Militärmacht.

Im Kampf mit Moskau verlor Amerika die sichere Grundlage, auf der sein Verhältnis zur Welt geruht hatte: die Gewißheit, auf der Insel unerreichbar zu sein für feindliche Invasion und Zerstörung. Was die Römer im Ersten Punischen Krieg erfahren mußten und was Roosevelt seinen Landsleuten grundlos einzureden versucht hatte, wurde zur Tatsache: Die Meere schützten nicht mehr. Die Sowjetunion entwikkelte Atomwaffen und Interkontinentalraketen, für ihre Raketen tragenden U-Boote wurden die Ozeane sogar wirklich zu den Highways, von denen Roosevelt gesprochen hatte. Erstmals seit 1814, als die Engländer Washington angezündet hatten, war Amerika selbst bedroht.

Ebenfalls seitdem, also seit über 130 Jahren, stand Amerika einem Feind gegenüber, den es nicht besiegen konnte. Der Kampf mit Moskau war ein Kampf außerhalb aller seiner Erfahrung. Bei den »konventionellen« Streitkräften hatte die Sowjetunion die Überlegenheit, bei den Atomwaffen erreichte sie Ende der sechziger Jahre Gleichstand. Die Fähigkeit beider Seiten, den anderen auszulöschen, setzte den Rüstungen und der Politik Grenzen. Die Gefahr eines ungewollten atomaren Zusammenstoßes erzwang ein nahezu widernatürliches Verhalten: Statt den Feind zu übertrumpfen, erschien es ratsam, sich mit ihm über Art und Zahl der brisanten Waffen zu informieren und zu verständigen, so mühsam es war und so unvollständig es gelang.

Die politische Grenze hatte Amerika schon in Korea kennengelernt. Die Befreiung eines Landes, dessen kommunistische Herrschaft Moskau oder Peking garantierte, war nicht möglich. John Foster Dulles, Washingtons militantester Außenminister, wollte sich mit »Eindämmung« nicht begnügen und versprach, den Kommunismus »zurückzurollen« (roll back) und dabei bis an den »Rand des Abgrunds« zu gehen, aber als sowjetische Panzer die Aufstände in der DDR und in Ungarn niederwalzten, mußte er tatenlos zuschauen. In Vietnam erging es Amerika wie in Korea. Den kommunistischen Norden, von dem der Krieg ausging, durfte es nicht angreifen, weil Peking und wohl auch Moskau seinen Bestand garantierten, den Süden konnte es, anders als Süd-Korea, nicht halten, weil er sich gegen die national-kommunistischen Angreifer nicht zu wehren vermochte. 58000 Amerikaner verloren im Dschungelkampf ihr Leben, am Ende blieb nur ein Rückzug, als Friedensschluß nur schwach beschönigt.

Der einzige Trost für Amerika war, daß es der Gegenseite nicht anders erging. Von Vietnam abgesehen konnte weder Peking noch Moskau einen Quadratmeter Boden erobern, den Washington zu sichern versprochen hatte. In der »Dritten« Welt errang die Sowjetunion zwar Teilerfolge, aber keine zuverlässigen Verbündeten. Amerikanische Kurzsichtigkeit trieb Fidel Castros Kuba in die Arme des Kreml, so mußte Chruschtschow die ferne Karibik-Insel sichern, wie Präsident Kennedy das ferne West-Berlin zu schützen hatte. In Kuba und Berlin erreichte der Machtkampf der beiden Atomgiganten 1962 seinen letzten lebensgefährlichen Höhepunkt. Keiner konnte es sich leisten, dem anderen seinen Schützling auszuliefern, die Welt geriet dabei an den Rand atomarer Vernichtung.

Außenminister Acheson klagte einmal, die Amerikaner erwarteten von der Außenpolitik das gleiche wie von Aspirin: Sie müsse schnell und effizient wirken. Ein Konflikt, dessen Ende nicht absehbar war, lag außerhalb aller Erfahrung Amerikas. Die Kriege, die es bis dahin geführt hatte, konnte es in wenigen Jahren entscheiden. Der Kampf mit Moskau aber bildete eine ständige Herausforderung, die nicht wie gewohnt, mit einem Kraftakt bewältigt werden konnte. Dieser Kampf konfrontierte Amerika mit einem Problem, für das es keine Lösung gab, sondern nur die Hoffnung, daß es sich irgendwann von selbst lösen werde, weil die Sowjetunion vom Kommunismus abrücken und den Kampf aufgeben müsse. Wann das geschehen würde, wußte niemand; bis dahin mußten sich die Amerikaner in Geduld fassen und Ausdauer beweisen, beides Eigenschaften, die nicht zu ihren stärksten gehören.

Da die Waffen den Zweikampf nicht entscheiden konnten, kam es auf die wirtschaftliche und zivilisatorische Kraft an, und da waren die Vereinigten Staaten weit überlegen. Sie konnten ihren Lebensstandard halten und sogar steigern, obwohl sie rüsteten; die Bürger der Sowjetunion mußten den Gürtel enger schnallen, weil ihr Land rüstete. Amerika war eine alte Industriemacht, Rußland eine junge; die Sowjetunion erhielt nicht ganz zu Unrecht Helmut Schmidts böse Bezeichnung »Obervolta mit Raketen«. Amerika präsentierte sich als das reichste Land der Welt, die Sowjetunion war bitterarm durch Entwicklungsrückstand, starre Planwirtschaft und durch Hitlers mörderischen Krieg. Amerika predigte Freiheit nicht nur, sondern lebte sie vor, die Sowjetunion führte das Knutenregiment der Zaren fort und verschärfte es noch. Amerika blieb unerschütterlich in seiner ideologischen Selbstgewißheit, die Sowjetunion und ihre Gefolgsstaaten bauten ideologisch langsam, aber stetig ab, bis schließlich auch die Gläubigen nicht mehr glaubten und die Regierenden das Vertrauen zu sich und ihrer Sache verloren. Wenn es Geigerzähler für Ideologie-Gehalt gäbe, hätten sie in den achtziger Jahren bei außenpolitischen Reden Breschnews und Andropows weniger ausgeschlagen als beim Pathos Carters und Reagans. Amerika verbreitete eine verführerische Massenkultur und war Heimstatt der künstlerischen Avantgarde, die sowjetische Partei wehrte beides lange ab, duldete dann manches widerwillig und ahmte schließlich einiges nach. Amerikas Verbündete amerikanisierten sich, Moskaus »Bruderstaaten« empfingen Anregungen fast ausschließlich aus dem Westen. Amerika etablierte Englisch als Weltsprache, die Sowjetunion setzte Russisch selbst im Osten nur begrenzt als lingua franca durch.

Die Amerikaner respektierten die militärische Stärke Moskaus und fürchteten kommunistische Unterwanderung in verbündeten und neutralen Ländern, blieben sich aber sonst ihrer Überlegenheit bewußt. Im Verhältnis der Vereinigten Staaten zur Sowjetunion gab es niemals völlige Gleichheit, im diplomatischen Umgang natürlich, nicht aber in der wechselseitigen Einschätzung. Amerika sei zur Nummer zwei in der Welt abgesunken, war einer der schlimmsten Vorwürfe Ronald Reagans gegen Henry Kissinger und Präsident Gerald Ford. Second to none, immer der erste sein, blieb eiserner Grundsatz amerikanischer Außenpolitik. Da deren Verwalter fest überzeugt blieben, für die Freiheit und das Recht zu stehen, beanspruchten sie für sich Positionen, die sie anderen absprachen. Die 6. US-Flotte gehörte wie selbstverständlich ins Mittelmeer, sowjetische Kreuzer und U-Boote galten als Eindringlinge. Amerikanische Raketen in der Türkei dienten notwendiger Eindämmung, sowjetische Raketen auf Kuba erschienen als unerhörte Provokation. In den Augen der Amerikaner war es nicht das gleiche, wenn die Russen das gleiche taten wie sie. Die Russen empfanden das.

Wenn Chruschtschow Gäste aus dem Westen in seine Datscha auf der Krim einlud, setzte er sie so, daß sie den Blick auf das Schwarze Meer hatten. Dann fragte er, ob sie das türkische Ufer jenseits des Meeres sähen, was sie verneinen mußten. »Sie sind kurzsichtig«, sagte Chruschtschow, »ich sehe das Ufer und ganz genau die amerikanischen Raketen dort, die auf die Sowjetunion gerichtet sind, vermutlich auch auf diese Datscha.« Als er im Herbst 1962 sowjetische Raketen nach Kuba schaffen ließ, wollte er nicht zuletzt den Amerikanern »ein bißchen von ihrer eigenen Medizin verabreichen«. Sein Schwiegersohn sagte es weniger poetisch: Er wollte die Anerkennung des militärischen Gleichgewichts durchsetzen.

Anerkennung ist ein Schlüsselwort. Die sowjetische Amerika-Politik spiegelte die amerikanische Sowjet-Politik, die Verweigerung voller Gleichheit rief ein beständiges Streben nach Gleichheit hervor. Die Sowjetunion hatte 1955 Amerikas deutsches Kind, die Bundesrepublik, anerkannt, Amerika und der gesamte Westen aber erkannten bis 1972 die DDR nicht an und stellten damit die gesamte sowjetische Nachkriegsordnung im Ostteil Europas in Frage. Um deren Anerkennung, also um die Bestätigung der sowjetischen Herrschaft über Ostmitteleuropa, mühte sich Moskau beharrlich. Es war sein Hauptziel bei der gesamteuropäischen Konferenz (KSZE), zu der sich 1975 die Staats- und Regierungschefs ganz Europas und Nordamerikas in Helsinki trafen. In dem feierlich unterzeichneten Schlußdokument, einer Art Friedenscharta für Europa, wimmelte es von sowjetischen Wunschbegriffen: »Gleichheit«, »souveräne Gleichheit«, »rechtliche Gleichheit«, »Gleichberechtigung«, »gleiche Rechte und Pflichten«, »Zusammenarbeit unter Bedingungen voller Gleichheit«, »Zusammenarbeit als Gleiche«.

Ein kluger deutscher Diplomat verglich damals die Sowjetunion mit der französischen Republik nach der Revolution von 1789. Beide wurden in der etablierten Staatengesellschaft als Parvenus betrachtet und empfanden sich auch so; sie waren überzeugt, den Fortschritt zu verkörpern, und litten doch unter dem Komplex, nicht als gesellschaftsfähig zu anerkannt zu sein. Erst 1933, als die Sowjetunion schon fünfzehn Jahre bestand, bequemten sich die Vereinigten Staaten dazu, sie anzuerkennen. Amerika war und blieb für die Sowjetunion der faszinierende Feind, das böse Gegenbild und heimliche Vorbild. Als Chruschtschow 1960 seinen Besuch vorbereitete, war, wie sein Schwiegersohn und Vertrauter berichtet, seine »Hauptsorge: nicht die Großartigkeit Amerikas zu bestaunen, nicht wie ein Einfaltspinsel dazustehen«. Aus der Einsicht in die eigene Rückständigkeit entsprang Chruschtschows großes Programm, das jedem sozialistischen Land die Aufgabe stellte, ein vergleichbares kapitalistisches Land »einzuholen und zu überholen«, die Sowjetunion sollte Amerika schlagen. Das sozialistische System sei das bessere, behauptete er, aber den Maßstab gab ihm der überlegene Stand der kapitalistischen Welt.

Präsident Ronald Reagan versuchte, die Überlegenheit Amerikas zu einer gewaltigen, scheinbar sogar gewalttätigen Offensive zu nutzen. »Der große und dynamische Erfolg des Kapitalismus«, erklärte er, »hat uns eine mächtige Waffe im Kampf gegen den Kommunismus in die Hand gegeben: Geld. Die Russen können niemals das Wettrüsten gewinnen. Wir können sie für immer mit unseren finanziellen Mitteln überbieten. Außerdem sind die verschiedenen Anreize des kapitalistischen Systems für uns eine industrielle Basis, um für immer den technologischen Vorsprung zu wahren.« Im Juni 1982 prophezeite der Präsident vor dem britischen Parlament den Zusammenbruch des sowjetischen Imperiums; der repressive Charakter des sowjetischen Systems werde über kurz oder lang zu Revolution und Untergang führen. Um den Wandel zu ermutigen, müsse man zwar behutsam sein, aber »die Zeit ist gekommen, einen neuen Kreuzzug für die Freiheit zu beginnen, um den Marxismus-Leninismus auf den Müllhaufen der Geschichte zu werfen«.

Der Präsident wollte die wirtschaftliche Überlegenheit zur Schaffung militärischer Überlegenheit nutzen. Er gab ein Raketenabwehrsystem in Auftrag, das Amerika unverwundbar machen sollte, während die Sowjetunion für amerikanische

Raketen weiterhin erreichbar bleiben würde. Reagan rüstete wie keiner seiner Vorgänger. Der neue, seit März 1985 amtierende, sowjetische Parteichef Michail Gorbatschow erkannte, daß er bei diesem Wettlauf nicht mithalten konnte, und antwortete mit einer Serie von Abrüstungsvorschlägen, die schließlich Reagan an den Verhandlungstisch brachten. Erstmals wurde die Zahl der Raketen nicht nur beschränkt, sondern verringert; erstmals kam es bei einer Waffenart zu einer »Null-Lösung«, und erstmals prallten nicht unvereinbare ideologische Glaubenssätze aufeinander, sondern das Bekenntnis des Westens zu Demokratie und Marktwirtschaft wurde zum Bekenntnis auch des Ostens. Reagans Nachfolger, George Bush senior, und Gorbatschow verkündeten das Ende des Kalten Krieges, es war auch das Ende des sowjetischen Imperiums.

Gorbatschow hatte seinen Gefolgsstaaten die Wahl des politischen Systems freigegeben, wie Dominosteine fiel ein kommunistisches Regime nach dem anderen unter den Demonstrationen des Volkes. Deutschland wurde nach den Bedingungen des Westens vereinigt und die NATO auf das Gebiet der DDR ausgedehnt. Das Gegenbündnis Moskaus, der Warschauer Pakt, löste sich auf. Die sowjetischen Truppen zogen sich in den folgenden Jahren hinter die sowjetischen Grenzen zurück, die amerikanischen Divisionen und Stützpunkte wurden verringert, aber sie blieben. Fast ganz Europa wünschte, daß die Vereinigten Staaten weiterhin ihre Hand über die Alte Welt hielten, als Versicherung gegen das unberechenbare Rußland und das vergrößerte Deutschland.

Im Dezember 1991 zerfiel schließlich die Sowjetunion selbst. Amerika hatte sie nicht besiegt, auch nicht »totgerüstet«, die kommunistische Vor- und Hauptmacht ging, wie der ganze Kommunismus, an sich selbst zugrunde. An ihrem sozialen und ökonomischen Entwicklungsrückstand, an der Unreformierbarkeit ihres politischen und wirtschaftlichen Systems, an der Unfähigkeit, die wachsenden, oft sogar nur die elementaren Bedürfnisse ihrer Völker zu befriedigen, an unaufhaltsamem wirtschaftlichen Abstieg, politischer Erstarrung und ideologischer Austrocknung. Der Kommunismus hatte verloren, was einst seine Faszination ausmachte: die Überzeugung, den Lauf der Welt zu verstehen und bestimmen zu können, den Glauben an die Zukunft.

Ronald Reagans Forcierung des Rüstungswettlaufs bestärkte Gorbatschow in seiner Einsicht, daß man in Moskau nicht so weitermachen konnte wie bisher; die Herausforderung des Präsidenten beschleunigte den Untergang der Sowjetunion, aber sie verursachte ihn nicht. Amerikas Leistung war, den »Wettkampf der Systeme« zu gewinnen. Amerika hat diesen ebenso strapaziösen wie Kräfte verschlingenden Kampf vierzig Jahre lang durchgehalten, es hat allezeit und überall sowjetischem Druck standgehalten und dem Osten immer eindringlicher ein Bild des Westens entgegengehalten, das langsam zum Maßstab des Ostens wurde.

Von der Sicherheits- zur Machtpolitik

»Noch ist nicht aller Tage Abend«, entfuhr es im Jahr 185 Philipp V. von Makedonien. Der König vermochte seine Erbitterung über die Willkür nicht mehr zu beherrschen, mit der die Römer ihn demütigten. Es war ein Satz so verständlich wie falsch. Viele Makedonen und Griechen glaubten noch, es werde möglich sein, die Römer nach Italien zurückzuzwingen. Sie setzten Hoffnung auf den »großen« Antiochos, sogar Perseus trauten manche zu, er werde sich gegen die Legionen behaupten können. Nicht erst der Rückblick zeigt, daß keiner dieser Könige eine Chance hatte. Schon Polybios versuchte, allerdings erst nach beiden Kriegen, seinen Landsleuten die falschen Vorstellungen auszutreiben, indem er auf 700000 Heerespflichtige verwies, die Rom schon vor dem Hannibal-Krieg zur Verfügung standen.

Als Amerika und die Sowjetunion sich in den Kalten Krieg verstrickten, gab es nicht nur in Europa manchen, der einen Sieg des Kommunismus erwartete. Zu zielbewußt und rücksichtslos erschien Moskaus Streben zur Weltrevolution und damit zur Weltherrschaft, als daß der uneinige, scheinbar unentschlossene und immer nur reagierende Westen widerstehen könnte. Zu hoch auch die Zahl der sowjetischen Divisionen in Europa, als daß es möglich gewesen wäre, deren Durchmarsch bis zum Atlantik aufzuhalten. Wer genauer hinsah, konnte aber schon früh erkennen, daß Amerika der Sowjetunion in jeder Hinsicht überlegen war, wirtschaftlich und technisch, damit auch militärisch, zugleich politisch durch Verfassung und Lebensstil, schließlich ideologisch durch praktizierte Freiheit.

Die Römer siegten bei Magnesia und Pydna, und die Amerikaner gewannen den Kalten Krieg, weil sie stärker waren als alle ihre Gegner. Wie auf allen früheren Etappen des Weges zur Weltmacht gab die physische, materielle und moralische Kraft den Ausschlag. So war es nicht verwunderlich, daß bei beiden die Sicherheitspolitik immer mehr in Machtpolitik überging. Die Vertreibung des Antiochos aus Europa läßt sich als Schutzmaßnahme für Italien erklären, die Zurückdrängung seiner Herrschaft bis an die syrische Grenze nur noch halb. Einen Gegner kleinzumachen, damit er nie wieder zur Gefahr werden kann, ist Sicherheitspolitik, zugleich aber Ausdehnung der eigenen Macht. Der Krieg mit Perseus war in römischen Augen kaum mehr ein Krieg, sondern die Niederschlagung einer Rebellion: Mit Perseus' Vater Philipp hatte Rom Frieden geschlossen, den Sohn bestrafte es; er wurde im Triumphzug des Konsuls vorgeführt und endete kläglich im Kerker einer italischen Kleinstadt.

Amerika trat der Sowjetunion entgegen, weil es die Ausbreitung des Kommunismus als eine Bedrohung ansah, die am Ende auch die Vereinigten Staaten selbst erfassen werde. Aber war die Sicherheit Amerikas in Berlin, Korea, Vietnam und 1979 beim Einmarsch der Sowjetunion in Afghanistan gefährdet? Washington engagierte sich in den ersten drei Fällen direkt und im vierten indirekt, weil es einen Machtzuwachs Moskaus und Pekings nicht glaubte hinnehmen zu dürfen und einen Prestigeverlust Amerikas schon gar nicht. Was die Amerikaner zu Recht fürchteten, war eine Verwüstung durch sowjetische Atomwaffen, in der Nuklearpolitik ging es um die Existenz, im übrigen aber, je weiter die Zeit voranschritt, um die Macht. Beim globalen Duell mit dem Kreml kämpfte Amerika weniger gegen einen lebensgefährlichen Feind als gegen einen Rivalen. Wer niemals der zweite sein will, wird nicht von Furcht getrieben, sondern von Ehrgeiz, Selbstgewißheit und missionarischem Eifer.

Frappierend ähnlich erscheint auch der Zwang, unter den Römer wie Amerikaner sich durch ihre Freiheitsproklamationen setzten. Rom mußte die Freiheit der Griechen gegen Antiochos verteidigen und Amerika die Freiheit West-Berlins und Westeuropas und allmählich auch vieler Länder auf anderen Erdteilen. Beide waren genötigt, ihre Glaubwürdigkeit zu wahren, weil Verlust der Glaubwürdigkeit schweren Machtverlust bedeutete. Beide sahen sich auch außerstande, die hehren Prinzipien immer und überall zu wahren. Rom beließ kleinasiatische Griechenstädte unter der Herrschaft des König Eumenes und lieferte ihm Städte in Thrakien sogar noch aus, Amerika duldete sieben Jahre lang eine Militärdiktatur beim vorher demokratischen NATO-Mitglied Griechenland. Zuverlässige Verbündete wie König Eumenes und Oberst Papadopoulos waren Rom wie Amerika eine Messe wert.

Vergleichbare Schwierigkeiten hatten beide mit ihren Alliierten. Ihre Hegemonie und die Formen, sie auszuüben, verstörten Griechen und Westeuropäer und auch Japaner. Die Gründe für Konflikte unterschieden sich. Die Ätoler wollten Griechenland und die Achäer die ganze Peloponnes beherrschen, die meisten Westeuropäer wollten sich europäischen Aufgaben widmen und nicht weit in die globale Politik Amerikas einspannen lassen. Die Ätoler paktierten sogar mit dem Feind und holten Antiochos zum Kampf gegen Rom, die Achäer führten auf eigene Faust Krieg gegen Sparta. Der französische Staatspräsident Charles de Gaulle warf 1966 die

NATO aus ihrem Hauptquartier in Paris hinaus und verließ die Militärorganisation der Allianz. Die Westdeutschen, auch andere Westeuropäer, versuchten sich Anfang der achtziger Jahre einem drohenden neuen Kalten Krieg zu entziehen, weil sie von der Entspannung in Europa so viel wie möglich retten wollten.

Im antiken wie im modernen Fall zeigte sich die Neigung, die Rivalität der Großmächte zu nutzen. Griechen wollten mehr Spielraum zwischen Rom und Makedonien und wünschten daher, daß sich Perseus gegen Rom behauptete. Staatspräsident Charles de Gaulle entlockte den versammelten Sowjetführern ein zufriedenes Lächeln, als er seine Freude kundtat, daß die Sowjetunion das Übergewicht Amerikas über Europa ausgleiche. Das Lächeln erstarb dann, als er hinzufügte, er sei froh über die Amerikaner, weil sie das sowjetische Übergewicht über Europa balancierten.

Römer und Amerikaner sahen sich durch die Eigenwilligkeit und Aufsässigkeit ihrer Verbündeten gestört, Rom durch die Ätoler sogar in einen Krieg gezogen, doch vor allem handelte es sich für sie um Machtfragen. Der Senat bestrafte die Abtrünnigen und auch die unsicheren Kantonisten nach dem Perseuskrieg hart, weil er seine Herrschaft durch Aufstand oder auch nur Disziplinlosigkeit gefährdet glaubte. Die Vereinigten Staaten erzwangen Anfang der achtziger Jahre die Stationierung ihrer Mittelstreckenraketen in Westeuropa, obwohl sie es militärisch für unnötig hielten. Es war so lange und so grundsätzlich darüber gestritten worden, daß sie glaubten, die Handlungsfähigkeit der NATO und ihre Führungsrolle sichern zu müssen.

Für alle Beteiligten ging es nicht nur um Macht und Interessen, auch Gefühle sprachen mit. Griechen und Westeuropäer litten unter der Arroganz der Großen und ihrer Abhängigkeit von ihnen. Römer und Amerikaner beklagten die Undankbarkeit ihrer Verbündeten: Sie hatten ihre Inseln verlassen, gegen feudale und kommunistische Imperialisten gekämpft, um den Griechen die Freiheit zu bringen und sie den Westeuropäern zu erhalten. Sie hatten Griechen und Westeuropäern geholfen, damit sie sich selbst helfen könnten, aber nach der ersten großen Welle der Dankbarkeit und Freundschaft erfuhren sie wachsende Zurückhaltung und Unfreundlichkeit, vor allem aber Egoismus und Bequemlichkeit: Sicherheit ist Aufgabe der Großen, Waffenhilfe nur auf ausdrückliche Anforderung! Andererseits wollten Römer wie Amerikaner nicht wahrhaben, was sie nach Hellas und Europa gebracht hatte: weit weniger ihre Liebe zu Freiheit und Demokratie als ihr wie auch immer verstandenes Eigeninteresse.

Doch die Parallelen haben Grenzen. Die Treue fast aller Griechen war unsicher, die Zuverlässigkeit der Westeuropäer hingegen war, wenn sich Gefahr zeigte, sicher; in der Berlin- und Kuba-Krise 1962 stand auch de Gaulle fest zu Amerika. Die Westeuropäer trennte von der Sowjetunion weit mehr als die Griechen von Makedonien. Auch die Antwort der Großmächte auf die Aufmüpfigkeit der Kleinen unterschied sich wesentlich. Rom griff zur Gewalt und erzwang, was ihm nicht freiwillig entgegengebracht wurde. Amerika ärgerte sich gewaltig und schaffte durch Druck und gute Worte, die Allianz zusammenzuhalten.

Schließlich das Wichtigste: So unvergleichbar Roms Ostkriege und Amerikas Kalter Krieg sind, gemeinsam ist ihnen das historische Ergebnis. Davor waren Rom und Amerika die ersten Weltmächte ihrer Zeit, danach waren sie die einzigen. In der Ökumene, der bewohnten, damals bekannten Welt, gab es keine Stadt, keinen Staat und kein Reich, die es wagen konnten, sich mit Rom zu messen. Rom führte weiter viele Kriege, aber nur zur Niederwerfung von Aufständen oder was der Senat dafür hielt und zur territorialen Abrundung seines Besitzstandes. Hundert Jahre später, in der Zeit der Bürgerkriege, kamen andere Motive und Ziele hinzu.

Nach der Auflösung der Sowjetunion gibt es keinen Staat und keine Staatengruppe mehr, die Amerika gefährlich werden oder auch nur gleichrangig mit ihm verkehren kann. Was die Überlegenheit der Vereinigten Staaten über die Sowjetunion begründete, militärisch und wirtschaftlich, technisch und zivilisatorisch, das begründet jetzt ihre Überlegenheit über den Rest der Welt. Mit dem Jahr 190 v. Chr. trat die Antike und mit dem Jahr 1991 die Gegenwart in einen nie gekannten Zustand. Wo vorher mehrere Große miteinander rivalisierend den Lauf der Welt bestimmten, hatte und hat jetzt nur noch einer das letzte Wort und, wenn es ihm nötig erscheint, die Macht, um seinen Willen durchzusetzen.

7. Parallelstraßen

Die Straßen, auf denen Römer und Amerikaner zu ihrer einzigartigen Stellung gelangten, verliefen bemerkenswert parallel. Wo andere, von einer Eroberungseuphorie getragen und getrieben, sich riesige Reiche unterwarfen, wuchsen Rom und Amerika langsam, eher zögernd, aber stetig zu weltbestimmenden Mächten. Ihre entscheidenden Fortschritte waren das Ergebnis siegreicher Kriege, doch die Voraussetzung der Siege, die Entwicklung außerordentlicher Kräfte, wurde vorher und nebenher geschaffen. Das Wesentliche geschah, wie meistens, kaum bemerkt in aller Stille. Dieses Wesentliche, Charakter, Fähigkeiten und Talente, Wertekanon, Ideale und Maßstäbe, Gesellschaftsaufbau, Staatsordnung und Kultur, Mythen, Traditionen und Gewohnheiten, nicht zuletzt Größe und Reichtum des Landes sowie Zahl und Art der Nachbarn – all das unterschied sich und muß als unvergleichbar in Erinnerung bleiben. Die Straßen zum Erfolg verliefen parallel, aber in großem Abstand.

Großer Abstand

Händler

Die Vereinigten Staaten blieben alle Zeit, auch noch als Weltmacht, ökonomisch bestimmt, was Rom nie war. Vieles, das rätselhaft erscheint an Amerika und den Amerikanern, findet seine Erklärung in wirtschaftlichen Ursachen, Zwecken und Denkweisen. Wo gibt es noch einmal ein Land, das nachträglich bezahlte, was es schon erobert hatte? Und das auch erst zu erobern begann, nachdem es nicht mehr kaufen konnte – vor den Kugeln kamen die Dollars. Die Vereinigten Staaten mußten schon weit in die Weltpolitik geraten, bis sie große Entscheidungen nicht mehr aus wirtschaftlichen, sondern aus politischen Erwägungen trafen. Und erst existentielle Sorgen rückten zeitweise militärische Gesichtspunkte an den ersten Platz. Der Erwerbstrieb der Römer war kaum geringer als der amerikanische, aber die Römer wurden reich in Folge ihrer Kriege und die Amerikaner mit Hilfe ihrer Geschäfte, so gewaltsam es bei denen auch manchmal zuging. Schließlich der vielleicht wichtigste Unterschied: Expansion war für Rom das Ergebnis politischer Verwicklungen, für Amerika war Expansion, weil wirtschaftlich angetrieben, ein Lebensgesetz.

Seefahrer

Anders als die Römer waren die Amerikaner schon seit ihrer Frühzeit nicht nur Siedler, sondern auch Seefahrer. Bereits 1815 bekämpften sie nordafrikanische Piraten, um ihren Mittelmeerhandel zu schützen; Rom entschloß sich bis in die späte Republik nur mühsam, gegen Seeräuberei vorzugehen. Amerikanische Kriegsschiffe öffneten Mitte des 19. Jahrhunderts ostasiatische Häfen für amerikanischen Export und halfen in ganz Lateinamerika, wirtschaftliche Interessen durchzusetzen. Je mehr die Ausfuhr der Überschußproduktion zur Lebensfrage wurde, desto dringender wurde der Schutz der Seewege. Rom war und blieb Landmacht, Amerika war und blieb sowohl Land- als auch Seemacht. In Rom kam die Flotte als letztes, erst erzwungen durch den Krieg mit Karthago, in Amerika war die Flotte das erste, mit dem sich die Vereinigten Staaten Anfang des 20. Jahrhunderts militärischen Weltrang erwarben. In Admiral Alfred T. Mahan hatten sie sogar einen strategischen Kopf, der die Bedeutung von Seemacht auf die Weltgeschichte und -politik entwickelte und auch auf Europa und Japan starken Einfluß ausübte. Rom brauchte eine Flotte, aber hätte ihr nie allein seine Sicherheit anvertraut, wie es Amerika bis in den Zweiten Weltkrieg tat. Und wenn Amerika seine Kriege heute noch am liebsten von der See und aus der Luft führt, so will es das Leben seiner Soldaten schonen, aber gibt auch zu erkennen, daß es immer noch eher vom Meer aus denkt als vom Land.

Zivilisten

Die amerikanischen Landstreitkräfte boten hingegen durch das ganze 19. Jahrhundert ein trauriges Bild. Sie wurden hervorgeholt, wenn man sie brauchte, erwiesen sich oft als wenig brauchbar, weil sie sträflich vernachlässigt wurden. Nur während des Bürgerkrieges von 1861 bis 1865, des schwersten Krieges, den die Amerikaner je führten, befanden sich die Armeen auf der Höhe der Zeit. Im Jahr 1865 hatten die Vereinigten Staaten das größte stehende Heer der Welt, das sie dann aber sogleich fast völlig auflösten.

Die Römer benötigten, um gegen ihre Feinde in Italien zu bestehen, seit ihrer Frühzeit einsatzfähige Streitkräfte. Die Volksversammlung, die über Krieg und Frieden entschied und die Heerführer wählte, war aus der Heeresordnung hervorgegangen. Wehrdienst bildete für jeden waffenfähigen Römer eine Selbstverständlichkeit, für jeden waffenfähigen Amerikaner war die Einberufung zur Miliz nur eine vage Möglichkeit. Die ständige Armee, die manche zunächst für überflüssig hielten, setzte sich aus Freiwilligen zusammen. Schon für den Freiheitskampf gegen England bekam George Washington nicht einmal die Hälfte der Soldaten, die der Kongreß bewilligt hatte. Im zweiten Krieg gegen England

(1812–1814) verfügte die Armee nur über ein Fünftel der Stärke, die ihr bewilligt worden war.

Die römische Organisation und Disziplin fanden die Bewunderung des Militärkenners Polybios (6,19–42), organisatorisches Versagen und Disziplinlosigkeit plagten die Streitkräfte Amerikas mehr als hundert Jahre. »Unzulänglich ausgebildet, kümmerlich versorgt und im allgemeinen von miserablen, ungeeigneten oder überalterten Offizieren kommandiert« oder »von Politikern ohne militärische Ausbildung«, lautet das Urteil amerikanischer Historiker. Der Krieg gegen Mexiko (1846–1848) war weder finanziell noch militärisch vorgeplant, im Krieg gegen Spanien (1898) kamen 90 Prozent der Toten durch Krankheit um, weil für den voraussehbaren Kampf im tropischen Klima Kubas nicht vorgesorgt worden war. Daß die Amerikaner dennoch ihre Kriege gewannen oder wenigstens nicht verloren, verdankten sie weniger sich als ihren Gegnern, die noch schwächer oder in Europa beschäftigt waren.

Bei den Römern stand auf Wachvergehen Todesstrafe, vollzogen durch eine Art Spießrutenlauf. Schon im Freiheitskampf gegen England liefen George Washingtons Soldaten davon, weil sie zum Dienst keine Lust mehr hatten. Von den 50000 Milizionären, die zum zweiten Krieg gegen England 1812–1814 aufgerufen wurden, erschien nur ein kleiner Teil, der sich als schlecht und widerspenstig erwies. Für den Krieg gegen Mexiko (1846–1848) meldeten sich Freiwillige für eine so kurze Dienstzeit, daß manche schon wieder ausschieden, bevor sie die Front erreichten.

So ging es nicht weiter. Schon unter Präsident Theodore Roosevelt wuchs die Einsicht, daß eine Weltmacht nicht ohne zeitgemäße Landstreitkräfte auskommt; erstmals erhielt Amerika einen Generalstab. In den Kriegen des 20. Jahrhunderts fochten Armeen, die nicht mehr vergleichbar waren mit den laxen Soldaten des vergangenen bequemen Insel-Jahrhunderts. Sie waren besser ausgerüstet, ausgebildet und diszipliniert, sie wurden gebraucht und deshalb auch beachtet. In dem Maße, wie die Wirtschaftsmacht Amerika zur Militärmacht werden mußte, stiegen auch Bedeutung und Ansehen des Militärs, nicht allein der Marine und Luftwaffe, auch der Armee.

An dem Grundunterschied zu Rom änderte sich jedoch nur wenig. Krieg und Kriegsdienst blieben am Tiber die Regel, nur zweimal bis zu Augustus' Zeit soll das Janustor geschlossen worden sein, was ein Jahr des Friedens anzeigte. Fast jeder Konsul mußte und wollte sich als Feldherr bewähren. In Amerika hingegen bildeten Krieg und Wehrpflicht die Ausnahme. Durch das ganze 19. Jahrhundert führten die Vereinigten Staaten, außer dem Bürgerkrieg, nur drei Kriege. Ihre Politiker brauchten keinen Feldherrenruhm, und die Generäle hatten in der Politik nicht mitzureden. Die Römer waren und blieben militärisch geprägt, die Amerikaner waren und blieben eine durch und durch unmilitärische Nation, was jedoch nicht heißt: eine unkriegerische. »Weder als Einzelmenschen noch als Volk besonders friedfertig veranlagt«, schrieb schon 1908 Archibald Cary Coolidge, der in Harvard amerikanische Geschichte lehrte.

Ideologen

Schließlich unterschied die Amerikaner von den Römern, was die ganze Gegenwart vom Altertum trennt: Die Antike kannte Religionen, aber keine Ideologien in der Art des 19. und 20. Jahrhunderts. Die Wiederherstellung oder Schaffung einer Monarchie galt Römern wie Amerikanern als Staatsverbrechen, doch als der römische Senat das makedonische Königtum liquidierte und den letzten König einkerkerte, wollte er nicht der Republik zum Sieg verhelfen, sondern einen Herd rebellischer Unruhe stillegen. Rom war lange und fest mit Königen verbündet, verlieh ihnen oft den Ehrentitel eines amicus populi Romani und stützte in manchen Regionen seine Herrschaft auf sie. Auch Amerika nutzte Könige und Diktatoren im Kampf gegen Kommunismus und Terrorismus, jedoch mit einem Unterschied: Für Rom handelte es sich um normale Allianzen, für Amerika um Mesalliancen, um Beziehungen, die man eigentlich nicht eingeht und die in Amerika selbst meist kritisiert wurden.

Ähnlich stand es mit dem Verhältnis zu Staaten des gleichen »Systems«. Die römischen Aristokraten kooperierten fast durchweg mit dem besitzenden und politisch bestimmenden Bürgertum. Es war die gleiche Gesellschaftsschicht, mit der man sich verstand und in Italien auch familiär verband. Auf die Standesgenossen war eher Verlaß als auf das unberechenbare und unzuverlässige Volk, mit den Eliten ließen sich außenpolitisch stabile Beziehungen schaffen und die römische Herrschaft organisieren. Wenn das Volk, fast immer aus sozialer Not, revoltierte und die Verfassung umstürzte, schritt Rom ein. Im etruskischen Volsinii führte es 265 den vertriebenen Adel zurück, und im achäischen Dyme, wo 115 die Rebellen die Steuerakten verbrannt und selbst das Regiment ergriffen hatten, stellte der Prokonsul die alte Ordnung wieder her und ließ die Rädelsführer hinrichten. Doch dabei ging es allein um die Macht. Die Großen hielten für Rom die Kleinen in Schach und trieben die Steuern ein, dafür garantierte Rom ihnen die Herrschaft in ihrer Stadt. Die Verfassungen anderer Staaten waren für Rom keine Frage des Glaubens, sondern des politischen Nutzens; anderen die eigene Verfassung aufzunötigen kam Römern nie in den Sinn. Es war die Nachahmung des römischen Vorbilds, daß italische Städte allmählich Rom ähnliche Ämter und Einrichtungen einführten.

Die römische Politik unterschied nicht zwischen Verfassungen, sondern zwischen Rom-Freunden und Rom-Feinden. Für die Amerikaner war hingegen eine Allianz mit Demokratien ein Wert an sich. Demokratien entsprachen den amerikanischen Interessen: liberale Wirtschaft, politische Partner gleicher Art, dazu die Erfahrung, daß Demokratien nicht immer, aber meistens friedfertiger sind als Diktaturen, auch leichter beeinflußbar. Aber das war nicht alles. Demokratie und freie Wirtschaft bilden den Maßstab, nach dem Amerikaner andere Länder beurteilen, wer beides verwirklicht und verinnerlicht, wird respektiert; wer es nicht tut oder starke Mängel erkennen läßt, gehört nicht in die wohlanständige Staatengesellschaft. Ronald Reagan hätte gern »von Mann zu Mann« mit dem sowjetischen Generalsekretär Jurij Andropow gesprochen, um ihn von dem Nutzen zu überzeugen, wenn sich »die Sowjets der Völkerfamilie anschlössen«. In Deutschland und Japan begann Amerika nach dem Zweiten Weltkrieg mit einer groß angelegten reeducation, was nicht Umerziehung heißt, sondern Zurückerziehung: Abweichler sollten auf den einzig richtigen Weg zurückgebracht werden. Die Römer wären nie auf den Gedanken gekommen, besiegte Völker zu erziehen, es sei denn zum Gehorsam gegen Rom. Die Romanisierung Italiens und später der Länder um das westliche Mittelmeer entsprang nicht einem Programm, sondern ergab sich als Folge politischer und zivilisatorischer Überlegenheit.

Den Römern war ihre Verfassung heilig, aber nur für Rom. Den Amerikanern erscheint die ihre als Vorbild für die Menschheit. Dieser Glaube schuf strahlende Beispiele uneigennütziger Taten sowie finstere Exempel für blinden Fanatismus. Der Westteil Berlins hatte ehrliche Freunde in Amerika und erfuhr, jenseits der Existenzsicherung, wahre Freundeshilfe. Der Kommunistenjäger der fünfziger Jahre Joseph McCarthy führte vor, wie ideologische Raserei zerstören kann, was sie zu retten meint. Im Rom gab es weder das eine noch das andere. Die Römer wollten die Welt nicht bessern, sondern beherrschen; die Welt nach dem eigenen Bilde zu formen war und blieb der politische Traum der Amerikaner.

Gleiche Richtung

Römer und Amerikaner unterschieden sich, auch die Umstände, Anlässe und Formen ihrer Politik taten es, doch Motive, Zwänge, einige allgemeine Voraussetzungen und nicht zuletzt manche Eigenheiten zeigten starke Ähnlichkeit.

Kairos und Geographie

Beide waren durch Zeit und Ort begünstigt. Ihre Weltstellung ergab sich nicht allein aus ihrer Stärke, sondern auch aus der Schwäche derer, die früher die Welt bestimmten. Als Rom im Jahr 200 nach Osten ausgriff, war das ägyptische Ptolemäer-Reich infolge innerer Wirren handlungsunfähig, Makedonien und Syrien mußten sich mühen, ihre frühere Stellung wieder zu erlangen. Rom kostete es keine außergewöhnliche Anstrengung, die hellenistischen Großmächte zu unterwerfen, hundert Jahre vorher war es froh, sich ohne Sieg gegen den hellenistischen Condottiere Pyrrhos behauptet zu haben. Europa bedurfte zweier Weltkriege, um sich in den Zustand zu bringen, in dem es 1945 den Vereinigten Staaten elend, kraftlos und entmutigt zu Füßen lag. Hundert Jahre vorher war Amerika der englischen Flotte dankbar, die sie vor europäischer Invasion schützte. Römer und Amerikaner betraten die Weltbühne erst, als die Akteure, die sie bis dahin beherrschten, am Ende ihrer Kunst und Kraft waren.

Zum Kairos, dem richtigen Zeitpunkt, kam die Geographie, die richtige Lage. Römer und Amerikaner lebten lange ziemlich ungestört von außen in Italien und Amerika. Dieser erste Abschnitt ihrer Geschichte läßt sich in seiner Bedeutung kaum überschätzen, er bildete die Grundlage, auf der erst der spätere Aufstieg möglich wurde. In der relativen Abgeschiedenheit ihrer Inseln konnten sich beide eines großen Territoriums bemächtigen und darauf Kräfte sammeln, die sie stärker werden ließen als alle Länder jenseits der Meere und Ozeane. Darin lag ihr Erfolgsgeheimnis: Römer und Amerikaner waren schon Weltmächte, bevor sie es wurden.

Selbstgenügsamkeit

Sie wurden es erst langsam. Lange reagierten sie mehr, als sie agierten; und obwohl sie tatkräftig in die Weltpolitik eingriffen, zögerten sie noch Jahrzehnte, eine Rolle darin zu übernehmen. Beide scheuten davor zurück, sich außerhalb von Italien und dem nordamerikanischen Festland dauerhaft festzusetzen. Rom errichtete Provinzen nur im Westen als Schutz vor Karthago, im Osten zog es nach drei siegreichen Kriegen die Legionen zurück und begnügte sich mit informellem Regiment als Beschützer, Vermittler und Schiedsrichter. Amerika annektierte Inseln und schuf Kolonien nur in der Karibik und im Pazifik, vorwiegend aus wirtschaftlichen Gründen. In der übrigen Welt beschränkte es sich darauf, Bündnisse zusammenzubringen, Truppen zu stationieren, Stützpunkte einzurichten und durch wirtschaftliche Dominanz politische Folgsamkeit zu erzwingen.

Beider Verfassung ließ nichts anderes zu. Der Stadtstaat Rom schaffte es nur mit großer Mühe und viel Geschick, eine funktionsfähige Herrschaft über Italien zu errichten; in Sizilien, Sardinien und Spanien übernahm er großtenteils karthagische oder griechische Einrichtungen. Eine Eingemeindung des griechischen Ostens hätte Rom organisatorisch ebenso überfordert, wie die Freie und Hansestadt Hamburg nicht in der Lage wäre, die Europäische Union zu regieren.

Die Verfassung der Vereinigten Staaten von Amerika kennt nur Bundesstaaten in Amerika. Eine Erweiterung des Staatsgebiets ist nur möglich durch die Aufnahme von Territorien, die geographisch benachbart sind und von Menschen bewohnt werden, die amerikanische Staatsbürger werden wollen. Der Beitritt Kanadas war dringend erwünscht, aber die Kanadier sträubten sich beharrlich; Mexiko wurde gezwungen, sein halbes Staatsgebiet abzutreten, aber außerhalb des nordamerikanischen Festlands erlangte allein Hawaii den Status eines Bundesstaates, es war die Ausnahme, welche die Regel bestätigte. Selbst Alaska, auf dem Festland gelegen, mußte bis 1959 auf die Aufnahme in die Union warten. Eine Eingemeindung europäischer oder asiatischer Gebiete wurden nie erwogen und war unmöglich, auch wenn deren Bewohner es gewünscht hätten.

Fremde Länder blieben Römern wie Amerikanern fremd. Beide zogen geographisch und kulturell einen scharfen Trennungsstrich zwischen Italien und Nordamerika einerseits und ihren Erwerbungen jenseits der Meere andererseits. Beide unterschieden zwischen Völkern, die romanisierbar oder amerikanisierbar erschienen, und anderen, bei denen keine Aussicht erkennbar war, daß man sie sich anverwandeln könnte. Für beide war klar: Wir brauchen die fremden Inseln und Gegenküsten, aber sie gehören nicht zu uns. Die Römer machten daher aus ihren außeritalischen Eroberungen »Provinzen«, militärische Amtsbezirke, in denen sich Rechtsprechung und Ausbeutung erst allmählich entwickelten. Die Amerikaner nannten ihre Annexionen in der Karibik und im Pazifik »Territorien«, die – anders als die Territorien auf dem Festland – lange oder immer ein staatsrechtliches Nichts blieben, je nach Lage dem Innen-, Marine- oder Kriegsministerium unterstellt.

Um die Kontrolle über die fremden, aber unentbehrlich erscheinenden Gebiete zu behalten, suchten Römer und Amerikaner dort stabile politische Verhältnisse zu schaffen, keine Feindschaft sollte sich da regen und kein Feind von außen eindringen können. Rom errichtete in Griechenland, Makedonien und Kleinasien Friedensordnungen, Amerika begründete oder stützte auf anderen Kontinenten Demokratie und Marktwirtschaft, ideologische und ökonomische Übereinstimmung sollte politische Gemeinsamkeit schaffen. So unterschiedlich beide Methoden waren, beide gewährten innen- und sogar außenpolitische Freiheit bis zu dem Punkt, an dem die Interessen der Großmacht berührt oder ihr imperialer Rang mißachtet würde. Römer und Amerikaner wollten sich mit möglichst geringem Aufwand ihre Ruhe sichern und für den Ernstfall die Möglichkeit, die Ruhe wieder herzustellen.

Wege in die Welt

Vergleichbar waren auch die Gründe, die beide bewogen, sich jenseits der Meere an fremden Küsten festzusetzen: Die Inseln erschienen nicht mehr sicher, die Meere schützten nicht mehr. Die Römer wußten das seit dem Ersten Punischen Krieg, als die karthagische Flotte die Küsten Italiens verheerte, die Amerikaner glaubten es im Zweiten Weltkrieg und erfuhren es im Kalten Krieg, als die Sowjetunion über Kontinentalraketen verfügte. Ursprünglich war es den Amerikanern nur um ökonomische Sicherheit gegangen. Offene Märkte rund um den Globus galten ihnen als Existenznotwendigkeit, ein autarkes Europa unter Hitler und ein autarkes Ostasien unter Japan erschien ihnen als Existenzbedrohung. Dann jedoch glich sich der amerikanische Sicherheitsbegriff dem römischen an: Was über hundert Jahre lang unmöglich erschienen war, trat ein, dem eigenen Land drohte fremde Gewalt. Der Erschütterung folgte ein fundamentaler Wandel, die größte Wirtschaftsmacht sah sich gezwungen, auch zur größten Militärmacht zu werden.

Die Kriege, die Römer und Amerikaner jenseits der Meere führten, entstanden nach dem gleichen Mechanismus. Fern von ihren Inseln beobachteten sie starke Eroberer. Um sie fern zu halten, bestimmten sie Sicherheitszonen, die Abstand garantieren und frei bleiben sollten. Je weiter die Eroberer ihre Macht ausdehnten, desto weiter dehnten sie ihre Sicherheitszonen aus, am Ende überschnitten sich die Zonen mit den Gebieten, die sich die Eroberer aneignen wollten. So gerieten die Römer in Nordspanien mit Hannibal, in Illyrien mit Philipp und in Griechenland mit Antiochos in Konflikt. Die Amerikaner stießen mit den Deutschen im Atlantik und um England zusammen, mit den Japanern in China und Südostasien und mit der Sowjetunion teils tatsächlich, teils vermeintlich auf allen Erdteilen.

Wie bei konzentrischen Kreisen erweiterte sich das römische und amerikanische Übersee-Engagement ständig. Jeder Kreis, der geschützt werden sollte, verlangte die Besetzung des nächsten größeren Kreises, der nun auch geschützt werden mußte. Griechenland diente der Sicherung Italiens, Kleinasien diente dann der Sicherung Griechenlands, und Syrien diente wiederum der Sicherung Kleinasiens, es wurde vertraglich verpflichtet, »keinem Feind den Durchzug gegen die Römer und ihre Bundesgenossen zu gestatten« (Polybios

21,45). So kamen die Römer, von einem Sicherheitsbedürfnis zum nächsten getrieben, schließlich um das ganze Mittelmeer. Auf ähnliche Weise gelangten die Amerikaner mit dem Krieg gegen Deutschland nach Europa und mit dem Krieg gegen Japan nach Ostasien und dann, von einer Eindämmung der Kommunisten zur nächsten gedrängt, rund um die Welt.

Eine wichtige Rolle spielten dabei dritte Länder, die das mächtige Rom und Washington um Hilfe baten. Wenn man Cicero (de re publica 3, 35) glauben wollte, dann wären die Römer sociis defendendis zum Herrn des Erdkreises geworden: Sie mußten ihre Verbündeten verteidigen. Das stimmt natürlich nur zur Hälfte, der Senat entschied im Interesse Roms und nicht der Bittsteller. Doch das waren meist höchst gewandte, maulfertige, wie Mommsen sagte, Griechen, die Gefahren für sich als Gefahren auch für Rom darzustellen wußten. Nahezu jede Intervention außerhalb Italiens wurde durch Warnungen oder – nicht bestellte! – Hilferufe von außen angestoßen. Die Mamertiner in Messana holten die Römer 264 nach Sizilien, Folge: der erste Krieg mit Karthago. Die Massilioten holten sie nach Spanien, Folge: der zweite Krieg mit Karthago. Rhodos und Pergamon holten sie nach Griechenland, Folge: der Krieg mit Philipp. Pergamon, Smyrna und Lampsakos holten sie nach Kleinasien, Folge: der Krieg mit Antiochos. Eumenes von Pergamon hetzte gegen seinen Rivalen Perseus, Folge: der dritte Krieg mit Makedonien.

England und Frankreich brauchten Amerika im Ersten Weltkrieg, Churchill legte alles darauf an, es in den Zweiten zu ziehen. Die Engländer baten Amerika 1947 um Ablösung als Schutzmacht in Griechenland, die Türken wünschten Rückhalt gegen die Sowjetunion, die Westeuropäer drängten zur Gründung der NATO. Jeder Fall war anders, die Rolle und der Einfluß der dritten Länder unterschieden sich sehr, doch manche Kriege wären ohne Einwirkung eines Kleinen kaum entstanden.

Jeder Kampf, den Römer und Amerikaner führten, brachte sie einen Schritt weiter in die Weltpolitik. In den Ersten Punischen und den Ersten Weltkrieg gerieten sie wider Willen, in die zweiten Kriege gingen sie bewußt hinein, die dann folgenden Kämpfe nahmen sie auf sich, ohne noch, wie früher, sehr lange zu zögern und zu zweifeln. Ein Jahr nach der Überwindung Hannibals drängte der römische Senat zur Kriegserklärung an Philipp. Zwei Jahre nach dem Ende des Zweiten Weltkrieges stellte sich Truman dem Zweikampf mit Moskau, und der amerikanische Senat debattierte darüber weniger und weniger heftig als über Roosevelts Schritte zum Kampf mit Hitlers Deutschland. Römer und Amerikaner reiften zur Weltpolitik, die Insulaner wuchsen zu global players.

Nachdem sie die Straße zur Weltpolitik betreten hatten, ergab sich oft eins aus dem anderen. Ohne den Ersten Punischen Krieg wäre der zweite nicht entstanden, ohne den zweiten nicht der Krieg mit Philipp, ohne diesen nicht der Krieg mit Antiochos, und ohne beide Kriege, die Rom in Griechenland banden, wäre es nicht gegen Perseus zu Felde gezogen.

Amerikas Eintritt in den Zweiten Weltkrieg folgte nicht zwingend aus seiner Teilnahme am Ersten, der Kalte Krieg hingegen hatte den Zweiten Weltkrieg zur Voraussetzung und gab dann ein seminarreifes Beispiel, wie B sagen muß, wer A gesagt hat. Als der Marshall-Plan nicht zu genügen schien, um Westeuropa zu stabilisieren, fand sich Washington zu einem Militärbündnis bereit; als der »Weltkommunismus« gewalttätig zu werden schien, füllte es die Papier-NATO mit eigenen Divisionen. Da es in Europa eine antikommunistische Front errichtete, sah es sich gezwungen, es auch in Ostasien zu tun, und nachdem es Süd-Korea verteidigt hatte, meinte es, auch den Bestand Taiwans garantieren zu müssen. Die Stabilisierung Ostasiens machte es dann in den Augen der Präsidenten und Planer unausweichlich, auch Südostasien zu sichern und Soldaten in die Dschungel Vietnams zu schicken. Bei alledem folgten die Amerikaner wie die Römer auch dem Zwang ihrer politischen Proklamationen; die Verteidigung der »Freiheit« nötigte die Legionen bis an die Grenze Syriens und die GIs fast auf alle Erdteile.

Rom und Amerika expandierten, weil sie überwach auf wirkliche und vermeintliche Gefahren antworteten und nicht nachließen, bis sie den Gegner niedergeworfen hatten. Beide drängten auf Sieg- und nicht auf Verhandlungsfrieden, ihr Ziel war die bedingungslose Kapitulation. Die Römer verlangten die deditio, wonach sie »Herr über alles« waren und der Besiegte »über nichts mehr« (Polybios 36,4). Die Amerikaner forderten, wo immer es sich erreichen ließ, »unconditional surrender«. Beiden ging es um das uneingeschränkte Recht, Feinde für immer unschädlich zu machen. Die Karthager, Makedonen und Syrer durften Kriege nur noch mit römischer Erlaubnis führen, die Japaner dürfen es überhaupt nicht und die Deutschen nur zur Verteidigung.

Vermeidbare Kriege

Sicherheit blieb ein Schlüsselwort in der römischen und amerikanischen Außenpolitik. Dabei war es fast gleichgültig, ob Gefahren in der Wirklichkeit oder nur in der Einbildung bestanden, der Handelnde hielt sie für eine Realität und reagierte darauf. Im Rückblick allerdings fragt sich sehr oft, ob da nicht überreagiert wurde. Die Kriege, die Rom und Amerika zu Weltmächten beförderten, erscheinen großenteils vermeidbar.

Die Karthager zeigten 264 vor Christus nicht die geringste Absicht, von Sizilien, das sie nur in seinem Westteil beherrschten, nach Italien überzugreifen; die Römer hatten nicht die geringste Absicht, Sizilien zu erobern. Die Land- und die Seemacht mit ihren ganz unterschiedlichen Interessen hätten weiter friedlich-freundlich koexistieren können, wie sie es schon zweihundert Jahre lang getan hatten. Einer der längsten und buchstäblich verheerendsten Kriege der Weltgeschichte war vermeidbar. Für den Zweiten Punischen Krieg ist das zweifelhaft. Was Hannibal plante, wissen wir nicht und werden es nie erfahren, sicher ist nur, daß er im Jahr 218 lediglich Nordspanien zu erobern beabsichtigte. Vielleicht wollte er später, im Besitz der ganzen Iberischen

Halbinsel, den Revanche-Krieg gegen Rom wagen, vielleicht wäre sein militärisches und politisches Talent mit der Unterwerfung der Halbinsel verbraucht worden. Die Römer benötigten mehr als ein halbes Jahrhundert, bis sie Spanien fest unter Kontrolle hatten. Durchaus vermeidbar erscheinen die Kriege mit den hellenistischen Königen. Rom hatte keine Ansprüche, Ziele oder auch nur Wünsche im Osten, Philipp und Antiochos hatten kein Interesse an Italien. Beider Ehrgeiz blieb in den Grenzen des Alexanderreiches, sie wollten Rom nicht vernichten, sondern aus ihrer, der hellenistischen Welt, heraushalten.

Niemand, den Amerika fürchtete, wollte Amerika erobern. Der deutsche Kaiser, Hitler, Japans Generäle und die Sowjetführer mühten sich vielmehr, einen Krieg mit den Vereinigten Staaten zu vermeiden. Hitler träumte vielleicht von deutscher oder großgermanischer Weltherrschaft, und die Moskauer Kommunisten hofften, der Sozialismus werde sich dank historischer Gesetzmäßigkeit und ihrer Mithilfe überall durchsetzen. Bald glaubten sie auch das nicht mehr, sondern waren froh, wenn sie ihr eigenes, überdehntes Herrschaftsgebiet behaupten konnten.

Die Amerikaner hatten jedoch, wie die Römer, eine Neigung zur Hysterie. Ihre Führung sah oder dramatisierte Gefahren, die unbefangene Betrachter für gering hielten. »Am fünften Tag nach der Abfahrt von Korinth wird Philipp nach Italien gelangen«, läßt Livius den Konsul des Jahres 200 sagen; die Volksversammlung sollte den Krieg gegen Philipp, den sie zuvor abgelehnt hatte, beschließen. »Wenn Englands Flotte fällt, wird Hitler in die Unabhängigkeitshalle von Philadelphia einmarschieren«, sagte Roosevelts Gesinnungsfreund William C. Bullitt; die Amerikaner sollten auf den Krieg mit Deutschland eingestimmt werden.

Es ist ein merkwürdiges Bild, das sich da zeigt. Zwei Staaten wurden zu Weltmächten, weil sie sich gegen Gefahren verteidigten, die sie sich größtenteils nur einbildeten. Die Kriege, die Rom und Amerika groß werden ließen, erscheinen objektiv betrachtet meist vermeidbar; subjektiv aber waren sie es nicht, weil die Römer die Römer waren und die Amerikaner die Amerikaner.

Eigenschaften und Eigenheiten

Sicherheitssorgen, wirtschaftliche Interessen und Machtversuchungen haben viele Staaten und werden doch nicht Weltmächte. Weshalb Rom und Amerika zu den höchsten Gipfeln aufstiegen, wird immer ein halbes Geheimnis bleiben, heftig umstritten und nie ganz erklärlich. Erkennbar erscheint immerhin, daß in beiden Fällen einige Besonderheiten zusammenkamen: viel Land und viel Volk, die eine breite materielle und personelle Grundlage gaben; eine staatliche Form und Führung, die Kräfte freisetzten; eine starke praktische Veranlagung und große Lernfähigkeit, die ständige Fortschritte ermöglichten, dazu eine unbändige Energie, die Kräfte entfaltete; schließlich ein unerschütterliches Selbstbewußtsein und ein Sinn für Macht, die keine Zweitrangigkeit zuließen.

Basis

Italien war für antike Verhältnisse ein großes Land, das die Römer nicht nur beherrschten, sondern auch nutzten. Sie okkupierten für sich genügend Boden, sicherten sich die Wehrkraft der ganzen Halbinsel und vermehrten ihre Bürgerschaft ständig durch Bürgerrechtsverleihung und Eingemeindung. Die Vereinigten Staaten haben kontinentale Ausdehnung sowie Bodenschätze und Energiequellen fast jeder Art. Die Zahl ihrer Bürger steigerten sie durch eine nie unterbrochene, obwohl nicht gleichmäßige Einwanderung aktiver und kräftiger Naturen. Die Wege und Formen unterschieden sich, aber beide waren originell: Kein antiker Stadtstaat schaffte die Erweiterung zum Territorialstaat und verwandelte verschiedenartige Völkerschaften zu einer Gemeinschaft, zu Italikern, den Trägern der Toga. Kein Einwanderungsland entwickelte eine solche Anziehungskraft wie Amerika, nahm so viele

Millionen Fremde auf und verschmolz sie zu einer Nation. Die Offenheit für andere gehörte zu den Stärken Roms und Amerikas, sie schufen sich damit eine breite, sich erweiternde Bevölkerungsbasis, ohne die ihre militärische und wirtschaftliche Ausdehnung nicht möglich gewesen wäre.

Staat

Der römische Staat funktionierte, wie selten ein Staat funktioniert hat, nicht ein Verfassungstext, das Vorbild der Vorfahren gab den Maßstab. »Auf dem lebendigen Bewußtsein, was man von selbst zu tun hatte, beruhte die Ordnung des römischen Lebens« (Alfred Heuss). In dem entscheidenden Jahrhundert von 264 bis 168 lag die Leitung der Politik in den Händen des Senats, der sich fast durchweg aus denselben Familien zusammensetzte und von ganz wenigen, knapp zwanzig großen Geschlechtern dominiert wurde. Die geschlossene Führung und ein gehorsames, diszipliniertes Volk entwickelten und bündelten Kräfte, die Rom schwerste Zeiten überstehen ließen.

Die freiheitliche Verfassung Amerikas eröffnete dem Bürger Möglichkeiten, wie sie nirgendwo sonst bestanden, der Erfolg des einzelnen nutzte dem Ganzen, die Nation konnte über große Mittel verfügen. Vor allem bildete die Verfassung mit ihren Werten und Zielen ein einigendes Band für eine Gesellschaft, die sich aus vielen Nationalitäten zusammensetzte. »Die größte Stärke eines Landes liegt nicht in seinem militärischen Können, sondern in der Einigkeit seines Volkes«, schrieb der frühere Verteidigungsminister Robert McNamara. Wenn schwere Herausforderungen zu bestehen waren, erreichte und bewahrte Amerika diese Einigkeit; der Vietnam-Krieg bildete eine Ausnahme. Schließlich hatten die Vereinigten Staaten ein Glück, das einem Land nur selten zuteil wird: Sie bekamen zur rechten Zeit starke und weitsichtige Führer, von Wilson und Roosevelt über Truman bis zu dem charismatischen Kennedy und dem finsteren Nixon, der jedoch ein vorzüglicher Außenpolitiker war. Man kann den frommen Geschichten bei Livius und dem Flaggenfeteschismus der Vereinigten Staaten mißtrauen und muß doch bei Römern und Amerikanern einen glaubwürdigen Verfassungspatriotismus erkennen.

Praxis

Der Geist allerdings kam nicht aus Rom und nicht aus Amerika. Römer und Amerikaner waren keine Dichter, Künstler und Philosophen, sondern Praktiker. Nicht Phantasie beflügelte sie, common sense befähigte sie zu höchst erfolgreicher Bewältigung der Realitäten des Lebens. Beide waren von erschreckender Nüchternheit. Wo findet man ein Volk, in dem nach dem vierten Sohn manchem kein Name mehr einfiel und einfach durchgezählt wurde: Quintus, Sextus, sogar einen Decimus, einen zehnten, gab es. Was ist das für ein Land, dessen Straßen keine Namen haben und nur einfach durchgezählt werden?

Die Genialität der Römer bewies sich in der Entwicklung des Rechts, das in manchen Teilen bis heute gilt und in anderen bis heute nachwirkt; die Genialität der Amerikaner zeigte sich in der Entwicklung technischer und ökonomischer Verfahren, die erstmals Massenproduktion und Massenabsatz ermöglichten und Amerika an die Spitze der industriellen Welt beförderten. Beide, die Juristen und die Ingenieure, waren Empiriker, nicht Theoretiker. Das römische Recht ging vom Einzelfall aus und gelangte dann zu allgemeinen Formeln, es war Richterrecht, das durch ständiges Experimentieren und dann Festhalten am Bewährten allmählich Gestalt annahm. In Amerika wurde die Grundlagenforschung lange vernachlässigt und die Anwendung technischer Erkenntnisse energisch betrieben. Auch die Amerikaner schritten experimentierend voran: Learning by doing, try and error. Aber nur zwei Chancen gab es, einen Fehler zu korrigieren, keine dritte. Versager wurden gefeuert.

Die Gebote der Praxis galten für fast alle Lebensbereiche. Die Römer bekamen ihre Staatsordnung »nicht durch theoretische Einsicht, sondern unter vielen Schwierigkeiten und Kämpfen. Aus jedem Fehlschlag zogen sie eine Lehre, wählten das Bessere und kamen so ... zu der besten Verfassung, die es heute gibt« (Polybios 6,10). Die Staatsphilosophie lieferten ihnen erst die Griechen. Die Amerikaner entwarfen zwar eine geschriebene Verfassung, aber nicht mit einem Mal, auch hier handelte es sich um das Resultat langer Auseinandersetzungen, die in den berühmten Federalist Papers nachzulesen sind. Ihnen eignet hohes Niveau und Offenheit für alle Seiten und Zeiten: Man nahm, was man brauchen konnte, und verband das republikanische Ideal mit historischen Erfahrungen und realistischer Einsicht in die menschliche Natur.

Offenheit galt für beide auch sonst. Römer und Amerikaner waren von begnadeter Unbefangenheit, wenn sie etwas lernen konnten, das nützt. Die Römer bekannten sich auch dazu. Es war Caesar, der den Senat erinnerte: »Unsere Vorfahren waren nicht zu stolz, fremde Einrichtungen nachzuahmen, wenn sie sich bewährt hatten. So haben sie Schild und Wurfspieß von den Samniten, verschiedene Amtsinsignien von den Etruskern übernommen – kurz: Wo immer sie, ob bei Freund oder Feind, etwas Zweckmäßiges sahen, führten sie es mit größtem Eifer bei sich ein« (Sallust, Catilina 51,37–38). Zugleich bildeten Römer wie Amerikaner ihre eigenen Fähigkeiten aus, es waren die gleichen, die sie schon zu Herren ihrer Inseln hatten werden lassen. Das Talent zu politischer Organisation und wirtschaftlicher Expansion bewährte sich in neuen Formen. Beide besiedelten nicht mehr, was in ihre Macht kam, aber sie entwickelten Methoden, mit denen sie dauerhafte Macht über Gebiete jenseits der Meere begründeten. Auf dem Weg zur Weltspitze blieb manches liegen, das später nachgeholt werden mußte, aber aus der Beschränkung erwuchs große Kraft.

Energie

Unübersehbar ist bei beiden die Energie. So problematisch völkerpsychologische Einteilungen sind, die Weltmacht Amerika läßt sich nur begreifen, wenn man ihre beispiellose ökonomische Dynamik ins Zentrum stellt; Roms Erfolgsgeheimnis war sein politisches Genie. Was aber beide vereint, sind ihre unbändige Energie, ihre Weigerung, sich mit Halbheiten zu begnügen, ihre Entschlossenheit, eine Sache zu Ende zu führen, und ihre Überzeugung, alles durchsetzen zu können, wenn man nur kräftig genug darangeht. Polybios, der die Römer jahrzehntelang beobachtete, schrieb: Sie »wollen alles mit Gewalt durchsetzen. Sie glauben, ihre Absichten erzwingen zu müssen, und halten nichts, was sie sich in den Kopf gesetzt haben, für undurchführbar« (1,37,7).

Der Satz könnte auch über Amerika geschrieben sein. Die gigantische Absicht, einen ganzen Kontinent mit Antiraketen gegen Raketen zu schützen, entsprang der Überzeugung, auch das Unmögliche möglich machen zu können. Während die Amerikaner ökonomisch immer in Bewegung blieben, entfaltete sich ihre politische Energie meist erst durch Herausforderung; sie waren wirtschaftlich stetig, politisch unstetig; sie zögerten länger als andere, taten dann aber entschlossener als andere, was sie für nötig hielten. Als es 1944 um die Kriegsplanung für den Balkan ging, klagte Churchill über die Vereinigten Staaten, »die sich für lange Zeit desinteressierten, dann aber auch wieder mit unerwarteter Intensität neuen Anteil nehmen möchten«. In einem alten Witz verjagt ein Amerikaner einen ganzen Menschenfresserstamm, nachdem er sich von dem athletischsten Krieger eine kräftige Maulschelle erbeten hatte; befragt, weshalb er sich und seine Mitgefangenen erst im letzten Augenblick herausgehauen habe, erklärt er: »I need a real provocation.« Lange nichts, und dann mit unerwarteter Kraft. Auch die Römer verhielten sich in manchen Zeiten so. Die karthagische Expansion in Spanien nahmen sie wenig zur Kenntnis, sie »schliefen«, meinte Polybios, aber als sie durch den Bruch des Ebro-Vertrages aufwachten, schritten sie sogleich zum Krieg. Unbegreiflich lange duldeten sie Seeräuberei größten Stils zuerst in der Adria und später auf dem ganzen Mittelmeer, dann aber räumten sie mit einer Geschwindigkeit und Gründlichkeit auf, die ihre Umwelt in Erstaunen setzte.

Ihre stärksten Energien entwickelten die Römer in der Not. Charakteristisch für sie sei, schrieb Polybios, »daß sie sich nach einer Niederlage am hochfahrensten und schroffsten geben« (27,8,8). Ein späterer Historiker bestätigte: »Selbst wenn sie besiegt sind, muß man noch mit ihnen ringen« (Justin 31,5), ihre Haltung nach Cannae gab den eindrucksvollsten Beweis. Die Amerikaner waren nie existentiell bedroht, wie die Römer es mehrfach waren, aber auch sie bewiesen kompromißlose Härte, wenn sie sich bedroht fühlten, ihre Haltung nach Pearl Harbor und dem terroristischen Massenmord am 11. September 2001 gab deutliche Beispiele. Unter Druck und Gefahr nicht nachgeben, nicht aufgeben, sondern mit doppelter Kraft dagegenhalten, das geboten Charakter und Selbstachtung in Rom und Amerika. Als die Chinesen in Korea die amerikanischen Truppen vor sich hertrieben, sagte Präsident Truman zum britischen Premierminister Attlee: »Uns aus dem Fernen Osten zurückzuziehen ist undenkbar. Das amerikanische Volk würde das niemals dulden.«

Selbstbewußtsein

Ein starkes Selbstbewußtsein, so scheint es, ist Römern wie Amerikanern schon in die Wiege gelegt worden. Von den Römern der Frühzeit wissen wir nicht viel; erkennbar ist, daß sie ihre innere Ordnung von Patron und Klient auf die Außenbeziehungen übertrugen. Der Herr forderte Gehorsam und gewährte Schutz, so war es in der römischen Gesellschaft, und so gestaltete sich auch das Verhältnis zu anderen Städten und Stämmen. Rom nahm sie in seine fides auf, in eine Schutzherrschaft, die Schutz versprach und Herrschaft begründete. Die außenpolitischen Erfolge bekräftigten das Selbstgefühl. Als Herren Italiens gewöhnten sich die Römer an einen Herrenstandpunkt, dann gewannen sie Macht über alle Staaten und Völker bis nach Kleinasien. König Prusias von Bithynien empfing eine römische Gesandtschaft im Gewand eines freigelassenen Sklaven – unmöglich, da nicht selbstbewußt zu werden bis zum Hochmut.

Den Amerikanern war Expansion ein Lebensgesetz, es trieb sie politisch über ihren Kontinent und ökonomisch dann über die Welt. Wer sich ausbreitet, fühlt sich stark. Schon Anfang des 19. Jahrhunderts erhoben Politiker, besonders eindrucksvoll John Quincy Adams, Ansprüche, die über ihre Möglichkeiten beträchtlich hinausgingen. Amerika wollte mehr, als es konnte, aber mit der Zeit konnte es, was es wollte. Es maßte sich nicht nur an, den gesamten Kontinent zu vertreten, sondern wurde zur dominierenden Macht bis Kap Hoorn, später zur stärksten auf dem Globus, von vielen gefürchtet, von vielen als Retter gepriesen. Da es schon selbst fest überzeugt war, Vorbild für die ganze Menschheit zu sein, war es auch für die Amerikaner unmöglich, nicht selbstbewußt zu werden bis zum Hochmut.

Exemplarisch für das römische Selbstbewußtsein waren die Formen der Kriegserklärung: Im Jahr 218 in Karthago: keine Diskussion der Rechtsstandpunkte, nur die provokante Frage »Krieg oder Frieden?« Später die ultimative Forderung an Philipp: alles herausgeben, was du genommen hast, alles wieder gutmachen, was du zerstört hast, sonst gibt's Krieg. Nicht in solcher Form, wohl aber in der Sache trieb Roosevelt die Japaner vor die Entscheidung Kapitulation oder Krieg. Schwächere und Verbündete bekamen schon lange, bevor Amerika zur einzigen Weltmacht geworden war, »Unilateralismus« zu spüren, da erfuhr manche verbündete Regierung erst im letzten Augenblick oder erst aus der Zeitung, was in Washington beschlossen worden war. Der Senator William Fulbright sprach bereits 1966 von der »Arroganz der Macht« Amerikas, Roms Feinde und auch seine Freunde sprachen von superbia. Der alte Cato fragte seine Landsleute: »Wollt ihr euch darüber erregen, daß jemand hochmütiger ist als ihr?« (Gellius, Attische Nächte 6,3)

Kein Volk wird leicht mit Niederlagen fertig, sehr selbstgewisse werden es noch weniger. Die Römer erlitten in ihrer Frühzeit manche Schlappe, zweimal aber folgte der Niederlage eine schwere Demütigung. Das »Wehe den Besiegten« des Keltenfürsten, der sein Schwert auf die Goldwaage warf, und das Caudinische Joch, unter dem ein ganzes Heer waffenlos hindurchgehen mußte, gruben sich als Symbole römischer Schande für immer ins römische Gedächtnis. Sie erschienen so unerträglich, daß vaterländische Geschichtsschreiber Siege und Kriege erfanden, um die schmachvollen Niederlagen wettzumachen. Roms Selbstbewußtsein ließ nur zu, was Livius (5,6,8) einem Redner in den Mund legte: Das römische Volk darf kein anderes Ende eines Krieges kennen als den Sieg.

»There is no substitute for victory«, beharrte General MacArthur, um den Korea-Krieg auf China ausweiten zu können. Präsident Trumans politische Vernunft hinderte ihn, aber erstmals seit 1814 endete ein Krieg Amerikas ohne Sieg. Zehn Jahre später nochmals das gleiche in Vietnam, das zum Trauma wurde, weil es ein verlorener und dazu noch fragwürdiger Krieg war. Um Amerika das Selbstbewußtsein wiederzugeben, bedurfte es des unerschütterlichen Optimisten Ronald Reagan, der wieder sprach wie Livius und MacArthur: »Im Krieg gibt es keinen Ersatz für den Sieg.« Das soll weiter gelten. Da Präsident Bush senior 1990 nur Kuweit befreite und nicht Bagdad stürmen ließ, korrigierte ihn sein Sohn, als er im März 2003 den Angriffsbefehl auf den Irak gab: »Dies wird nicht ein halbherziger Feldzug, und wir werden kein anderes Ergebnis hinnehmen als den Sieg.«

Religion

Die römische Götterfurcht unterschied sich ihrem Wesen nach von amerikanischem Gottesglauben. Für die Römer war Religion vor allem Ritual, die sorgfältige, peinlich genaue und nie versäumte Pflege der Beziehung zu den überirdischen Mächten, von deren Gunst alle menschliche Tätigkeit abhing. Im Unglück suchte man neue Heilmittel, um die Götter zu versöhnen, oder eine neue Gottheit, die aus der Not helfen sollte. Gläubige Amerikaner fühlen sich als Werkzeug Gottes und betrachten die Vereinigten Staaten als »Neues Jerusalem, vom Himmel gesandt«. Auch wenn sich diese Überzeugung allmählich abgeschwächt hat, Präsident George W. Bush beschwor sie noch am 29. Januar 2003 vor dem Kongreß: »Die Freiheit, die wir schätzen, ist nicht Amerikas Geschenk an die Welt, es ist Gottes Geschenk an die Menschheit.« Religion reichte bei Römern und Amerikanern bis in die praktische Politik, der Konsul erbat für jedes Vorhaben die Hilfe der Götter, der Präsident handelt im Auftrag Gottes.

Gemeinsam blieb beiden die außerordentliche Bedeutung, die sie der Religion zumaßen und zumessen. Der aufgeklärte Grieche Polybios bemerkte staunend, die Religion spiele im privaten wie im öffentlichen Leben Roms eine solche Rolle und es werde auch so viel Wesens darum gemacht, wie man es sich kaum vorstellen könne. Ganz ähnlich wundern sich bis heute Europäer über Amerika, und amerikanische Soziologen liefern die Daten. 89 Prozent ihrer Landsleute glaubten an die Existenz Gottes, und 78 Prozent hielten das Gebet für einen wichtigen Teil ihres täglichen Lebens. Polybios schien die »beinahe abergläubische Götterfurcht die Grundlage des römischen Staates« zu sein (6,56,9). Gottesglaube ist wohl nicht die Grundlage des amerikanischen Staates, aber ein wichtiges, nicht entbehrliches Element. Schon die Bekenntnisse und Gesten der Präsidenten und Politiker bestätigen es. Sie wissen, nur 15–20 Prozent der Wähler sind religiös nicht mehr ansprechbar.

Das Rom des 2. vorchristlichen Jahrhunderts war, das wissen wir nicht nur von Polybios, weit religiöser als das säkularisierte Griechenland. Amerika blieb bis heute das religiöseste Land, verglichen mit allen westlichen Industriestaaten, eine Ähnlichkeit, die vielleicht kein Zufall ist. Menschen und Staaten, die dem Irdischen stark verhaftet sind, messen dem

Überirdischen oft besonders hohe Bedeutung bei. Wie dem auch sei, der vermeintliche Einklang mit den Göttern und Gott stärkte das Selbstbewußtsein und gab Kraft.

Moral

Starke Staaten folgen ihren Idealen, soweit sie können, auch in der Außenpolitik. Rom focht für dignitas, die Ehre des römischen Volkes, für maiestas, seine Würde, für gloria, seinen Ruhm; die Ziele, auf die jeder römische Aristokrat sein Leben richtete, waren auch die Ziele des Staates. Die Begriffe mögen fremd klingen, doch wenn man maiestas mit Prestige übersetzt, stellt sich die Erinnerung ein, daß vor hundert Jahren auch Europäer für die Ehre ihres Landes in den Krieg zogen. Für Rom jedenfalls genügen die modernen Erklärungen: Sicherheit, Interessen und Macht, nicht.

Eine amerikanische Althistorikerin, Susan B. Mattern, der idealistische Beweggründe in der Außenpolitik geläufig sind, nennt Rom eine »honor-based-society« und mahnt die Beachtung moralischer und psychologischer Beweggründe wie Ehre, Kränkung und Rache an. Rom begann Kriege für die Ermordung und auch nur für die Beleidigung von Gesandten. Beim Kriegsbeschluß gegen Philipp war Rache für das Bündnis mit Hannibal im Spiel und wohl auch Kränkung, weil Rom den ersten Kampf mit dem König nicht gewonnen und beim Friedensschluß hatte zurückstecken müssen. Caesar begann den Bürgerkrieg, um seine dignitas zu wahren, im Geist einer römischen Tugend zerstörte er die Republik. Als Vergil (6, 851) den Römer mahnte, die Besiegten zu schonen, die Übermütigen aber niederzuwerfen, ging es nicht nur um Wahrung der Macht, sondern auch um Strafe für Majestätsbeleidigung. Und nicht zuletzt der Ruhm. Rom führte Kriege für ihn, sagte Cicero (de officiis 1, 38), Roms Verfall begann, als Reichtum wichtiger wurde als Ruhm, meinte Sallust (Catilina 7–13). Im Rückblick aus dem 5. Jahrhundert urteilte Augustinus christlich tadelnd: »Ruhm liebten sie glühend, für ihn gingen sie ohne Zögern in den Tod; die übrigen Begierden drängten sie zurück aus grenzenloser Sucht nach Ruhm und nichts als Ruhm« (de civitate Dei 4, 5; 5, 12–19).

Die Amerikaner führten ihre Kriege nie allein für ihre Sicherheit, sondern immer auch für höhere Zwecke, Freiheit, Recht, Demokratie. Beides gehörte für sie zusammen: Wenn die Vormacht der Freiheit nicht sicher war, war auch die Freiheit in Gefahr; was Amerika bedrohte, bedrohte folglich die Menschheit. Auch hier erscheint Vorsicht geboten beim Vorwurf der Heuchelei; der Mißbrauch eines hohen Guts widerlegt nicht den Glauben daran. Unbestreitbar dienten Freiheit, Demokratie und Menschenrechte oft zur Rechtfertigung handfester Interessen, im Kalten Krieg war Antikommunismus wichtiger als Demokratie, dennoch bildete die politische Glaubensgewißheit allezeit ein wesentliches Element amerikanischer Außenpolitik. Die Regierenden wie die Opponierenden dachten und argumentierten aus demselben Geist, bei den finstereren Dschungelkriegen auf den Philippinen nach 1898 und dann in Vietnam, ebenso beim Streit zwischen Isolationisten und Internationalisten.

Wer sich seiner selbst ganz sicher ist, fühlt sich immer im Recht und führt nur gerechte Kriege. Für die Römer war das bellum iustum eine Frage der Religion, für die Amerikaner eine der politischen Ethik. Einen gerechten Krieg unternahmen die Römer, wenn es ein »regelrechter« (Jochen Bleicken) war. Ein besonderes Priesterkollegium, die Fetialen, sorgten für die strenge Einhaltung der Form und sicherten damit die Gunst der unsterblichen Götter. Sie zogen in alter Zeit an die Grenze des Feindeslandes, forderten Wiedergutmachung eines begangenen Unrechts und warfen, wenn keine Antwort kam, einen Speer über die Grenze. Erst damit war der Krieg »richtig« erklärt und »gerecht« begründet, nämlich als Sühnung eines Unrechts, das der Täter zu sühnen sich weigerte. Hannibal hatte den Ebro-Vertrag gebrochen, Teuta einen Gesandten ermorden lassen, Philipp Schutzbefohlene vergewaltigt, Antiochos römische Soldaten angegriffen und einige umgebracht. Jeder Fall lag anders; was Unrecht war, bestimmte

Rom und betrachtete seinen Sieg als göttliche Rechtfertigung: »Wie ein unparteiischer Richter« habe der »Ausgang des Krieges dem den Sieg gegeben, auf dessen Seite das Recht war« (Livius 21,10,5).

Amerika glaubte an seine Mission für die Welt, die es retten und auf den rechten Weg bringen muß. Wer sich dem widersetzte, jeder Feind, erhielt teuflische Züge, von den Indianern über die Spanier, Deutschen und Japaner bis zum »Reich des Bösen«, wie Präsident Reagan die Sowjetunion in traditionellem Bibel-Amerikanisch nannte. Kriege der Vereinigten Staaten konnten daher nur gerechte Kriege sein, und wenn sie es offenkundig nicht waren, erhob sich Widerstand, der die Weiterführung des Krieges behinderte.

Als Harry S. Truman am 16. April 1945 zum ersten Mal als Präsident vor den Kongreß trat und Roosevelts Kriegs- und Friedenspolitik fortzusetzen versprach, bekräftigte er auch die Forderung nach bedingungsloser Kapitulation Deutschlands und Japans. Der gesamte Kongreß, Senatoren und Abgeordnete, erhob sich und spendete stehend Beifall. Das römische Beharren auf deditio und das amerikanische auf unconditional surrender zielte zwar auf politische Handlungsfreiheit, war aber zugleich Ausdruck eines moralischen Überlegenheitsgefühls. Man wollte nicht nur auf dem Schlachtfeld siegen, sondern die sittliche Ordnung wiederherstellen; die Römer setzten das Recht gegen das Unrecht durch, die Amerikaner das Gute gegen das Böse. Was immer sonst im Spiele war, Macht- oder Habgier, beide glaubten sich fest im Stande der Unschuld. Alfred Heuss sprach von dem »notorisch guten Gewissen, das die Römer bei ihrem Imperialismus besaßen«; das könnte auch über die große Mehrheit der Amerikaner geschrieben sein. Beide, Römer wie Amerikaner, überragten Freunde und Feinde nicht nur durch ihre Kräfte und Mittel, sie fühlten sich ihnen auch moralisch überlegen und wurden damit nochmals stärker.

Macht

Ohne einen Sinn für Macht wird niemand Weltmacht. Römer wie Amerikaner waren von der Sorge vor einem Despoten fast besessen und statteten dennoch ihre Regierungen mit außerordentlichen Befugnissen aus. Sie beschränkten deren Amtsgewalt zwar durch Begrenzung der Amtszeit, Konsuln ein Jahr, Präsident vier Jahre, sowie durch Gegengewalten, einen zweiten Konsul mit Veto-Recht und einen starken Kongreß, aber ein Vergleich mit anderen Staaten zeigt: Die Machtfülle des römischen Oberbeamten, das imperium, ist ohne Beispiel unter den Republiken des Altertums, und die Befugnisse des amerikanischen Präsidenten übertreffen die Rechte fast aller demokratischen Regierungschefs.

Was für Rom und Amerika Bedingung ihres inneren Friedens war, die Balance zwischen den politischen Kräften, das erschien ihnen zur Bewahrung des äußeren Friedens ungeeignet. Beide sträubten sich gegen eine Politik des Gleichgewichts. In manchen Zeiten mußten sie sich mit der Existenz gleich starker Mächte abfinden, aber beide bemühten sich, diesen Zustand sobald wie möglich zu beenden. Rom kämpfte über fünfzig Jahre mit den Samniten, bis es unwiderruflich die Oberhand gewann. Den Karthagern fühlte es sich nach dem ersten Krieg überlegen und erklärte den zweiten, als Hannibal die Überlegenheit in Frage zu stellen schien. Mit Antiochos war es zu einer Abgrenzung der Interessensphären bereit, Asien lag weit entfernt, als der König nicht darauf einging, nahm es ihm die Möglichkeit, zu einer Gegenmacht zu werden.

Die Vereinigten Staaten hatten niemals einen starken Nachbarn, mit dem sie die Macht teilen mußten. Ende des 19. Jahrhunderts war es ihnen auch gelungen, alle europäischen Kolonialstaaten von ihrem Kontinent zu verdrängen. In Europa hätten sie sich nach dem Ersten Weltkrieg nur an einem komplizierten Mächtegleichgewicht beteiligen können, sie lehnten ab und zogen sich zurück. Nach dem Zweiten Weltkrieg waren sie Herr in Westeuropa und blieben dort. Erstmals wurden sie dann aber gezwungen, sich für unabsehbare Zeit auf einen gleich starken Gegner einzustellen. An der Sowjetunion erfuhren sie, was Gleichgewicht der Kräfte ist, aber sie fanden sich nie damit ganz ab.

Römer wie Amerikaner haben sich niemals untergeordnet und sich später, als sie stärker wurden, nicht mit halber Macht zufriedengegeben. Second to none, niemals der zweite sein, blieb Grundsatz in Rom wie in Amerika. Beide lernten bemerkenswert schnell, was sie sich als Großmacht schuldig waren: Sie durften nicht mehr allein ihren Interessen folgen, sondern hatten auf die Glaubwürdigkeit ihrer Macht zu achten; sie mußten auch dann handeln, wenn das Interesse gering und der Aufwand größer war als der Gewinn. Und allmählich wurde die Wahrung der Macht zu ihrem höchsten Interesse, gleich nach Wahrung der Sicherheit und meist gleichbedeutend mit ihr. Dieser Handlungszwang ließ Römer und Amerikaner zu den ersten und dann einzigen Weltmächten ihrer Zeit werden. Aber war es ein unentrinnbarer Zwang?

Von einer bestimmten Größe an gerät jeder Staat vor die Wahl, sich zu bescheiden oder noch größer zu werden. Seine Macht strahlt über ihn hinaus: Die einen schreckt sie und führt zur Bildung einer Gegenmacht, die anderen lockt sie und führt zu Hilfegesuchen. Rom und Amerika haben keinen, der ihnen gefährlich werden konnte, in Ruhe gelassen, besonders Rom zeigte eine lauernde Wachsamkeit, die schnell in Aggressivität umschlagen konnte (Werner Dahlheim). Beide haben auch Schutzsuchende fast niemals abgewiesen. Sie folgten dem Zwang ihrer Stärke, hinderten andere, ebenfalls stark zu werden, und nahmen in Obhut, wer sich ihnen anvertraute. Sie nutzten ihre Kräfte und kamen auf einen Weg, auf dem sie immer weniger Herren ihrer Entschlüsse blieben. Einmal Großmacht, immer Großmacht, einmal Schutzmacht, immer Schutzmacht. Die Sicherheitsaufgaben wuchsen, die Bittsteller wurden lästig, die Lasten strapazierten die Kräfte – aber Römer wie Amerikaner konnten und wollten nicht mehr zurück und wurden zu Gefangenen ihrer selbst, ihrer Größe und Grundsätze, ihres Ruhms und ihrer Macht.

Der Erfolg des Erfolgs

Der Rationalist Polybios erklärte die römische Welteroberung mit der Absicht, die Welt zu erobern, manche Historiker folgen ihm dabei, obwohl etwas differenziert, bis heute. Auch die Weltstellung Amerikas wird nicht nur von Leninisten auf einen strategisch geplanten Imperialismus zurückgeführt. Doch der Schluß vom Ergebnis auf die Absicht ist immer gefährlich, schon die allgemeine Lebenserfahrung lehrt, daß oft etwas ganz anderes herauskommt, als gewollt war. Auch bedeutende Staatsmänner haben selten ein bestimmtes festes Ziel, dem sie unbeirrbar zustreben; ganze Staaten, auch wenn eine geschlossene Oligarchie sie regiert, folgen nicht ein Jahrhundert lang einer einmal gefaßten Absicht. Es gibt starke Traditionen und Gewohnheiten, oft auch Ansprüche und manchmal sogar politische Träume, aber das Handeln orientiert sich meist mehr an Situationen als an Visionen.

Was Theodor Mommsen über Rom schrieb, gilt auch für Amerika: »Die Erfolge führten über die eigentliche Absicht hinaus.« Ähnlich empfand Präsident McKinley, als er die Richtlinien für den Friedensvertrag mit Spanien gab: »Die Präsenz und der Erfolg unserer Waffen in Manila legen uns Verpflichtungen auf, die wir nicht mißachten können.« Dann folgte der fast philosophische Satz: »The march of events rules and overrules human action.« Die Ereignisse, von Menschen in Gang gebracht, überwältigen den Menschen.

Mommsen fuhr fort: »Die Herrschaft über Italien haben die Römer errungen, weil sie sie erstrebt haben; die Hegemonie und die daraus entwickelte Herrschaft über das Mittelmeergebiet ist ihnen gewissermaßen ohne ihre Absicht durch die Verhältnisse zugeworfen worden.« Auch die Vereinigten Staaten erstrebten die Herrschaft über Nordamerika bis zum Pazifik, der Aufstieg zur dominierenden Weltmacht war nicht ihr Ziel, sondern das Ergebnis unvorhersehbarer globaler Veränderungen. So fanden sich Römer und Amerikaner schließlich geographisch in Regionen und politisch in Positionen, in die sie ursprünglich gar nicht kommen wollten, die sie dann aber gern einnahmen und fest behaupteten. Beide passen so wenig in das Zerrbild ihrer Feinde wie in das Idealbild ihrer Verehrer: Sie waren weder Welteroberer noch Weltmächte wider Willen.

IV. NEUROTISCHE RIESEN

Im übrigen bin ich der Meinung,
daß Karthago zerstört werden muß.
MARCUS PORCIUS CATO

Ich versichere Ihnen, dies wird nicht ein
halbherziger Feldzug, und wir werden kein anderes
Ergebnis annehmen als den Sieg.
GEORGE W. BUSH

Einzige Weltmacht zu sein ist ein schwindelerregender Zustand: Von keinem anderen Staat gefährdet, allen Ländern der Welt überlegen, fast in jeder Beziehung der Stärkere, von vielen gehaßt, von vielen um Schutz angefleht, auch von Freunden weniger geliebt als benutzt, aber Rechenschaft schuldig nur sich selbst. Einzige Weltmacht zu sein ist eine Charakterprobe ohne Beispiel: Vorsicht, Einsicht und Rücksicht erscheinen kaum mehr nötig, denn selbst schwere Fehler erzeugen nur leichten Schaden. Höchste Verantwortung ist geboten, aber fast jede Willkür ist möglich. Was immer man tut, die Welt muß es hinnehmen, denn die Macht erlaubt nicht nur beinahe alles, sie rechtfertigt es am Ende auch. Kein Regime, gleich welcher Art, erträgt diese Stellung, ohne sich zu verändern, auch keine Nation steht lange über allen anderen Nationen, ohne Schaden zu nehmen.

Weder die Römer noch die Amerikaner haben sich den Verlockungen und Verpflichtungen ihres Status als einzige Weltmächte entziehen können, beide wollten es auch nicht. Mit den Jahren 190 vor Christus und 1991 nach Christus begannen neue Abschnitte in ihrem Verhältnis zur Außenwelt, sie wurden herrischer und gewalttätiger, aber sie stifteten auch Frieden und sorgten für geordnete Verhältnisse.

1. Korinth, Numantia, Karthago

Rom begann mit einer Außenpolitik, hinter der viel guter Wille stand. Der Senat bemühte sich im hellenistischen Osten um Regelungen, die Amerikaner vielleicht ein *benign Empire* genannt hätten, eine wohlwollende Herrschaft: Sie will das Wohl der Beherrschten, um die Sicherheit und die Macht der Herrschenden zu erhalten; alle dürfen nach ihrer Fasson selig werden, solange sie gehorchen. Zwei Jahrzehnte lang lief dieser Versuch, zu Anfang ganz gut, doch mit der Zeit immer schlechter; die Griechen gewöhnten sich zu wenig ans Gehorchen und die Römer zu sehr ans Befehlen. Als mit Perseus der Anschein einer breiten Revolte entstand, flüchtete »die gereizte Weltmacht« (Klaus Bringmann) in die Gewalt, überzog Makedonien mit Krieg, exekutierte und deportierte alle, die sie für die Wurzel der Aufsässigkeit hielt.

Strenge Kontrolle löste gut gemeinte Aufsicht ab, aber auch das half wieder nur für zwei Jahrzehnte. Die willkürlich geteilten Makedonen ließen sich von einem Abenteurer überwältigen, der sich als Sohn des Perseus ausgab, zum König aufschwang und ein schwaches römisches Heer schlug. Einem stärkeren Aufgebot erlag er schnell, doch mit der Niederwerfung eines Aufstands mochte sich der Senat nicht mehr begnügen. Viermal hatte Rom gegen Makedonien zu Felde ziehen müssen, durch Fernsteuerung ließ sich das Land nicht kontrollieren, Rom tat, was es bis dahin beharrlich vermieden hatte. Es machte Makedonien zur Provinz und unterwarf erstmals auch im Osten ein Gebiet seiner direkten Herrschaft.

Im Schatten des Kleinkriegs in Makedonien entwickelte sich auf der Peleponnes ein Konflikt, den schwer begreiflicher

Starrsinn beider Seiten zur Katastrophe eskalieren ließ. Der Achäische Bund stritt sich wie eh und je mit seinem Zwangsmitglied Sparta, der Senat befahl, nicht nur Sparta müsse aus dem Bund ausscheiden, sondern noch vier weitere Städte, darunter das bedeutende Korinth. Der Entscheid sollte die Achäer wie zuvor die Makedonier teilen und als politische Größe schwächen. Der Senat ging von der Forderung nicht ab, die Achäer weigerten sich zu folgen. Drei römische Gesandtschaften wurden niedergeschrien, bedrängt, getäuscht. Die Römer mahnten zur Vernunft, die populistischen Führer des Bundes mobilisierten den Römerhaß der Menge und beschlossen den Krieg gegen Sparta in dem klaren Bewußtsein, daß dies auch Krieg gegen Rom bedeutete.

Der Konsul Lucius Mummius machte dem Widerstand, dem sich weitere Städte angeschlossen hatten, schnell ein Ende. Die Führer wurden hingerichtet, der Achäische Bund und die anderen aufständischen Bünde aufgelöst, die demokratischen Verfassungen außer Kraft gesetzt und die aufsässigen Gemeinden dem Statthalter der Provinz Macedonia unterstellt. Rom hatte die Geduld verloren mit einem Land, das nicht zur Ruhe kam und deshalb zur Ruhe gezwungen werden mußte. Und damit kein Grieche mehr in Zweifel käme, was Rebellion gegen Rom für Folgen habe, ließ der Senat Korinth, die zweite Stadt des Landes nach Athen, zerstören und die Einwohner versklaven.

Auch in Spanien und Afrika stieß die römische Politik in der Mitte des 2. Jahrhunderts an Grenzen. Für Spanien fehlte jegliche Vorstellung von einer politischen Ordnung, die das Land mit der römischen Herrschaft hätte versöhnen können. Militärische Aufsicht, Ausbeutung der reichen Silbergruben und bestenfalls halbherzige Maßnahmen, um die Habgier der Statthalter einzuschränken, mehr leistete Rom nicht. Nach schweren Kämpfen erzwang es im Jahr 178 einen Frieden, der 25 Jahre hielt, dann aber in einen zwanzigjährigen Krieg überging, der zum Furchtbarsten der römischen Kriegsgeschichte gehört. In Spanien erlitten die Römer ihr Vietnam:

Kämpfe, die immer erbitterter, brutaler und hinterhältiger wurden, wie alle Partisanenkriege. Sie erlebten den Verfall von Treu und Glauben, die Anmaßungen der Schreibtisch-Strategen, das Versagen mancher Frontgeneräle, die Auflösung der militärischen Disziplin und die Verweigerung des Wehrdienstes – zeitweise waren nicht einmal genügend höhere Offiziere zu mobilisieren. Nicht mehr auf Sieg, auf Vernichtung des Gegners ging die römische Kriegführung, die der jüngere Scipio im Jahr 133 mit der Eroberung und Verwüstung der Festung Numantia zum tödlichen Ende brachte. Rom hatte auch in Spanien, was es im Osten hatte, die Ruhe des politischen Friedhofs.

Karthago war Roms gefährlichster Feind gewesen, aber es bereitete ihm die geringsten Sorgen. Der Kontrollmechanismus, den der Senat nach dem Sieg über Hannibal im Jahr 201 geschaffen hatte, hielt ein halbes Jahrhundert, länger und besser als alle Ordnungsversuche in Spanien und im hellenistischen Osten. Er ruhte auf zwei Säulen. Der Zweite Punische Krieg war in römischen Augen Hannibals Krieg gewesen, und nachdem der gefährliche Mann im Jahr 196 ins Exil gedrängt worden war, hatte Rom es nur noch mit der regierenden Kaufmannschaft zu tun, die sich streng loyal verhielt. Sie versagte sich machtpolitischen Ehrgeiz, beschränkte sich auf das, was sie am besten konnte, Landwirtschaft und Handel, wurde dabei bald wieder reich, wollte ihre Kriegsschulden sogar vorfristig tilgen und leistete Bündnishilfen korrekt bis zum Perseus-Krieg. Karthago tat alles, um in Rom nicht mehr als Bedrohung wahrgenommen zu werden.

Die zweite Säule hieß Massinissa. Der Numiderkönig war ein Bündel von Energie, noch mit 90 Jahren emsig bemüht, sein Reich zu erweitern. Er bildete ein Gegengewicht zu Karthago, so daß in Afrika ein Gleichgewicht entstand, das Rom zweifach nützlich war. Es schmälerte die Macht der Karthager und machte den Senat zum Schiedsrichter bei Streitigkeiten. Rom hatte die Kontrolle und mußte nicht befürchten, sie zu verlieren.

Dennoch begann das Thema Karthago den Senat zu beschäftigen. Der greise Cato, der früher eine sinnlose Kriegserklärung an Rhodos verhindert hatte, entwickelte sich zum unermüdlichen Kriegstreiber. Jede Rede, gleich worüber, schloß er mit dem Votum, im übrigen sei er der Meinung, Karthago müsse zerstört werden. Der alte Feind sei reich geworden, werde daher wieder mächtig und damit erneut zu einer Gefahr – »nur drei Tage Seefahrt von Rom entfernt!«. Da war sie wieder, die Sorge vor der Seemacht, die Italien bedrohe. Als die Karthager die Geduld mit Massinissa verloren und dessen Übergriffe zurückschlugen, ohne Rom um Erlaubnis zur Kriegführung zu fragen, hatten sie den Friedensvertrag von 201 verletzt. Der Senat bekam einen Grund, den Krieg zu erklären. Was dann folgte, war eine hinterhältig vollstreckte Exekution.

Sobald Rom Ernst machte mit dem Krieg und sich die Legionen auf die Überfahrt nach Afrika vorbereiteten, kapitulierten die Karthager bedingungslos. Leben, Freiheit, Land, beweglicher Besitz und Verfassung wurden ihnen zugesichert. Darauf lieferten sie ihre Waffen ab und stellten Geiseln. Danach erst nannte der Konsul die entscheidende Bedingung: Sie müßten ihre Stadt räumen und sich achtzig Stadien, etwa fünfzehn Kilometer entfernt vom Meer ansiedeln. Das war das wirtschaftliche und damit auch das politische Todesurteil. Drei Jahre lang wehrten sich die Karthager, verteidigten ihre Stadt von Haus zu Haus, bis die letzten Kämpfer in den Flammen des Asklepsios-Tempels umkamen. Die Überlebenden wurden auf dem Sklavenmarkt verkauft, die Stadt wurde dem Erdboden gleichgemacht und der Boden den Unterirdischen geweiht: Hier sollten niemals wieder Menschen leben.

Vernichtung und Verfluchung, Rom verlor die Maßstäbe. Nicht wirtschaftliche Absichten, die manche Historiker vermuten, trieben es, auch nicht bloße Furcht, die auf Beseitigung einer Gefahr drängt, sondern Angst, Wut und Verzweiflung. Rom verfuhr damals überall ähnlich. Wie es Karthago auslöschte, zerstörte es Korinth und verbrannte die Erde um das spanische Numantia. Die römische Politik nahm barbarische Züge an.

Sie war getrieben von der Erbitterung darüber, daß die konziliante Form der Herrschaft nicht dankbar angenommen worden war. Dazu kam das Unverständnis, weshalb das so war. Außerdem Selbstzweifel, weil die siegesgewohnten Legionen keineswegs immer siegten. Moral und Kampfkraft verfielen, Rückschläge und sogar schwere Niederlagen wurden von allen Fronten gemeldet, also Wut über die Feinde, mit denen man nicht fertig wurde, und Wut über sich selbst, weil man mit ihnen nicht fertig wurde. Die Feldherren, die schließlich siegten, mußten die Disziplin wiederherstellen, bevor sie ins Gefecht gehen konnten.

Da breitete sich ferner Ratlosigkeit aus. Auch die Besten in Roms politischer Führung zeigten keine Wege, die Widerspenstigen zu zähmen, statt sie umzubringen. Die Opposition im Senat verlangte lediglich korrekte Form gegenüber Karthago, und Scipio Aemilianus, der die Stadt erobert hatte, führte den Senatsbefehl zur gänzlichen Zerstörung getreulich aus. Ihm kamen die Tränen, als er sah, was er tat, und er dachte darüber nach, wie Städte, Völker und Reiche untergingen, die Assyrer, Meder, Perser und zuletzt die Makedonen. Am Ende langen Sinnens sprach er den Vers der Ilias (6,558f.): »Einst wird kommen der Tag, da das heilige Ilion hinsinkt.« Scipio weinte, weil er Rom einst wie Karthago hinsinken sah, ihn bewegte nicht die falsche und grausame Politik, die er exekutierte, sondern der »Wechsel des Glücks«, dem Menschen wie Reiche unterworfen sind.

Da brach schließlich die Hemmungslosigkeit derer hervor, die niemanden mehr zu fürchten hatten und meinten, sich nun alles leisten zu können. Nach dem Sieg bei Pydna im Jahr 168, als mit Perseus der letzte Schein einer Gegenmacht verflogen war, brutalisierte sich die römische Politik nicht nur, sondern steigerte sich zu selbstherrlicher Zwecklosigkeit: Rom tötete Gegner, die keine Gefahr mehr waren – Karthago wurde zum Opfer eines historischen Komplexes. Es strafte diplomatische Kränkung wie eine Majestätsbeleidigung – in Korinth waren die römischen Gesandten ausgepfiffen worden. Es strebte nach Erhaltung seiner Macht allein um der Macht willen – alle Welt sollte sehen, daß Roms Herrschaft unantastbar war.

2. Irak und Afghanistan

Wie Rom führte auch die Allein-Weltmacht Amerika zunächst eine gemäßigte Außenpolitik. Anders als Rom wurde sie jedoch sogleich vor eine unerwartete Herausforderung gestellt: Amerikas langjähriger stiller Partner im Nahen Osten, Saddam Hussein, annektierte das ölreiche Kuweit. Wenn man das hingehen ließe, fürchtete man in Washington, werde der irakische Diktator auch Saudi-Arabien an sich reißen und dann zum Herrn über den größten Teil des Öls der Region.

Präsident George Bush senior sah sich genötigt zu handeln, wollte es aber nicht allein tun. Er erwirkte ein Mandat der Vereinten Nationen, sein Außenminister James Baker brachte in zäher Kleinarbeit eine fast globale Koalition zusammen, dennoch wurde der Golfkrieg ein Feldzug Amerikas, vier Fünftel der Truppen waren Amerikaner, der größte Aufmarsch seit dem Vietnamkrieg. Innenpolitischen Rückhalt erhielt der Präsident, weil ein Aggressor bestraft werden sollte, die Vereinten Nationen ihren Segen gaben und weil es ums Öl ging.

Nach sechs Wochen Krieg und ungeheurem Materialeinsatz gab Saddam auf und Bush ebenfalls. Der Präsident verzichtete darauf, den Diktator zu entmachten und die gequälten Minderheiten, Kurden und Schiiten, zu schützen. Amerikanisches Leben sollte geschont werden, ein Häuserkampf in Bagdad schreckte die vietnam-erfahrene Generation. Das Kriegsziel, die Befreiung Kuweits, war erreicht, und mehr erlaubte das UN-Mandat nicht. Die Einheit des Irak sollte bewahrt bleiben, um unabsehbare Wirkungen auf die gesamte Region zu vermeiden. »Problemlos«, erklärte Bush, hätte man in Bagdad einmarschieren können – »aber was dann?« Die außergewöhnliche Koalition, die den Krieg im UN-Auftrag führte, wäre auseinandergefallen, die »USA wären zu einer Besatzungsmacht in einem arabischen Land geworden ... die Weltmeinung hätte die USA in Grund und Boden verdammt«.

Das Amerika des Bush senior legte Wert darauf, nicht als selbsternannter Weltpolizist zu handeln, sondern in Übereinstimmung mit den Vereinten Nationen und der Weltmeinung. Zugleich aber erklärte Außenminister James Baker dem Kongreß: »Wir müssen uns für eine Führungsrolle der USA stark machen, nicht weil wir sie unbedingt wollen, sondern weil einfach kein anderer da ist, der sie ausfüllen kann.« Das war richtig und zugleich Ausdruck amerikanischen Selbstgefühls: Wir allein sind es, die in der Welt Ordnung schaffen und halten können. Der Golfkrieg bewirkte, was das Ende des Kalten Krieges noch nicht bewirkt hatte: Amerika wurde sich seiner Stellung als einzige aktionsfähige Weltmacht bewußt. Der Präsident proklamierte auch sogleich eine neue Weltordnung. Sie klang so ideal und illusionär wie alle früheren Proklamationen dieser Art: »Eine Welt, in der die Herrschaft des Rechts die Herrschaft des Dschungels ablöst. Eine Welt, in der die Nationen die gemeinsame Verantwortung für Freiheit und Gerechtigkeit anerkennen. Eine Welt, in der die Starken die Rechte der Schwachen respektieren.«

Die Amerikaner feierten den Sieg im Golfkrieg, doch die meisten faßten weniger die Ordnung der Welt als die des eigenen Landes ins Auge: Präsident Reagan hatte Amerika »krankgerüstet« (Christian Hacke), es war das höchstverschuldete Land der Welt mit sträflich großen Versäumnissen in der Wirtschafts-, Sozial-, Bildungs- und Gesundheitspolitik. George Bush fehlte dafür der Sinn, deshalb verlor er die Wahl des Jahres 1992. »America first« sagten seine Gegner oder »Come Home, America«. Der neue Präsident Bill Clinton erhob die Wirtschaftspolitik zur Hauptsache: »Geduldiges Investitionskapital tritt an die Stelle von Feuerkraft, die Entwicklung ziviler Produktion nimmt die Stelle militärischer Innovation ein, und die Eroberung ausländischer Märkte ersetzt die militärischen Garnisonen auf fremdem Boden« (Edward Luttwak).

Amerika verhielt sich nach dem Kalten und dem Golfkrieg, wie es sich nach allen Kriegen verhalten hatte, es strebte »zurück zur Normalität« – allerdings weit weniger als früher. Der Wehretat wurde gekürzt, die Zahl der aktiven Soldaten verringert, die Ausgaben für militärische Forschung und Entwicklung erheblich reduziert, aber im Vergleich zu anderen Ländern blieben die Ausgaben für Verteidigung hoch und stiegen in der zweiten Hälfte der neunziger Jahre wieder an. Und in der öffentlichen Meinung gehörten militärische Stärke, internationale Führungsrolle und die Förderung von Demokratie und Menschenrechten nun auch zur Normalität.

Präsident Clinton drängte nicht zu außenpolitischen Taten, mußte aber tätig werden, weil die Konflikte sich verschärften und niemand sie beilegen konnte und mochte. Wenn möglich handelte Clinton nicht allein, sondern im Verband, im Rahmen der UNO oder NATO, aber fast alles wurde amerikanische Politik mit irgendeiner Umkleidung. So wurde Haiti zum amerikanischen Protektorat, Saddam Hussein mit Bomben an seine Waffenstillstandspflichten erinnert, Israelis und Palästinenser beinahe zum Frieden gebracht, Nord-Korea zum Verzicht auf atomare Bewaffnung gedrängt, Bosnien durch Teilung und Besetzung zur Ruhe genötigt und der serbische Diktator Milosevic zur Räumung des Kosovo gezwungen. Es war der erste Krieg, den die NATO führte, und dabei zeigte, daß militärisch allein Amerika handlungsfähig war.

Unter dem Druck der Verhältnisse und der republikanischen Opposition war Bill Clinton vom Innen- zum Außenpolitiker geworden. Zu Beginn seiner Amtszeit hatte er geglaubt, innere Erneuerung sei Voraussetzung für internationale Führungsrolle, in seiner zweiten Amtszeit meinte der Präsident,

»daß eine Großmacht sich durch ihre Macht nach außen definiert und nicht durch gesellschaftliche Stärke im Inneren«. Auch Clintons »gemäßigte Außenpolitik« (Ernst-Otto Czempiel) war Machtpolitik. Auch dieser Präsident, der sich in der Nachfolge der inneren Erneuerer Lyndon B. Johnson und Jimmy Carter sah, dachte nicht daran, Amerikas Weltrang und Weltrolle einzuschränken.

Sie systematisch zu erweitern und zu einer festen Vorherrschaft Amerikas auszubauen war das Programm seines Nachfolgers George W. Bush junior. Der neue Präsident wehrte sich von Anfang an gegen alles, was Amerikas Macht und politische Bewegungsfreiheit beschränken könnte: gegen Organisationen wie die Vereinten Nationen und die NATO, die Rücksicht auf Partner verlangen; gegen Verträge, die Amerikas Rüstung begrenzen; gegen internationale Abkommen, die durch Umweltgebote Amerikas Industrie behindern; gegen einen internationalen Strafgerichtshof, der Verbrechen gegen die Menschenrechte und Kriegsverbrechen ahndet.

Wer die Welt zu führen beansprucht, kann der Welt seine Soldaten nicht unterordnen, auch wenn 120 Staaten den Gerichtshof tragen und wenn es um die Verteidigung höchster amerikanischer Werte geht. Die vehemente, fast militante Ablehnung dieses Gerichts ließ die Veränderung erkennen, die das amerikanische Selbstgefühl durchmachte: Die Vereinigten Staaten haben globale Aufgaben, die niemand sonst erfüllen kann, deshalb steht Amerika über allen Staaten der Welt – auch über der Weltorganisation der Vereinten Nationen.

Das gleiche herrschaftliche Selbstgefühl, nicht nur strategische Erwägungen, bestimmte die Vereinigten Staaten, ihre Sicherheit nur noch allein zu schaffen. Bush junior erhob die Entwicklung eines Raktenabwehrsystems zur sicherheitspolitischen Hauptaufgabe. Er erschütterte damit die Grundlage des Weltfriedens, der seit Jahrzehnten auf der Verwundbarkeit aller Atomwaffenbesitzer beruht: Keiner wagt einen atomaren Überfall, weil ihm ein gleicher Gegenschlag droht. Wenn das neue System funktioniert, vernichtet es feindliche

Raketen im Anflug. Was einst die Ozeane taten, soll nun die Technik schaffen, Amerika würde strategisch wieder zur Insel und erreichte, was kein anderes Land erreicht und nur in alten Heldensagen existiert: Unverwundbarkeit. Amerika kann dann alle anderen schlagen, aber selbst nicht geschlagen werden.

Am 11. September 2001 zerstob der Traum von der absoluten Sicherheit. Terroristen brachten die Zwillingstürme des Welthandelszentrum in New York zum Einsturz und zerstörten in Washington Teile des Pentagon. Dreitausend Menschen kamen um, Amerika war getroffen wie nie zuvor. Seit 1814 hatte kein Feind dem Land etwas angetan; der japanische Überfall auf Pearl Harbor hatte 1941 einen 3000 Kilometer entfernten Außenposten und noch keinen Bundesstaat verwüstet. Amerika erging es wie einem Soldaten, der zum ersten Mal verwundet wird, er bekommt schmerzhaft zu fühlen, was er bisher nur wußte: Auch ihm kann etwas passieren.

Getroffen wurde das Land auch durch die Form des Angriffs, er war nicht nur unerwartet, sondern unvorstellbar. Da kamen nicht feindliche Raketen über die Ozeane, es kamen von amerikanischen Flughäfen amerikanische Verkehrsflugzeuge mit amerikanischen Fluggästen, aber gesteuert von mörderischen Selbstmördern und benutzt als lebende Raketen. Viele, die alles nur am Bildschirm sahen, meinten, einen Science-fiction-Film vor sich zu haben. Das Unfaßbare steigerte den Schrecken. Getroffen wurde schließlich Amerikas Selbstbewußtsein. Im Haus des Welthandels und im strategischen Gehirn der Hauptstadt hatten die Terroristen Ziele gefunden, die sowohl die größte Wirtschafts- als auch die größte Militärmacht symbolisierten: Ihr seid die Reichsten und die Stärksten, aber das hilft euch nicht!

Die Reaktion der Amerikaner hat William Fulbright schon dreißig Jahre vorher beschrieben; es ist ein prophetischer Text aus historischer Erfahrung. »Solange die Dinge gut gingen, unsere Probleme klar und begrenzt waren und wir mit ihnen fertig werden konnten, gab es in den USA all die Jahre hindurch immer einen Hang zu Vernunft und Mäßigung. Aber immer dann, wenn es eine Zeitlang Rückschläge gegeben hatte, wenn die Gründe für eine unglückliche Lage nicht völlig klar waren, oder auch einfach dann, wenn das Volk durch ein Ereignis oder einen Meinungsmacher in einen Zustand hochgradiger Erregung versetzt wurde, führte das dazu, daß unser puritanischer Geist zum Durchbruch kam und uns die Welt im Zerrspiegel eines harten und zornigen Moralismus erblicken ließ.«

Nach dem 11. September kam dieser Geist zum Durchbruch. Da war Angst, die nach Schutz rief, Wut, die Rache verlangte, verletzter Stolz, der Genugtuung forderte – Amerika war mit Gefühlen aufgeladen, die seine Politiker zu Taten trieben und ihnen Taten erlaubten, die Volk und Kongreß sonst nicht gestatteten. Nötig war nach dem Attentat, die Hintermänner aufzuspüren und das Netzwerk zu zerreißen, George W. Bush proklamierte jedoch einen Krieg gegen den Terrorismus. Es gelang ihm, dafür eine weltweite Koalition zusammenzubringen, Krieg aber wollten fast alle nicht führen, es sei denn gegen die eigenen Terroristen oder Minderheiten, die man dazu ernannte. Bush aber brauchte Krieg. Nur die Behauptung, im Krieg zu stehen, erlaubte ihm, die Terroristen auf die gleiche Höhe der Gefährlichkeit zu heben wie die Feinde der Weltkriege, Nationalsozialisten, Militaristen, Kommunisten. Nur Krieg erlaubte die gleichen kriegerischen Reden wie damals und die gleiche Teilung der Welt in Gut und Böse. Nur Krieg erlaubte Krieg.

Der erste Krieg ging schnell zu Ende. Die fanatischen Islamisten, die Afghanistan beherrschten und der Terrororganisation Al-Qaida Heimstatt und Ausbildungslager boten, wurden verjagt. Ein übles Regime war beseitigt und ein Terroristennest zerstört, aber die Führer von Al-Qaida waren entkommen und der Terrorismus keineswegs besiegt.

Den zweiten Krieg hatten Bushs enge Mitarbeiter schon vor dem Terroranschlag vom 11. September 2001 im Auge, Vizepräsident Cheney, Verteidigungsminister Rumsfeld und dessen Stellvertreter Wolfowitz. Sie wollten den Irak-Feldzug von Präsident Bush senior zu Ende und Saddam Hussein zur Strecke bringen. Er war verdächtig, Massenvernichtungswaffen zu entwickeln, hatte die Waffen-Kontrolleure der Vereinten Nationen 1998 aus dem Lande verwiesen und war durch wirtschaftliche Sanktionen nicht zur Raison zu bringen. Man muß zuschlagen, bevor er schlagen kann, hieß die Begründung, die zu einer neuen Verteidigungs-Doktrin führte. Sie erklärte das Recht zum Präemptiv-Krieg, also, wie Senator Robert Byrd es kritisch ausdrückte, das »Recht, eine Nation anzugreifen, die keine unmittelbare Bedrohung darstellt, aber in Zukunft zur Bedrohung werden könnte«. Mit dem Recht auf Selbstverteidigung war das nicht zu vereinen und mit dem Völkerrecht auch sonst nicht. Die Zweifler befürchteten ein Chaos, wenn jeder Staat auf Verdacht einen anderen angreifen dürfe, aber der Einwand traf die Bush-Regierung nicht, denn dieses Recht beanspruchte sie selbstverständlich nur für Amerika.

Spätestens im Sommer 2002 scheint sich Präsident Bush junior zum Krieg gegen den Irak entschlossen zu haben. Die offiziellen Begründungen wechselten, Terrorismus, Entwaffnung, Entmachtung, Demokratisierung, Sicherheit der Vereinigten Staaten, unverändert aber blieb die Entschlossenheit und Konsequenz, mit der die Bush-Regierung den Krieg vorbereitete und führte. Sie erinnerte an die Entschlossenheit des römischen Senats zum Krieg gegen Karthago. Natürlich sind die Unterschiede gewaltig. Rom griff eine reiche Kaufmannsstadt an, Amerika einen verbrecherischen Diktator. Rom zerstörte Karthago und versklavte die Bewohner, Amerika plant den Wiederaufbau des Irak und möchte die Iraker für sich gewinnen. Die Römer kamen als unerbittliche Feinde, die Amerikaner, nach ihrem Verständnis und Meinung vieler Iraker, als Befreier. Die Römer namen das karthagische Land als Provinz in Besitz, die Amerikaner versprachen, den Irak nach getaner Arbeit am demokratischen Neubeginn wieder zu verlassen. Gleich aber erscheinen die Unbeirrbarkeit, mit der beide auf ihre Ziele losgingen, und die Irrationalität ihrer Motive. Die Kaufleute in Nordafrika bedrohten Italien so wenig wie Saddam Husseins Raketen Amerika. In beiden Fällen muß eine ähnliche politische Verfassung vermutet werden.

Wie die Römer verstanden die Amerikaner nicht, weshalb die Welt sie nicht liebte. Der Anschlag vom 11. September brachte nur die Nachdenklichen zu selbstkritischen Fragen, ob und was Amerika falsch gemacht habe im Umgang mit den islamischen und auch anderen Nationen in der »Dritten Welt«. Der Präsident meinte, sie neiden uns unsere Freiheit, möchte daher dem Vorderen Orient die Freiheit bringen und würde bestreiten, was Robert McNamara, einst Verteidigungsminister, als Erfahrung aus dem Vietnam-Krieg festhielt: »Wir haben keinerlei von Gott verliehenes Recht, jede beliebige Nation nach unseren Vorstellungen zu formen.« Bush glaubt, eben dieses Recht sei Amerika von Gott verliehen worden.

Erfolglosigkeit drängt auf Ausgleich. Der zermürbende Krieg in Spanien hat gewiß zu der Besessenheit des römischen Senats beigetragen, Karthago zerstören zu müssen. Die Bush-Regierung konnte nach Afghanistan kaum mehr Ergebnisse im Krieg gegen den Terror melden und, noch schlimmer, sie mußte mit neuen Anschlägen rechnen. Eine Strafaktion gegen Saddam Hussein ermöglichte, Tatkraft zu beweisen und Fortschritte zu versprechen: »Die terroristische Bedrohung Amerikas und der Welt wird in dem Augenblick verringert sein, in dem Saddam Hussein entwaffnet ist«, erklärte Bush bei Kriegsbeginn.

Schließlich die wichtigste Veränderung der Lage Roms und Amerikas: ihre Macht, der niemand etwas entgegensetzen konnte. Selten ist ein Krieg so unbefangen offen vor aller Welt weit über ein halbes Jahr vorbereitet worden, selten auch mit solcher Mißachtung, ja Verachtung der Weltmeinung, auf die der Vater des Präsidenten noch Wert gelegt hatte. Die große Mehrheit in allen Nationen und die meisten Regierungen lehnten diesen Krieg ab; auch wer Bush unterstützte, tat es, von Ausnahmen abgesehen, mehr aus Berechnung als aus Überzeugung. *Oderint dum metuant* – mögen sie uns hassen, Hauptsache, sie fürchten uns! George W. Bush dachte gewiß nicht wie Kaiser Caligula, aber er und seine Helfer verhielten sich so. Nicht einmal ein Jahr brauchten sie, um die große und ehrliche Teilnahme zu verspielen, die Amerika nach dem Massenmord der Terroristen von aller Welt erhielt.

Schon wenige Tage nach dem 11. September schlug Verteidigungsminister Rumsfeld dem Präsidenten vor, »die Gelegenheit, die die Terroristenschläge geliefert hatten, zu nutzen, um Saddam direkt anzugreifen«. Die Verwundung als Gelegenheit! Die Beteiligung der Vereinten Nationen war nicht mehr als eine Geste: Sie durften mitreden und mitbestimmen, solange sie zustimmten. Als sie es nicht mehr taten, erklärte der Präsident, der Sicherheitsrat sei seiner Verantwortung nicht gerecht geworden, und sandte ein Ultimatum an Saddam Hussein, um drei Tage später die 250000 Soldaten in Marsch zu setzen, die seit Monaten an den Grenzen des Irak in Stellung gebracht worden waren.

Angst und grenzenlose Übermacht ergeben eine explosive Mischung. Sie trieb Rom zu einer Brutalisierung und Amerika zu einer Militarisierung seiner Politik, die für beide einen neuen historischen Abschnitt ankündigten.

3. Nutzen und Nachteil der Übermacht

Mit der Beförderung zur einzigen Weltmacht erging es Römern und Amerikanern, wie es ihnen auf ihrem ganzen Weg dahin ergangen war: Sie mußten erst werden, was sie waren. Beide brauchten einige Zeit, um sich ihrer neuen Stellung ganz bewußt zu werden, beide wußten auch nicht recht, was sie damit anfangen sollten. Sie waren keine zielstrebigen Imperialisten, die wenigstens eine allgemeine Vorstellung davon haben, wozu sie andere Länder unterwerfen. Roms und

Amerikas Eroberungen hatten sich im wesentlichen aus der Defensive ergeben, ihnen fehlte daher ein Herrschaftskonzept, es waren Eroberungen, sonst nichts.

Wahrung der Übermacht

Beiden fiel daher zunächst nicht mehr ein, als festzuhalten, was sie hatten. Das hatten sie auch früher getan, aber jetzt bestanden die Gründe nicht mehr, die sie zur Besetzung überseeischer Gebiete veranlaßt hatten, kein Staat besaß mehr die Kraft, Rom oder Amerika in Gefahr zu bringen. Doch weder im römischen noch im amerikanischen Senat scheint je ein Rückzug auf die eigene Insel erwogen worden zu sein. Die Römer blieben, wo sie waren, und zwangen unter ihre Herrschaft zurück, was sich ihr zu entziehen suchte. Auch die Amerikaner blieben, wo sie sich im Ringen mit der Sowjetunion festgesetzt hatten. Die meisten Stationierungsrechte, Stützpunkte und Bündnisse verdankten dem Ost-West-Kampf ihre Existenz und waren entbehrlich geworden, aber beinahe nichts wurde geräumt, nur manches reduziert. Auch nach dem Ende des Weltkommunismus verhielt sich Amerika, als müsse es immer noch den Weltkommunismus eindämmen.

Etwas anderes zu erwarten widerspräche aller historischen Erfahrung. Macht gebietet Wahrung der Macht, Wahrung der Macht gebietet Vorsorge. Römer und Amerikaner verwandten viel Aufmerksamkeit darauf, keinen Rivalen aufkommen zu lassen, der sie in ihrer einzigartigen Stellung gefährden oder gar ablösen könnte. Für Rom hieß das, schon Staaten von mittlerer Größe kleinhalten und, wenn sie ein wenig größer wurden, wieder kleinmachen. Pergamon gab ein Beispiel. Es stand so stark unter römischem Druck, daß der König nichts Wesentliches mehr zu tun wagte, ohne das Einverständnis des Senats zu haben. Er schickte jeweils Männer nach Rom, die dort über die Angelegenheiten berichteten, »über die wir im Zweifel sind«. Denn wenn ein Unternehmen

Erfolg habe, werde der Neid der Römer ihn zunichte machen und Haß und Verdacht gegen Pergamon erregen. Falls das Unternehmen scheitere, käme man erst recht in Schwierigkeiten, denn es würde den Römern »ein Vergnügen sein, unser Unglück zu sehen«. Pergamons letzter König zog die Konsequenz, er sah keine Zukunft mehr für sein Reich und vererbte es testamentarisch den Römern. Er war nicht der einzige König, der nur noch diesen Ausweg fand.

Den syrischen Herrscher Antiochos hatte der Senat auf sein Kernland beschränkt, seine Rüstung begrenzt und seinen Sohn als Geisel genommen. Als Antiochos IV. folgte der Sohn seinem Vater auf den Thron und versuchte, im Süden zu gewinnen, was sein Vater im Westen an die Römer verloren hatte. Als er Ägypten seinem Reich angliedern wollte, verbot es ihm der Senat. Als sich die Juden gegen Antiochos erhoben, unterstützte Rom den Aufstand und die Bildung eines selbständigen Judenstaates und garantierte dessen Bestand. Im Jahr 163 schickte der Senat eine Kommission nach Syrien, um nach verbotenen Waffen zu suchen. Sie fand mehr Kriegsschiffe, als der Friedensvertrag erlaubte, entdeckte Kriegselefanten, die der Vertrag ganz untersagte, befahl und überwachte dann die Verbrennung der Schiffe und die Verstümmelung der Elefanten, denen man die Fußsehnen durchschnitt. Das Schauspiel öffentlicher Demütigung führte zu Unruhen, bei denen ein Kommissionsmitglied umkam. Doch es war das letzte Aufbäumen. In der Folgezeit brauchte Rom kaum mehr zu tun, als die ständigen Thronstreitigkeiten in Syrien und Ägypten zu nutzen. Einmischung in die inneren Angelegenheiten genügte zur Kontrolle, und die einstigen Großmächte versanken in Belanglosigkeit.

Die römische Praxis gab es in Washington auch als Theorie. Am 8. März 1992 berichtete die New York Times über einen Plan des Pentagon: »Unser erstes Ziel ist es, das Wiedererstehen eines neuen Rivalen zu verhindern, sei es auf dem Gebiet der ehemaligen Sowjetunion oder anderswo, der eine Bedrohung der Art darstellt, wie sie früher von der Sowjetunion ausging.« Eine globale Gegenmacht durfte nicht wieder entstehen. Damit Rußland es nicht würde, stützten die Vereinigten Staaten die ehemaligen Sowjetrepubliken, die selbständig geworden waren, besonders die Ukraine. Später dehnten sie die NATO auf Moskaus frühere Klientelstaaten und sogar auf die ehemaligen Sowjetrepubliken im Baltikum aus. Damit China nicht zu einer »feindlichen Hegemonialmacht« heranwächst oder dabei wenigstens in Grenzen bleibt, hält Amerika seine Positionen in Japan, Süd-Korea, Taiwan und den Philippinen fest.

In der Pentagon-Studie wird verlangt, »jede feindliche Macht daran zu hindern, eine Region zu beherrschen, deren Ressourcen unter gefestigten Verhältnissen ausreichen würde, globale Macht zu schaffen«. Kann das auch für Europa gelten? Eine feindliche Macht ist es nicht und wird es nicht werden, aber als ökonomischer Rivale könnte es Amerika globale Konkurrenz machen. Um so wichtiger ist es für Washington, politisch und militärisch Herr in Europa zu bleiben. Die Ost-Erweiterung der NATO hatte auch hier einen Zweck und ebenso das ständige Drängen, die Türkei in die Europäische Union aufzunehmen. Mit fast siebzig Millionen Türken werden keine Vereinigten Staaten von Europa entstehen, die den Vereinigten Staaten in Amerika gefährliche Konkurrenz machen.

Unentbehrliche Bedingung dafür, Nummer eins in der Welt zu bleiben, war für Römer und Amerikaner militärische Überlegenheit über den Rest der Welt. Die Römer sorgten auch nach der Niederwerfung der hellenistischen Großmächte dafür, daß die Legionen ihre Schlagkraft behielten, obwohl das eine politische und gesellschaftliche Veränderung verlangte. Kein Bauer, der sein Feld bestellen mußte, konnte viele Jahre Dienst in fernen Ländern tun. Aus dem Milizheer wurde allmählich ein Berufsheer und aus dem militärischen ein militaristischer Staat. Heerführer bestimmten die Politik mehr als Politiker.

Für die insulare Wirtschaftsmacht Amerika war es selbstverständlich, ihre Streitkräfte nach jedem Krieg bis auf das

Allernotwendigste abzubauen. Im Kampf mit der Sowjetunion war sie notgedrungen auch zur ersten Militärmacht der Welt geworden, aber mußte sie es nach deren Ende bleiben? Sie blieb es und widerlegte die Vorstellung, wirtschaftliche Kraft habe militärische Stärke als entscheidenden Faktor abgelöst, der Marketing-Stratege als der Feldherr der Zukunft. Auch unter dem Wirtschafts-Präsidenten Clinton blieb der Wehr-Etat höher als in den meisten Ländern, unter Bush junior stieg er von knapp 300 auf knapp 400 Milliarden Dollar pro Jahr. Militärisch, und das heißt vor allem militärtechnisch uneinholbar zu bleiben ist unbestrittener Grundsatz amerikanischer Politik, ganz gleich wer regiert.

Strategisch folgten Römer und Amerikaner der gleichen Notwendigkeit, sie schufen sich die Möglichkeit, in kurzer Zeit in fernsten Ländern einzugreifen. Die Legionen marschierten über die Römerstraßen von Italien durch Südfrankreich nach Spanien und von Dalmatien durch die Balkanhalbinsel nach Byzanz. Amerika schickt seine Flugzeugträger, Fernbomber und Ferntransporter um den Erdball. Beide wurden zu den einzigen Weltmächten ihrer Zeit, weil sie als einzige jeden Platz der Welt militärisch erreichen konnten.

Folgen der Übermacht

Militärische Übermacht neigt dazu, sich militärischer Mittel zu bedienen. Sie sind vorhanden, laden zur Benutzung ein und scheinen schnell und einfach zum Erfolg zu führen. Die spanischen Kriege und noch mehr die Auslöschung Karthagos, das sich schon ergeben hatte, zeigten diese Neigung in Rom. In Amerika wurde sie erkennbar, als Präsident Bush junior den Kampf gegen den Terrorismus vor allem als Krieg mit Bombern und Soldaten führte. Aber das war nur das jüngste Beispiel. »Nachdem das Gegengewicht der Sowjetunion weggefallen war, konnten die USA praktisch an jedem Ort und zu jedem Zeitpunkt ihrer Wahl eingreifen – eine Tatsache, die sich in der starken Zunahme militärischer Interventionen in

Übersee widerspiegelte«, schrieb Robert Kagan, Kenner der Außenpolitik Washingtons durch Forschung und lange Tätigkeit im Außenministerium.

Nicht nur der Umgang mit den Feinden, auch das Verhältnis zu den Verbündeten änderte sich. Es war ein Vorgang von fast physikalischer Gesetzmäßigkeit: Weil es das Gegengewicht einer anderen Großmacht nicht mehr gab, nahm das Gewicht der verbliebenen Großmacht zu und das ihrer Verbündeten ab. Rom nutzte die früher unentbehrlichen Bundesgenossen noch als Hilfstruppen, aber es war nicht mehr auf sie angewiesen. Nicht rechtlich, aber politisch änderte sich das Verhältnis. Von Autonomie und Freiheit blieb gerade so viel, wie Roms Unwille und Unfähigkeit zu direkter Herrschaft zuließen. Außenpolitisch durften die Verbündeten fast nichts mehr, innenpolitisch konnten sie ihre Angelegenheiten selbst regeln, Rom griff nur ein, wenn die Ordnung so stark gestört war, daß seine Herrschaft gefährdet erschien. Die Alleinmacht tat ihre Wirkung: Ein nicht geplanter, vielleicht nicht einmal bewußter Prozeß verwandelte Verbündete in Untertanen.

Ein Streitgespräch zweier achäischer Politiker illustrierte die Veränderung aus der Sicht der Verbündeten. Der eine meinte: »In der Politik kommt es auf zweierlei an, auf die Ehre und den Nutzen. Wer die Kraft hat, seine Ehre zu wahren, muß es tun; wer das nicht kann, soll sich bescheiden und auf seinen Vorteil achten. Das eine wie das andere zu verfehlen ist schlechte Politik. Und deren macht sich schuldig, wer zu jedem Befehl bedingungslos Ja sagt, ihn dann aber widerwillig und murrend befolgt. Deshalb gibt es für uns nur zwei Möglichkeiten: Entweder wird bewiesen, daß wir imstande sind, Nein zu sagen, oder aber, wenn niemand wagt, das zu behaupten, müssen wir bereitwillig auf alle Wünsche der Römer eingehen.«

Der Führer der anderen Partei zog die umgekehrte Konsequenz: »Ich bin nicht so weltfremd, um nicht den Unterschied zwischen der Macht Roms und unserer Macht zu erkennen.

Aber jede Übermacht hat von Natur aus die Neigung, immer schärfer die zu unterdrücken, die ihr unterlegen sind. Was ist da unser Interesse? Sollen wir dieser Neigung nichts entgegensetzen, sie gar noch unterstützen, damit wir möglichst bald nur noch nach der Pfeife der Römer tanzen? Oder ist es im Gegenteil unser Interesse, uns ihnen zu widersetzen, solange wir dazu in der Lage sind? Wir können das, denn wir haben uns als zuverlässige Verbündete der Römer glänzend bewährt« (Polybios 24,14–15).

Wenn man hier Amerikaner statt Römer schriebe, hätte man einen aktuellen Streit europäischer Politiker über ihr Verhältnis zu Amerika. Darin vollzog sich nach dem Ende der Sowjetunion der gleiche Prozeß wie zwischen Römern und Griechen. Im Kalten Krieg brauchten nicht nur die Westeuropäer die Vereinigten Staaten, Amerika brauchte auch seine NATO-Verbündeten; selbst die Deutschen, noch eben die Erzfeinde, mußten wiederbewaffnet werden, um das sowjetische Übergewicht auszugleichen. Dafür leisteten, meinte man in Washington, die Europäer nie genug, die Forderung nach *burden sharing*, nach besserer Verteilung der militärischen Lasten, zog sich als Dauerthema durch die Jahrzehnte.

Nach der Auflösung der Sowjetunion und des Warschauer Pakts war die Atlantische Allianz ein Bündnis ohne Feind, sie blieb politisch nötig für Washington, um Europa unter Aufsicht zu halten, erschien ihm militärisch nur noch nützlich als Helfer gegen seine neuen Feinde, die Terroristen und Atombombenbauer in aller Welt. So drängte es auf einen Umbau der NATO, aus einem Instrument zur Verteidigung Westeuropas sollte ein Werkzeug für die globale Politik Amerikas werden, nützlich, aber nicht unbedingt nötig. Der Kosovo-Krieg belehrte die Amerikaner, daß die europäischen NATO-Mitkämpfer sogar eher hinderlich als nützlich sein können. Ihr militärischer Anteil war gering, ihr politischer Anspruch aber hoch, beide Seiten fühlten sich nachher enttäuscht, die einen, weil sie nicht allein führen konnten, die anderen, weil sie nicht immer mitentscheiden durften.

Die Regierung Bush junior zog die Konsequenz. Die europäischen NATO-Mitglieder steigerten sich nach dem 11. September zur höchsten Bekundung ihrer Hilfebereitschaft und erklärten, was noch nie erklärt worden war, den Bündnisfall. Die Amerikaner dankten höflich, lehnten aber das Angebot ab, sie wollten ihre Kriege lieber allein führen, unbehindert von den militärisch entbehrlichen Europäern. Aus der Allianz wurde eine Vorratskammer, aus der sich das Pentagon herausnahm, was es für seine Zwecke brauchte. Verteidigungsminister Donald Rumsfeld fand dafür die Formel, nicht die Koalition bestimme die Aufgabe, sondern die Aufgabe bestimme die Koalition, wobei der Minister nicht aussprach, aber voraussetzte, daß die Vereinigten Staaten bestimmen, was die Aufgabe ist. Noch klarer als bei Rom wird hier der Wandel erkennbar. Im Kampf mit der Sowjetunion war Amerika der Hegemon, seit dem Ende der Sowjetunion akzeptiert es nur noch die Rolle des Herrn.

Wem keiner in den Arm fallen kann, der hält es immer weniger für nötig, andere um ihr Einverständnis zu bitten oder um Rat zu fragen, er entscheidet und handelt allein. Unilaterialismus heißt das Modewort dafür. Die Römer kannten gar nichts anderes. Seit sie im Jahr 338 vor Christus den Latinischen Bund aufgelöst hatten, waren sie nie wieder Mitglied eines multilateralen Zusammenschlusses. Ihr Bündnissystem hatte die klassische Form eines Herrschaftssystems: Alle waren Rom verpflichtet, aber untereinander nicht verbunden. Amerika erstrebt erst, was Rom längst hatte. Nach dem Kalten Krieg, schrieb Robert Kagan, wurde seine Politik »gegenüber dem Rest der Welt immer unilateraler«.

Wer Krieg machen kann, wann er will, glaubt sich bald auch im Recht, Krieg zu machen. Gerechte Kriege führten Römer und Amerikaner ihrer Vorstellung nach schon immer; seit sie sich über allen anderen Staaten wähnten, verfestigte sich diese Überzeugung. Der Anspruch von Bush junior, auf bloßen Verdacht böser Absichten hin andere mit Krieg zu überziehen, entspricht der römischen Praxis. Roms Kriege, meist fixiert auf einen erst möglichen Gegner, waren großenteils Präventivkriege. Bush holte nach, was für Rom immer selbstverständlich war.

Je weniger Rücksicht ein Land auf andere nehmen muß, desto weniger Außenpolitik muß es treiben; die Innenpolitik bestimmt zunehmend oder fast ganz das Verhältnis zur Außenwelt. Seit dem Jahr 65/4 vor Christus, dem endgültigen Sieg über König Mithridates von Pontos (nördliches Kleinasien), hatte die römische Republik fast keine Außenpolitik mehr, die von außen angestoßen wurde. Die großen Feldzüge der Zeit waren innenpolitisch veranlaßt. Um sich gegen Rivalen zu behaupten oder durchzusetzen, beschafften sich die starken Gestalten militärische Kommandos, Pompeius unterwarf den Osten, Caesar eroberte Gallien, Crassus zog gegen die Parther. So erscheint es folgerichtig, daß die Machtkämpfe in Bürgerkriege übergingen, es waren, wie zu allen Zeiten, die schlimmsten Kriege. Sie mobilisierten die größten Armeen, forderten die meisten Blutopfer und verheerten, im genauen Wortsinn, weite Teile des römischen Herrschaftsgebiets.

Wer Allmacht, soweit es das gibt, beschreiben wollte, könnte sich dieses erste vorchristliche Jahrhundert als Beispiel wählen: Sechzig Jahre lang, nur zeitweise unterbrochen, Krieg von Römern gegen Römer – einen solchen politischen Luxus vermochte sich nur ein Staat zu leisten, der so stark war, daß er sich nur mit sich selbst beschäftigen konnte. Dieser unglaubliche Zustand, nicht sehr viel mehr Außenpolitik treiben zu müssen, als Rom selbst es für nötig erachtete, hielt in der Kaiserzeit noch beinahe zweihundert Jahre an. Erst in den siebziger und achtziger Jahren des 2. Jahrhunderts mußte sich Kaiser Mark Aurel der Markomannen erwehren, der Vorboten der Völkerwanderung.

Einen Bürgerkrieg – oder gar eine Serie von Bürgerkriegen – können sich die Vereinigten Staaten nicht leisten, ohne ihre Stellung als Nummer eins in der Welt zu riskieren. Seit aber der globale Gegenspieler Moskau nicht mehr zu ständiger Wachsamkeit auf allen Erdteilen nötigt, darf Washington manches vernachlässigen. Bush junior zog sich fast demonstrativ aus der Vermittlung zwischen Israelis und Palästinensern zurück, er wurde kritisiert, aber das war alles. Ohne Amerika gibt es dort keine Aussicht auf Frieden; alle Beteiligten konnten nur hoffen, daß es sich der Frage später wieder annimmt.

Washington ist seit 1991 weniger von der Weltpolitik abhängig und mehr von seiner Innenpolitik bestimmt, wenn es über sein Verhältnis zur Welt entscheidet. Schon die Wahl Clintons und die Abwahl des Golfkrieg-Siegers Bush senior zeigte, daß die Mehrheit der Amerikaner nicht einer neuen Weltordnung nachlaufen, sondern ihr Haus in Ordnung bringen wollte. Seit Außenpolitik nicht mehr von einer Gefahr, also einem Atommacht-Rivalen, beherrscht war, erschien sie überhaupt nicht mehr sehr wichtig. Das Interesse der Amerikaner an außenpolitischen Fragen befinde sich »auf einem nie dagewesenen Tiefpunkt«, meinte Henry Kissinger: »Die letzte Präsidentenwahl (1999) war die dritte in Folge, bei der sich die Kandidaten im Wahlkampf kaum mit Außenpolitik befaßten.« Gerade in den neunziger Jahren habe nicht strategische Planung, sondern eine Reihe von Augenblicksentscheidungen das Außenverhältnis bestimmt, Entscheidungen, »mit denen in erster Linie die Wählerschaft zufriedengestellt werden sollte«.

Im Kongreß gab es Abgeordnete, die sich rühmten, keinen Paß zu haben: Was in der Welt geschieht, geht uns nichts an. Bush senior brauchte für seinen Irak-Krieg eine »Zweite Front« aus »Zensur und Propaganda« (so ein Buchtitel), um nach anfänglicher Zurückhaltung schließlich eine Zustimmungsmehrheit von 80 Prozent zu erreichen. Sein Sohn hätte den zweiten Krieg gegen Saddam Hussein nicht beginnen können, wenn ihm nicht der Schrecken des 11. September starken Rückenwind gegeben hätte. Es bedurfte einer neuen Gefahr: Terrorismus und Massenvernichtungswaffen in Schurkenhänden mußten die Dimension der Atomgroßmacht Sowjetunion bekommen.

Der Vorrang der Innen- vor der Außenpolitik hat in den Vereinigten Staaten Tradition, Kenner nennen einen Erfahrungswert von 90 Prozent. Messen kann man das nicht, erkennbar ist, daß nach 1991 Amerikas Außenpolitik amerikanischer wurde: Das nationale Interesse, was jeweils dafür gehalten oder erklärt wird, also ein Produkt der Innenpolitik, bildete den entscheidenden Maßstab; Rücksicht auf die übrige Menschheit, vom Schutz der Umwelt bis zur Entwicklungshilfe, traten zurück.

Wer übermächtig ist, wird hochmütig, er muß es werden. Unmittelbar nach dem Sieg bei Pydna, als Rom die letzte Großmacht im Mittelmeerraum geschlagen hatte, schickte der Senat Gaius Popilius Laenas zu König Antiochos IV., der kurz vor der Eroberung Ägyptens stand. Der König kannte Popilius aus seiner Geiselzeit in Rom und wollte ihn begrüßen, doch der wehrte ab: Erst müsse er ein Schreiben des Senats lesen; darin stand, Antiochos habe den Feldzug gegen Ägypten sofort abzubrechen. Der König war schockiert: Darüber müsse er erst einmal mit seinen Beratern sprechen. Darauf nahm der Römer einen Stock, zog im Sand einen Kreis um Antiochos und erklärte, er dürfe diesen Kreis erst verlassen, wenn er sich entschieden habe. Der Herrscher eines immer noch ansehnlichen Reiches zögerte nur kurz, bis er sich bereit fand, alles zu tun, was der Senat anordnete. Nun ergriff Popilius seine Hand und begrüßte ihn aufs freundlichste.

Madeleine Albright ging nie soweit. Doch wenn Clintons Außenministerin fast überall, wohin sie kam, öffentlich mahnte, warnte, belehrte, zensierte und zu verstehen gab, Unfolgsamkeit werde Konsequenzen haben, dann erinnerte sie an einen Prokonsul. Donald Rumsfeld sah sich schon einen großen Schritt weiter auf dem Wege zur Allmacht und zögerte nie, es die Alliierten spüren zu lassen. Amerikanische Botschafter fühlen sich zuweilen wie Statthalter und teilen ihre Kritik und Zurechtweisungen öffentlich mit, bleiben aber weit hinter dem römischen Gesandten zurück, der im Jahr 164 in den wichtigsten Städten des Pergamenischen Reiches bekanntmachen ließ: Jeder Bürger Pergamons, der Beschwerden über seinen König habe, solle sie vor ein römisches Tribunal bringen, das zehn Tage lang in Sardes bereit stehe.

Lasten der Übermacht

Freuden und Mühen der Macht sind oft schwer zu trennen. Der Lust, immer der erste zu sein, folgt der Zwang, es sein zu müssen, Kräfte werden verschwendet, mit denen sich Besseres anfangen ließe. Roms militärische Pflichten ruinierten das staatstragende Bauerntum, Amerikas ausufernder Wehretat gefährdete schon unter Reagan Wirtschaft, Währung und dringende soziale Aufgaben. Die Satelliten und Verbündeten wurden halb oder ganz entbehrlich und verursachten trotzdem immer neuen Ärger. Der Numiderkönig Jugurtha hielt Rom zehn Jahre lang zum Narren, bestach Senatoren, ließ mitten in Rom einen Rivalen ermorden, und erst nach mehrjährigem Krieg und peinlichen Schlappen gelang es, ihn zu besiegen und zu fangen. Manche Vasallen gehorchten nicht wie die Achäer in ihrem Dauerzank mit Sparta und wie Chirac und Schröder bei der Vorbereitung des Irak-Krieges. Andere stritten sich untereinander wie die Griechen des Altertums und wie die Griechen der Gegenwart mit den Türken – immer mußten Römer und Amerikaner vermitteln.

Schwerer wogen ihre Lasten als Schutzmächte. Die Römer hatten für Sicherheit zu sorgen, wo es früher andere getan hatten. Sie lösten die Makedonen als Wacht gegen die Barbaren des Nordens und Rhodos als Seepolizei gegen die Piraten ab. Die lokalen Abwehrkräfte waren oft zu schwach, die Legionen gingen ins Feld, wurden mehrfach schwer geschlagen. Im Jahr 114 kamen Kelten bis Delphi und plünderten es. In Sardinien war immer noch allein die Küste völlig sicher, in Sizilien brachten revoltierende Sklavenmassen die halbe Insel in ihre Gewalt, in Spanien flackerten Aufstände und Grenzkämpfe auf, erst zu Augustus' Zeit befand sich die ganze iberische Halbinsel fest in römischer Hand.

Amerikas Friedenspflichten sind global, sie aufzuzählen ist schwieriger, als zu suchen, wo die Vereinigten Staaten nicht engagiert sind – als offizieller oder stiller Schlichter, als Garantiemacht für die innere und äußere Stabilität, als Retter in Bürgerkriegen. Gebraucht zu werden und als Schutzmacht erwünscht zu sein begründet berechtigten Stolz, aber verleitet auch zur Überanstrengung. Immer neu wird in Washington darüber nachgedacht und gestritten, was nötig sei, was man anderen übertragen könne und was man sich selbst überlassen solle.

Römer wie Amerikaner bekamen auch die Kehrseite zu spüren, einen tiefen Haß. In den Jahren 91 bis 88 besetzte Mithridates, König von Pontos im nördlichen Kleinasien, die römische Provinz Asia und danach Griechenland, er wurde als Befreier begrüßt und versuchte, Roms Untertanen an sich zu binden, indem er zur Rache an Rom aufrief und half, Rache zu nehmen: In Asia wurden 80000 und in Griechenland 20000 Römer und Italiker erschlagen. Auch wenn es nicht so viele waren, Massenmorde waren es, die – obwohl organisiert – die tiefe Erbitterung enthüllten, die sich angestaut hatte. Gegen erpresserische Statthalter, brutale Steuerpächter und betrügerische Geschäftsleute jeder Art, die allesamt, weil wenig kontrolliert, aber mit der römischen Staatsmacht im Rücken, die Länder aussaugten.

Amerikanische Einrichtungen im Ausland gleichen belagerten Festungen, die Kette terroristischer Anschläge auf Botschaften, Amerika-Häuser, Militäranlagen, ja auch auf Vergnügungsstätten wurde in den letzten Jahrzehnten immer länger und dichter. Der Massenmord vom 11. September 2001 bildete im Prinzip nichts Neues, sondern den schrecklichen Höhepunkt einer Woge des Hasses. Der Anschlag war, wie im Fall des Mithridates, von einer kleinen Gruppe organisiert, aber der Beifall, nicht nur klammheimlich, den er und der mutmaßliche Anstifter Osama bin Laden in muslimischen Ländern fanden, lassen keinen Zweifel: Hinter der Untat Einzelner standen die Gefühle vieler. Von einer bestimmten

Größe der Macht an sind Ressentiments unvermeidliche Begleiter, Haß jedoch, wie ihn Römer und Amerikaner erfuhren, war die Folge ihres Machtgebarens.

Das Gefühl der Übermacht

Nach dem Sieg bei Pydna im Jahr 168 war Rom nicht nur Herr der Welt, sondern fühlte und benahm sich auch so. Das Verhältnis zu den Verbündeten regelte sich ausschließlich nach Befehl und Gehorsam, den Maßstab für die Politik gab allein das Eigeninteresse Roms, seine Sicherheit, seine Macht, sein Vorteil. Die Römer hatten es leichter als die Amerikaner, Imperialisten zu werden, sie kannten die Rücksichten, Bindungen und Verpflichtungen nicht, die Amerika als wesentliches Element seiner Außenpolitik betrachtete. Doch der Schock des 11. September, die Erfahrung eigener Verletzbarkeit trieb die Vereinigten Staaten in die Nähe Roms. Sie befreiten sich von den inneren Hemmungen und äußeren Hemmnissen, die ihre Handlungsfähigkeit eingeschränkt hatten. Sie unterdrückten ihr Bedürfnis nach Legitimation und den Wunsch nach der Nestwärme der Bündnisgemeinschaft und schoben fast alles beiseite, das sich ihren Absichten nicht fügte: UNO, NATO, Rüstungsbegrenzungsverträge, internationale Abkommen. Amerika ließ sich nicht mehr aufhalten zu tun, wozu es fähig war, es paßte seine Politik seiner Macht an. Es fühlte sich nicht wie Rom als Herr der Welt, wohl aber als Herr, der über allen Staaten der Welt steht.

Weltmächte ohne Gegenmächte sind eine Klasse für sich; für sie gilt nicht, was für andere gilt. Sie akzeptieren Gleichheit mit niemandem, aber sie ernennen einen treuen Gefolgsmann schnell zum Freund oder *amicus populi Romani*. Sie haben keine Feinde, sondern kennen nur Rebellen, Terroristen und Schurkenstaaten. Sie kämpfen nicht, sondern strafen. Sie führen nicht Krieg, sondern schaffen Frieden. Sie sind aufrichtig empört, wenn Vasallen sich nicht wie Vasallen verhalten.

Aber Weltmächte haben auch niemals Ruhe. Sie allein verfügen über die Macht und die Mittel, Gewalttäter zu zähmen und Bedrohte zu retten. Sie sind dauernd gefordert und können sich nur manchmal leisten, die Bitten, Wünsche, Hilferufe und Appelle an ihre Frieden bringende Kraft abzuweisen. Reagieren sie nicht, gerät ihre Glaubwürdigkeit in Gefahr, reagieren sie immer, verzetteln und überfordern sie sich. Sie müssen meist mehr, als sie auf die Dauer können, aber sie können mehr, als sie dürfen, und deshalb erliegen sie fast immer der Versuchung, vor der Senator William Fulbright Amerika schon 1966 warnte: »Macht neigt dazu, sich mit Tugend zu verwechseln.«

V. ANTIKE UND ABENDLAND

Es ist Sache eines Eroberers, einen Teil des Unrechts, das er begangen hat, wiedergutzumachen. Ich definiere das Eroberungsrecht folgendermaßen: Ein notwendiges, legitimes und unglückliches Recht, das immer nach der Bezahlung einer ungeheuren Schuld verlangt, um sich der menschlichen Natur gegenüber zu entlasten.

MONTESQUIEU

Mit dem Jahr 2003 hat der Vergleich zwischen Amerika und Rom ein Ende. Als die einzige, alles überragende Weltmacht kennen wir die Vereinigten Staaten gerade ein Dutzend Jahre, Rom hingegen mehr als vierhundert Jahre. Erst in der Mitte des 3. Jahrhunderts nach Christus erwuchs dem Imperium Romanum im neupersischen Reich der Sasaniden eine Gegenmacht beinahe gleichen Ranges. Der »König der Könige« erhob wie Rom Anspruch auf Weltherrschaft, einmal triumphierte er sogar über Rom, als er im Jahr 260 nach Christus den Kaiser Valerian besiegte, gefangennahm und zu kniefälliger Huldigung zwang. Aber das war nicht das Ende Roms, sondern nur seiner Übermacht, das Weströmische Reich bestand danach noch zweihundert Jahre und das Oströmische noch zwölfhundert Jahre bis 1453, als die Türken Konstantinopel einnahmen.

Die Vereinigten Staaten verfügen heute nicht über ein Imperium, wie Rom es schuf, sie haben die größte Macht in der Welt, nicht aber wie Rom die Herrschaft über die Welt. Sie stehen erst am Anfang eines Weges, dessen Verlauf und Ende niemand kennt. Prophezeiungen sind nicht Sache des Historikers.

Einer Betrachtung wert erscheint aber zweierlei: Kann Roms Weg zum Imperium auch ein Weg Amerikas zu einem Empire sein? Gibt das Verhältnis zwischen Römern und Griechen einen Hinweis auf die Zukunft der Amerikaner und Europäer?

1. Imperium

Roms Weg führte von einer Adelsrepublik zur Monarchie und von einem Stadtstaat mit weltweitem Kolonialbesitz zu einem Weltreich. Eine Adelsrepublik lebt von der Gleichheit ihrer Mitglieder und deren Einordnung in das gemeinsame Ganze, aber beides, die Gleichheit wie die Einordnung, gelang immer weniger. In den Provinzen herrschten die Nobiles fast wie Könige, und fast wie Könige wurden sie als Heerführer und Kommissare in den hellenistischen Ländern behandelt, mit Standbildern und Altären wie Götter verehrt.

Draußen konnten sie beinahe alles tun, was sie wollten, zu Hause sollten sie wieder einer unter vielen sein, beargwöhnt von neidischen Standesgenossen. Draußen konnten sie aus der Kriegsbeute der Besiegten, durch Erpressung der Unterworfenen und die Ausbeutung der Untertanen reich werden, zu Hause sollten sie nach alter Väter Sitte streng, maßvoll und bescheiden bleiben. Gesetze gegen den Luxus – wieviel darf ein Gastmahl kosten und wieviel Schmuck eine Frau tragen? – blieben wirkungslos wie immer, wenn der Staat dem Leben mit Vorschriften beikommen will. Draußen lernten sie Vergnügungen kennen und durften sich ihnen ungebremst hingeben, zu Hause wachten die Zensoren über die guten Sitten. Draußen begegneten sie der griechischen Aufklärung und der Relativierung aller Werte, zu Hause sollten sie immer noch glauben und denken wie einst die Vorfahren. Ihr Selbstgefühl stieg durch die großen Aufgaben, die sie in fernen Ländern bewältigten, und ihre persönliche Macht wuchs durch die Ergebenheit ihrer Heere, die zu Berufsarmeen geworden waren, mehr ihrem Feldherrn verbunden als dem Staat.

So wurde das erste Jahrhundert vor Christus zur Zeit der großen Gestalten, des Marius und Sulla, des Pompeius und Caesar, des Antonius und Octavian. Und es wurde zugleich zur Zeit des Zerfalls der ungeschriebenen Gesetze, deren Befolgung Rom groß gemacht hatte. Unter den Ansprüchen des einzelnen ging die gemeinsame Sache, die *res publica,* allmählich zugrunde. Schon bevor Rom zur Monarchie wurde, entschieden einzelne über seine Verfassung. Lucius Cornelius Sulla, der Sieger im ersten Bürgerkrieg, machte sich zum Diktator auf Zeit und restaurierte die Republik, aber der künstliche Bau hielt nicht lange. Caesar, der Sieger im zweiten Bürgerkrieg, machte sich zum Diktator auf Lebenszeit und zerstörte die Republik, aber wurde ermordet. Octavian, der Sieger im dritten Bürgerkrieg, restaurierte die Republik und errichtete teils neben, teils über ihr die Monarchie.

Roms erster Kaiser gab sich als der erste Bürger, der *Princeps.* Er schuf kein Sonderrecht für den Monarchen, sondern übernahm dauerhaft die Befugnisse zweier republikanischer Ämter, des prokonsularischen Imperium und des Volkstribunats; damit sicherte er sich den Oberbefehl über die Heere der Grenzprovinzen und jede wesentliche Initiative und Entscheidung im Staat. Octavian, der seit 27 Augustus, der Erhabene, genannt wurde, war Roms größter Staatsmann, denn er überwand den Gegensatz zwischen Republik und Reich, an dem der Staat zu zerbrechen drohte. Er bändigte und pflegte die Republik, aber übernahm die Aufgaben, denen sie nicht gewachsen war, es war der wichtigere Teil, der auch die Machtmittel enthielt. Augustus rettete Rom und gab ihm ein zweites Leben, indem er das Unvereinbare, den Stadtstaat und dessen weltweite Eroberungen, zu einem Reich zusammenfügte.

Augustus brachte zum Abschluß, was – wie alles Römische – in einem langen Prozeß sich herausgebildet hatte. Das Imperium entstand aus offensiver Verteidigung, die zu Eroberungen führte, die Eroberungen begründeten Macht, die zu Herrschaft führte, aber nicht zu staatlicher Form. Exzesse wie die Zerstörung von Karthago und Korinth blieben die Ausnahme, jedenfalls in diesem Ausmaß, aber das Verhältnis zu den Unterworfenen war durch und durch destruktiv, es hatte kein Ziel, kein Konzept und keine Moral. Die Provinzen dienten der Ausbeutung, die Reformversuche galten nur der Verfassung der Stadt Rom.

Nach wie vor wollte der Senat herrschen, ohne zu regieren, doch eben damit hatte er Reiche und Städte unregierbar werden lassen. Die vier Kantone Makedoniens gerieten ins Chaos, Rom mußte selbst für Ordnung sorgen und errichtete seine erste Provinz im Osten. Im Jahr 133 vererbte der letzte König von Pergamon den Römern sein Reich, der Senat brauchte fast ein Jahr, um über die Annahme des Geschenks zu entscheiden. Inzwischen bemächtigte sich ein Usurpator des Landes, Sklaven erhoben sich, die Armen revoltierten, weder Roms Gesandte noch befreundete Nachbarstaaten bewältigten das Chaos, Rom mußte sich seine Erbschaft erobern und dort selbst für Ordnung sorgen. »Asia« wurde seine zweite Provinz im Osten.

Immer häufiger geriet es in ähnliche Zwangslagen. Durch Erbschaften, die es, wie in Bithynien, nicht Bürger- oder Nachbarschaftskriegen überlassen durfte. Durch herrschaftslose Verhältnisse, die ganze Länder zur Heimat von Piraten werden ließen und Rom nötigten, sie unter Kontrolle zu nehmen, wurden Kilikien (südöstliches Kleinasien), Kreta und Cyrenaika Provinzen. Durch Unruhen in Südfrankreich, wo Kelten und Ligurer den Landweg von Italien nach Spanien bedrohten, entstand die Provinz, die noch heute Provence heißt. Schließlich durch die großen Eroberer: Pompeius unterwarf den Osten bis nach Syrien und Caesar Gallien. Dabei ging es nicht mehr um Sicherheit, obwohl Caesar es ständig behauptete, sondern um Ausdehnung der Herrschaft, die provinziale Organisation verlangte.

Bis zu Pompeius und Caesar war die Errichtung von Provinzen nirgendwo das Ziel, sondern nur ein letzter Notbehelf in Ländern, die man nicht sich selbst überlassen konnte, weil sie nicht zur Ruhe kamen oder weil sie zu Heimstätten ständiger Unruhe geworden waren. Doch der Notbehelf erwies sich immer öfter als notwendig. Rom hatte das politische Leben in vielen Regionen erstickt und war nun gezwungen, selbst für Ruhe und Ordnung zu sorgen. Dabei entstand ein Flickenteppich aus Provinzen, die keine Einheit bildeten und auch nicht bilden sollten, aber schon zu Elementen einer Einheit wurden. Ein Imperium entstand, das niemand plante und auch keiner wollte. Ihrer Herrschaft und ihres Glanzes waren sich die Römer wohl bewußt und stolz darauf, aber daß Herrschaft mehr ist als Aufsicht und Ausbeutung und daß sie eine politische Form braucht und am Ende eine staatliche Gestalt – all das lag auch Mitte des 1. Jahrhunderts noch außerhalb der Vorstellung.

Pompeius und Caesar waren Imperialisten, was nicht heißt, daß sie schon ein Imperium planten, vielleicht in Ansätzen. Erst Augustus erfaßte Roms Herrschaftsgebiet als ein Ganzes, das eine Ordnung, eine Rechtfertigung und eine Form, also Grenzen, haben mußte. Er traf Vorkehrungen dafür, daß die Provinzen nicht weiter privatem Gewinnstreben ausgeliefert, sondern verwaltet wurden. Er ergänzte das Recht des Eroberers durch die Fürsorge des Friedensstifters. Nach den Verwüstungen der ewigen Bürgerkriege herrschte eine überwältigende Sehnsucht nach Frieden und gesicherten Verhältnissen. Beides gewährte Augustus, Römer und Provinzen dankten es ihm, und die *Pax Augusta* legitimierte die Alleinherrschaft.

Schließlich setzte der Kaiser dem Reich Grenzen, nachdem er es mehr erweitert hatte als alle vor ihm. Er trieb Reichspolitik, die neuen Provinzen, die er schuf, füllten Lücken und rundeten das römische Herrschaftsgebiet zu einem geschlossenen Ganzen. Doch dabei ließ er es. Durch bittere Erfahrungen hatte er die Gefahr aller Großreiche erkannt: Unbegrenzte Ausdehnung führt zur Überdehnung, die militärischen, menschlichen und finanziellen Kräfte reichen nicht mehr. Wenn man von dem Eroberer Trajan absieht, der hundert

Jahre später dem Alexander-Traum eines Reiches bis nach Persien und Indien nicht widerstand und daran scheiterte, hat sich das Imperium Romanum im wesentlichen in den Grenzen gehalten, die Augustus gezogen hat.

Polybios fragte gegen Ende seines Lebens, ob Roms Herrschaft ein Fluch oder ein Segen für die Menschheit sei. Es war beides, zuerst ein Fluch und dann ein Segen. Auf zweihundert Jahre Unterwerfung und Unterdrückung folgten, mehr als zwei Jahrhunderte fast ungestörten Gedeihens. Das erste und noch mehr das zweite Jahrhundert gehören zu den glücklichsten Epochen der Weltgeschichte. Das Römische Reich, das zum Mythos bis in die Gegenwart wurde, entstand in einem zwiefachen Prozeß: Der Unterschied zwischen dem Herrschaftsland Italien und den untertänigen Provinzen ebnete sich allmählich ein, im Jahr 212 waren beinahe alle Bewohner des Reiches Römer. Parallel zur Verbreitung des Bürgerrechts vollzog sich der zweite Prozeß, die Urbanisierung und Latinisierung aller Teile des Reiches, die nicht schon griechisch urbanisiert waren. Städtische Lebensform und lateinische Sprache schufen die hohe einheitliche Zivilisation, die wir in den archäologischen Resten rund um das westliche Mittelmeer finden. Nicht mehr die Legionen hielten dieses Imperium zusammen, sie schützten es nur noch nach außen; Kultur im weitesten Sinn begründete ein Reich, das nicht zuletzt deshalb zugrunde ging, weil alle, die außerhalb seiner Grenzen lebten, daran teilhaben wollten.

2. Empire?

Nachdem Rom zur einzigen Weltmacht geworden war, verwandelte es sich: aus einer Kolonialmacht (im Sinne des 19. Jahrhunderts) wurde ein Imperium, aus einer Republik wurde eine Monarchie. Müssen die Vereinigten Staaten, nachdem sie zur einzigen Weltmacht geworden sind, sich ebenfalls verwandeln? Darüber hat in Amerika eine lebhafte Diskussion begonnen, die um genau die gleichen Veränderungen kreist, die Rom durchlief. Der Zustand, einzige Weltmacht zu sein, führt, wie es scheint, zu den gleichen Folgen oder Folgerungen.

Ist Amerika ein Empire oder jedenfalls ein Empire im Entstehen? Wenn nicht, soll es ein Empire werden, oder muß es sich einer Entwicklung dazu widersetzen? Bisher war *Empire* ein Unwort, aber kann ein amerikanisches Empire vielleicht nützlich oder sogar nötig sein? Bisher war auch *Pax Americana* ein verpönter Begriff, aber ist ein Frieden, den Amerika erzwingt, nicht ein Segen? Bisher war es eine Beleidigung, wenn andere die Amerikaner Imperialisten nannten, aber trifft es vielleicht einen Sachverhalt, der auch seine guten Seiten hat? All das mündet in die entscheidende Frage: Kann Amerika Republik und Demokratie bleiben, wenn es ein Empire wird? Oder schließt eines das andere aus?

Soweit hier nicht nur um Worte gestritten wird, handelt es sich um Fragen von gleicher Bedeutung und gleichem Ernst wie in der großen Debatte zu Beginn des Zweiten Weltkriegs. Heute geht es wie damals darum, wie Amerika Amerika bleiben kann: Indem es fortschreitet auf dem Weg, den es eingeschlagen hat, oder indem es innehält und sich auf die Grundsätze besinnt, denen es bisher gefolgt ist? Damals wurde gestritten, ob sich die Nation durch Eingreifen in die Welt oder durch Abstand von der Welt bewahren kann, heute steht nicht mehr ein Eingreifen in die Weltpolitik zur Debatte, sondern deren Beherrschung – das ist eine Dimension mehr.

Die Advokaten eines American Empire sagen, eine anarchische Welt mit Terroristen, Schurkenstaaten und Massenvernichtungswaffen verlange eine global dominierende Kraft, und das könne nur Amerika sein. Amerikaner können sich, so Robert Kagan, »eine stabile und erfolgreiche Weltordnung« nur vorstellen, wenn »in deren Zentrum die USA stehen« und wenn sie »mit militärischer Macht verteidigt wird, besonders amerikanischer Macht«. Der Vergleich mit Rom bietet sich an. Robert Kaplan, ein welterfahrener Journalist, ermuntert die Führer Amerikas, die alten Historiker zu lesen »für hilfreiche Hinweise, wie man die Welt steuern muß«. Kaplan schreckt sogar vor Kaiser Tiberius nicht zurück: Er sei so etwas wie ein Despot gewesen, aber er »verband Diplomatie mit Gewaltanwendung, um einen Frieden zu bewahren, der nützlich war für Rom«.

Wie Präsident Bush junior der gewachsenen Macht seine Politik anpaßt, so passen die Professoren und Publizisten der Macht die Sprache an und damit das Denken. Henry Kissinger warnt: »Die Straße zum Empire führt zum inneren Niedergang, denn mit der Zeit höhlt der Anspruch der Allmacht die innenpolitische Zurückhaltung aus. Kein Reich hat die Straße zum Cäsarismus, zur Autokratie, vermieden – es sei denn, es hat, wie das Britische Weltreich, die Macht abgegeben, bevor dieser Prozeß einsetzen konnte.« Kurz danach der entscheidende Satz: »Ein bewußtes Streben nach Hegemonie ist der sicherste Weg zur Zerstörung der Werte, die Amerika groß gemacht haben.«

Dem »europäischen« Amerikaner halten die geborenen Amerikaner entgegen, was sie schon mit der Muttermilch aufgenommen haben: Amerika ist grundlegend anders als alles, was je auf der Welt war. Amerika werde Republik und Empire durchaus vereinen können, denn ein amerikanisches Imperium werde, anders als alle früheren, ein wohlwollendes Empire sein, das nicht unterdrückt, sondern beglückt. Ein anderer »europäischer« Amerikaner, Zbigniew Brzezinski, zweifelt: »Nie zuvor hat eine wirklich im Volk verankerte Demokratie die internationale Politik dominiert. Machtstreben verträgt sich im Grunde ebensowenig mit demokratischer Gesinnung wie die zu seiner Ausübung notwendigen wirtschaftlichen Kosten und menschlichen Opfer. Eine demokratische Gesellschaft läßt sich nicht so leicht für imperialistische Zwecke einspannen.«

Den Ausgang des Streits werden nicht die Argumente bestimmen, sondern die Tatsachen. Der Kolumnist Charles Krauthammer schrieb: »Seit dem römischen Reich hat es in der

Weltgeschichte kein Land gegeben, das kulturell, wirtschaftlich, technisch und militärisch so machtvoll (dominant) war.«
Genügt das, um ein Imperium wie das römische zu werden?

Städtische Lebensform und lateinische Sprache schufen die kulturelle Grundlage des römischen Reiches. Tacitus hat beschrieben, wie die Römer unterentwickelte Völkerschaften zwangen, drängten und lockten, Städte zu bauen und sich der Zivilisation zu erfreuen, er schilderte es am Beispiel seines Schwiegervaters Agricola: »Um die verstreut wohnenden, rohen und darum leicht zum Krieg geneigten Menschen durch Wohlleben an Ruhe und Frieden zu gewöhnen, forderte er sie persönlich auf, Tempel, Marktplätze und Häuser zu errichten; und half ihnen dabei mit Staatsmitteln. Er ließ sogar die Söhne von Adligen in die höhere Bildung einführen – eben hatten sie sich noch geweigert, die römische Sprache zu lernen, nun strebten sie nach lateinischer Beredsamkeit. Auch unsere Kleidung wurde beliebt und die Toga gebräuchlich. Allmählich verfiel man den Verlockungen des Lasters: Säulenhallen, Bädern und glanzvollen Gelagen. Bei den Unerfahrenen hieß das Kultur, aber war doch Teil der Knechtschaft« (Tacitus, Agricola 24). Was Tacitus nur als Herrschaftsmethode beschrieb, war zugleich Kultivierung durch Romanisierung.

Der *Roman way of life* tat vor zweitausend Jahren, was heute der *American way of life* teils versucht, teils erreicht. Ein Lebensstil fasziniert, der im einen Fall von künstlichen Bädern bis zu den Feinheiten der Redekunst sich erstreckte, im anderen von McDonald's bis Harvard. Die Grenzen, die Amerika in vielen Ländern politisch gesetzt sind, überwindet es oft kulturell. Etwa ein Viertel der Weltbevölkerung spricht englisch oder kann sich darin verständigen, in mindestens 48 Staaten ist Englisch Amtssprache, in allen globalen und in den meisten internationalen Organisationen ist es Arbeitssprache, in der internationalen Wirtschaft ist es Geschäftssprache, und in der Wissenschaft ist es weltweit die lingua franca. Mit der Sprache umkreisen amerikanische Filme, Fernsehserien, Songs den Erdkreis, begleitet von Jazz, Pop, Jeans, Cola und Hamburger, oft verärgert abgewehrt, weit häufiger begeistert aufgenommen als der wahre Ausdruck der Zeit. Amerika ist Weltmacht nicht nur, weil es jeden Winkel der Welt militärisch erreichen kann, sondern auch, weil es ihn mit den Erzeugnissen seiner Alltagskultur schon erreicht hat. Soft power ist eine stärkere Kraft als hard power, Verführung erfolgreicher als Vergewaltigung, aber ersetzen kann sie politische Macht nicht.

Als Vergil Juppiter sagen ließ, er habe den Römern ein *imperium sine fine* gegeben, eine Herrschaft ohne Grenzen (Aeneis 1,279), da war das Dichtung, nicht Wahrheit. Augustus verzichtete in weiser Selbstbeschränkung auf den Feldzug gegen die Parther, den Caesar vorbereitet hatte, und begnügte sich im Norden mit der Rhein- und Donau-Grenze. Auch Amerikas Macht erstreckt sich nicht über die Welt. Rußland, Indien, Indonesien und China sind und bleiben tabu für Washington, selbst Chinas Interessenzone muß es beachten und kann in das atomwaffenverdächtige Nord-Korea heute so wenig einmarschieren wie 1950. Von Afrika hält es kluge Distanz, jedes größere Engagement würde mehr Kräfte verschlingen als Gewinn versprechen. Wie das römische Imperium kann ein amerikanisches Empire nur einen Teil der Welt umfassen, möglich wäre nur eine »selektive Weltherrschaft«, wie Ernst-Otto Czempiel es nennt.

Vergils Jupiter setzte den Römern auch keine Zeitgrenze, immerhin blieb Rom nach dem Sieg bei Pydna (168 vor Christus) etwa vierhundert Jahre ohne Gegenmacht. China wird schon heute als künftiger Rivale der Vereinigten Staaten erkennbar. »Amerika als die führende Weltmacht hat nur eine kurze historische Chance«, schreibt Brzezinski, kaum viel mehr als eine Generation bleibe den Vereinigten Staaten Zeit ohne Herausforderer. Diese Frist, darauf laufen Brzezinskis globalstrategische Überlegungen hinaus, müsse es nutzen, um überall auf der Welt seine Positionen zu festigen und am

Ende aber nicht ein Empire zu schaffen, sondern eine »funktionierende Struktur weltweiter Zusammenarbeit«.

Die Römer machten aus den riesigen Territorien, über die sie Macht hatten, einen Großstaat, dessen Teile allmählich zur Gleichberechtigung gelangten und dessen Völker eines nach dem anderen die politische Elite stellten. Seit dem 2. Jahrhundert kamen sogar die Kaiser aus Spanien, Syrien, Afrika, Illyrien. Amerika hat gar keine Provinzen, die es nötigen oder ihm ermöglichen könnten, zu einem Reich zusammengefaßt zu werden. Die Europäer und Japaner können nicht von amerikanischen Prokonsuln regiert werden, um dann eines Tages Bürger der Vereinigten Staaten von Amerika zu werden. Washington bleibt nur, weiter zu tun, was es am liebsten tat und was auch Rom gern weitergetan hätte: herrschen, ohne zu regieren. Das geschieht durch die NATO, Militärstützpunkte sowie Truppenstationierung, ferner durch Geheimdienste, die in verbündeten Ländern fast so agieren wie in besetzten, vor allem aber durch den Dollar und dessen Volumen, durch die Stärke der Wirtschaft und deren Investitionen im Ausland. Man kann sagen, dies sei die einzig zeitgemäße Form der Herrschaft: statt staatlicher Gewalt wirtschaftliche, politische und militärische Abhängigkeit. Aber es ist weniger Herrschaft, als Rom hatte. Die Abhängigen können auch einmal Nein sagen – in einem Imperium gibt es das nicht.

Roms Verbündete wurden Untertanen, sie waren zu schwach, um mehr Eigenständigkeit zu bewahren, als Rom ihnen zugestand. Amerikas Verbündete sind stärker. Frankreich ist nicht Bithynien, Großbritannien nicht Rhodos, Deutschland nicht Pergamon, Japan nicht Numidien. Europa und Japan sind sogar wirtschaftlich so kräftig geworden, daß sie als Konkurrenten Amerikas auftreten und zuweilen Wirtschaftskriege entstehen – Kriege gibt es nur mit ernsthaften Gegnern.

Rom konnte sich vierhundert Jahre lang im wesentlichen auf sein Reich beschränken, das war seine Welt. Amerika hat es mit der ganzen Welt zu tun und muß sich auch mit Teilen beschäftigen, über die es keine Macht hat. Es genießt dort eine Autorität, die ohne Vergleich ist. Nur amerikanische Präsidenten, Minister und Diplomaten haben Aussicht, allein durch ihr Wort Konflikte zu beenden: Was unlösbar erscheint, beruhigt sich sogleich, wenn aus Washington ein Machtwort gekommen ist. Nur die Vereinigten Staaten haben die militärischen Mittel, an jedem Ort des Globus – außer in Großstaaten wie Rußland, Indien oder China – Frieden zu erzwingen, Massenmord und -vertreibung zu beenden, Annexionen rückgängig zu machen, unliebsame Regime zu stürzen.

Von Amerikanern könnte stammen, was einst der römische Feldherr Cerialis aufständischen Galliern zurief: »Wenn, was die Götter verhüten mögen, die Römer vertrieben werden, was anderes würde daraus entstehen als Kriege aller Völker untereinander!« Roms Herrschaft könne nicht zerstört werden ohne den Ruin der Zerstörer (Tacitus, Historien 4,74,3). Bill Clinton meinte das gleiche, als er Amerika zur »unverzichtbaren Nation« erklärte, das hieß: Es spielt eine unentbehrliche Rolle für die Welt, aber kann nicht Herrscher der Welt sein. Im Gegenteil, es steht schon jetzt vor dem kaum lösbaren Problem, das den Römern erst in ihrer Spätzeit begegnete: Amerika muß sich um mehr kümmern, als es bewältigen kann.

Amerika hat nur die erste Stufe der Weltmacht erreicht: Es kann gegen den Protest der halben Welt so ziemlich alles tun, was es will; auch Großstaaten sind außerstande, es zu hindern. Die zweite Stufe der Weltmacht, auf der Rom stand, bleibt für Amerika unerreichbar: Es kann nicht alle zwingen zu tun, was es will. Ein Imperium wie das römische können die Vereinigten Staaten nicht schaffen, die *Pax Americana* hat nicht Aussicht auf jahrhundertelangen Bestand wie die *Pax Romana*. Ob man die ungeheure Macht, über die Amerika verfügt, ein *Empire* nennt oder nur *Superpower*, hängt davon ab, wie die Amerikaner sich selbst verstehen und wie sie sich in Zukunft verhalten werden, mehr als Imperialisten oder mehr als Ordnungsmacht. Der Vergleich mit Rom führt zu einer anderen Parallele, die weiter in die Zukunft weist; es ist die eigenartigste Ähnlichkeit zwischen Römern und Amerikanern: ihr Verhältnis zu den Griechen und Europäern.

3. Väter und Söhne

Einige Monate nach der Schlacht bei Pydna und der Gefangennahme des Königs Perseus trat der siegreiche Konsul Lucius Aemilius Paullus eine Bildungsreise durch ganz Griechenland an. Begleitet von einem Sohn und einem pergamenischen Prinzen besuchte er die berühmten Stätten, das Orakel in Delphi, Aulis, wo einst Agamemnon nach Troja aufgebrochen war, und dann Athen. Dort opferte er der Athena auf der Akropolis, betrachtete die Sehenswürdigkeiten und trug der Bürgerschaft einen Wunsch vor: Sie möge ihm für die Erziehung seiner Kinder den Philosophen mitgeben, den sie am höchsten achtete, ferner einen Maler, der seinen bevorstehenden Triumph verherrlichen solle. Natürlich wurde der Wunsch erfüllt. Der Konsul reiste weiter nach Argos, Epidauros und Sparta und schließlich nach Olympia, wo er ergriffen die Zeus-Statue des Phidias bewunderte. Er habe viel erwartet, sagte er, aber die Wirklichkeit habe seine Vorstellungen weit übertroffen.

Aemilius Paullus war ein gebildeter Mann. Aus der Siegesbeute des Perseus nahm er sich die königliche Bibliothek, seine Verehrung für den Geist der Hellenen war echt, aber ebenso echt war sein Sinn für Macht. Welch eine Arroganz lag in dem »Wunsch« an die Athener: Gebt mir eure Besten! Welch ein Anspruch in der Annahme, Athens meist geachteter Philosoph werde selbstverständlich nach Rom umziehen, um dort Hauslehrer in einer adligen Familie zu werden. Welch ein Hochmut in der Erwartung, Athens begabtester Maler werde es als Ehre betrachten, einen römischen Triumphator zu feiern.

All das spielte sich vor dem Hintergrund römischer Strafgerichte ab. Athen, das treu bei Rom gestanden hatte, war nicht betroffen, aber es waren Griechen, die exekutiert, versklavt und deportiert wurden, während der Feldherr die Kunst der Griechen bewunderte. Roms Nationaldichter Vergil hat den Kontrast später in die viel zitierten Verse gebracht (Aeneis 6,847ff.), andere sollten die besseren Statuen aus dem Marmor hauen; die Kunst des Römers sei es, die Welt zu regieren. Roms feinsinnigster Poet Horaz sah es umgekehrt: *Graecia capta ferum victorem cepit et artis intulit agresti Latio* (Epistulae 2,1,156f.): Das mit dem Schwert eroberte Griechenland eroberte den rohen Sieger mit seinem Geist, denn es brachte die Künste und Wissenschaften ins bäuerische Latium.

So war es. Römische Dichtung, Philosophie und Wissenschaft begannen als Übersetzung oder Bearbeitung griechischer Werke. Der Begründer der römischen Literatur, Livius Andronicus, war ein kriegsgefangener Grieche aus Tarent, neben Dramen und Tragödien übertrug er die Odyssee ins Lateinische. Plautus und Terenz folgten der zeitgenössischen griechischen Komödie. Cicero ging auf Platons Spuren, seine Schrift über den Staat, »de re publica«, sollte wie Platons Staatsschrift »Politeia« sein, Ciceros »de legibus«, die Gesetze, sollten Platons »Gesetzen«, den »Nomoi«, entsprechen. Das Glück des Horaz bestand aus einem kleinen Landgut, das ihn ernährte, und einem »Hauch des griechischen Musengeistes«, der ihn zum Dichter werden ließ. Fabius Pictor, der erste Römer, der römische Geschichte schrieb, tat es auf griechisch: Er wollte Rom der Welt vorstellen. Den mythischen Anschluß an die griechische Welt stifteten die Dichter. Sie gaben Romulus, dem Stadtgründer Roms, den Trojaner Äneas zum Ahnherrn. Wie Odysseus irrte Äneas nach dem Fall Trojas jahrelang über die Meere, bis er in Italien eine neue Heimat fand. Die griechische Odyssee erhielt mit der Aeneis eine römische Parallele, und die Römer wurden zu Brüdern der Griechen.

Die Nähe der Römer zu den Griechen war eine Wahlverwandtschaft, die Nähe der Amerikaner zu den Europäern war eine Blutsverwandtschaft, was allerlei Unterschiede begründete. Gewählten Vätern eifert man nach, von den natürlichen sucht man sich zu lösen. Die Amerikaner brauchten nicht Nähe, sondern Abstand zu Europa, um ihrer selbst gewiß zu werden. Sie verehrten ihre eigenen, ihre Gründungsväter, die an europäischer Bildung keinem Europäer nachstanden. Doch die große Mehrheit, die Farmer, Squatter, Jäger, Cowboys und Goldsucher, bedurfte kultureller Entwicklungshilfe wie das »bäuerische Latium« des Horaz. So begann auch hier die Literatur mit Nachahmung, mit Übersetzungen, Bearbeitungen und Nachdrucken europäischer Werke. James Cooper gab seinen ersten Roman als das Werk eines englischen Autors aus. Wie in der lateinischen Literatur allmählich römische Themen in die griechischen Gewänder gekleidet wurden, so beschrieb Amerika sich in Formen, die Europa entlehnt waren. Der Drang nach Eigenständigkeit zeigte sich zuerst in der Literatur, mit Edgar Allan Poe bekam Amerika seinen ersten Dichter, der in die Weltliteratur einging.

In der Musik, Malerei, Architektur und Bildhauerei hingegen blieben die Vereinigten Staaten durch das ganze 19. Jahrhundert von Europa abhängig. Wie Aemilius Paullus einen griechischen Maler für seinen Triumph brauchte, so beauftragten die Bürger von Virginia einen französischen Bildhauer, als sie ein Standbild von George Washington haben wollten. In der Wissenschaft interessierte ihre Anwendung in Amerika weit mehr als ihre Grundlagen. Vorbild für die Universitäten wurde großenteils die deutsche Universität. Wer eine erstklassige Ausbildung haben wollte, studierte in Europa, wie Cicero und Caesar ihre rhetorische Ausbildung in Griechenland vollendeten.

In der ersten Hälfte des 20. Jahrhunderts kamen die Amerikaner dort an, wo sich die Römer zur Zeit des Augustus befanden. Beide hatten sich von ihren Vorbildern emanzipiert, sie blieben für deren Einfluß weiterhin offen, aber sie waren selbständig und eigenständig geworden. Sie lagen hinter Griechen und Europäern nicht mehr zurück, sondern hatten Gleichrangigkeit erreicht; ihre besten Leistungen wurden Teil der Weltkultur.

Das Lehrer-Schüler-Verhältnis, die Spannung zwischen Geist und Macht, wirkte jedoch nach. Römer und Griechen begegneten sich mit den gleichen widersprüchlichen Gefühlen, mit denen sich Amerikaner und Europäer heute noch betrachten. Die Römer sahen auf zur Kultur der Griechen und sahen hinab auf die *Graeculi*, die Griechlein, die politisch nichts zustande brachten als kleinliche Rivalitäten in ihrem engen Land. Selbst die bedeutenden Taten der Athener in alter Zeit, meinte Sallust (Catilina 8), würden als die allergrößten nur deshalb gefeiert, weil die besten Köpfe der Griechen sie rühmten – in Rom hingegen wollten die besten Köpfe lieber handeln als reden.

Auch die Amerikaner schwankten zwischen Verehrung und Verachtung. Mehr als ein Jahrhundert versuchten sie, es Europa gleichzutun in Kunst, Wissenschaft und kultiviertem Lebensstil, zugleich verabscheuten sie die moralisch verkommene, in feudaler Unfreiheit gefangene und in ewige Kriege verstrickte Alte Welt. Schon seit ihren Anfängen betrachteten sie sich als Missionare der republikanischen Freiheit, aber empfanden zugleich, was ihnen fehlte. Ganze Schlösser ließen reiche Amerikaner Stein für Stein über den Atlantik schleppen und originalgetreu wieder aufbauen. Wie die Römer griechische Kunst massenhaft raubten, kauften Amerikaner massenhaft europäische Kunst. Bis zum Zweiten Weltkrieg gingen Amerikaner nach Europa, um alte Kultur und die neuesten Strömungen kennenzulernen, nach dem Zweiten Weltkrieg wurden sie Herr halb Europas und schütteln seitdem die Köpfe über die Uneinigkeit und Unfähigkeit der Völkerschaften dort, politische Form und Kraft zu entwickeln.

Römer und Amerikaner im Bewußtsein ihrer Macht, Griechen und Europäer im Stolz auf ihre Kultur, jeder im Gefühl, dem anderen überlegen zu sein, jeder voller Ressentiment im

Gefühl seiner Unterlegenheit. Die Rollen hatten sich vertauscht. Die geistigen Väter, Griechen und Europäer, waren politisch zu den Kindern geworden, die einstigen Kinder, Römer und Amerikaner, waren zu Vätern geworden, die ihre unreifen Söhne vor den Gefahren der Welt schützten und ständig mahnen mußten, erwachsen zu werden und die Sachen selbst in die Hand zu nehmen. Charles de Gaulle wollte es nicht wahrhaben und nannte Amerika beharrlich die Tochter Europas.

Doch damit enden die Parallelen. Denn die Amerikaner wurden kulturell stärker als die Römer, und die Europäer blieben politisch nicht so schwach wie die Griechen. Die Amerikaner erlangten, was den Römern versagt blieb, sie begannen in der zweiten Hälfte des 20. Jahrhunderts Europa auf vielen Gebieten zu übertreffen. Hitler half ihrer Wissenschaft an die Weltspitze, indem er viele der Besten austrieb, der Name Einstein steht für eine lange Reihe. Auch das Europa der Nachkriegszeit verliert große Talente, weil Amerika Forschungsbedingungen bietet, die zur Übersiedlung nötigen. Amerika führt in den meisten Wissenschaften, hat die meisten Nobelpreisträger, und wer der Welt zur Kenntnis gelangen will, muß englisch schreiben. In Europa werden mehr amerikanische Bücher übersetzt als europäische Bücher in Amerika; amerikanische Filme und Fernseh-Serien überschwemmen Europa, umgekehrt finden europäische Künstlerkarrieren ihren Höhepunkt in New York.

Europa hat ein Problem der Amerikanisierung, Griechenland hatte weit weniger Sorge wegen einer drohenden Romanisierung. Roms kulturelle Ausdehnung beschränkte sich im wesentlichen auf die nicht-griechische Welt, Gallien, England, Spanien, Nordafrika, den westlichen Balkan; nur dort prägte Roms Vorbild das Leben und bestimmte Sprache und Zukunft. Der hellenistische Osten des Reiches blieb hellenistisch, sogar Roms eigene, welthistorische Leistung, das römische Recht, fand dort lange nur in Teilen Aufnahme, bis Justinian es im 5. Jahrhundert kodifizieren ließ. Während die amerikanische

Massenkultur in all ihren Erscheinungsformen den Globus überschwemmt, zog das römische Massenvergnügen, die Gladiatorenkämpfe, zunächst nur dort ein, wo römische Veteranen angesiedelt worden waren; erst in der Kaiserzeit fand es auch im Osten Anklang, am wenigsten in Griechenland. Die Gebildeten dort, anders als in Rom, verabscheuten das Gemetzel. Am aufschlußreichsten ist der Sprachgebrauch. Während Englisch zur ersten Fremdsprache in Europa wurde, sprachen die Griechen auch als römische Untertanen nicht Latein. Die römische Oberschicht sprach hingegen seit dem 2. Jahrhundert vor Christus griechisch.

Politisch hingegen befindet sich Europa heute in besserer Lage als die Griechen zur Zeit der römischen Welteroberung. Die großen Staaten Europas sind weit stärker als die griechischen Stadtstaaten, stärker auch als die griechischen Städtebünde. Die Griechen waren noch weniger einig als die Europäer, die sich zu einer Union zusammengeschlossen haben. So wenig handlungsfähig sie militärisch und außenpolitisch ist, die Griechen hatten nichts Vergleichbares und konnten es nicht haben, weil Rom es nicht geduldet hätte. Die Griechen hatten keine Chance gegen Rom, die Europäer können Selbstbehauptung wenigstens ins Auge fassen.

Von den politischen Gezeiten weitgehend unabhängig blieb die Verwandtschaft. Sie bewies und erhielt sich in der Gleichheit oder doch Ähnlichkeit der Lebensformen. Römer und Griechen wohnten in Städten, Städte waren ihre Staaten, urban war ihre Kultur. So stark sich ihre Verfassungen unterschieden, innere und äußere Freiheit galt beiden als selbstverständlich; es war mehr als eine zündende Parole, als die Römer die Freiheit der Griechen als ihr Kriegsziel verkündeten. Für ihre eigene Freiheit hätten sie jederzeit auch gekämpft, und Verständnis für einen Freiheitswillen konnte Cato erwarten, als er dem Senat eine Kriegserklärung an die Rhodier ausredete: Sie wollten ihre Freiheit bewahren. Livius (37,54,24–25) ließ bei anderer Gelegenheit rhodische Gesandte zum Senat sagen: »Die Barbaren hatten anstelle der Gesetze immer die

Befehle ihrer Herren ... Die Griechen denken wie ihr und sind zufrieden, daß ihre Freiheit von euren Waffen geschützt wird.«

Das gleiche Bekenntnis wiederholten mit etwas anderen Worten Europäer jahrzehntelang gegenüber Amerika. Der schwülstige Ausdruck Wertegemeinschaft benennt eine Wahrheit. Amerikaner und Europäer trennt vieles, und seit Amerika als einzige Weltmacht agiert, wuchs vieles noch, das sie trennt. Aber beide entstammen denselben kulturellen Wurzeln und leben in einer Zivilisation, die sie mehr und tiefer miteinander verbindet als mit jedem anderen Teil der Welt.

Die römisch-griechische Gemeinsamkeit verdichtete sich, obwohl die einen über die anderen herrschten, zur Symbiose. Kaiser Hadrian baute sich ein Klein-Athen in seinen Palast in Tivoli, Kaiser Mark Aurel schrieb seine »Selbstbetrachtungen« griechisch. Aelius Aristides, der größte griechische Redner des 2. Jahrhunderts, hielt die größte Lobrede auf Rom, sie schloß mit der Bitte an die Götter: »Sie mögen gnädig gewähren, daß dieses Reich und diese Stadt auf ewig gedeihen und nicht eher vergehen, als glühendes Eisen auf dem Meer schwimmt und die Blätter im Frühling nicht mehr sprießen.«

Soweit es historische Ewigkeit gibt, hat Rom sie erreicht. Ohne Rom gäbe es weder Europa noch Amerika, beide erinnern sich dieser Herkunft immer weniger, aber »man kann von einem Erbe zehren, ohne viel davon zu wissen« (Werner Dahlheim). Roms weltgeschichtliches Erbe war nicht Rom allein, es war die Antike, und die Antike war Hellas und Rom. Amerikas Erbe wird nicht allein Amerika sein, sondern das Abendland, also Europa und Amerika. Roms weltgeschichtliche Leistung lag in seinem Reich, das »zur politischen Hülle der griechischen Zivilisation und ihr Halt und ihre Stütze nach außen« wurde (Alfred Heuss). Amerikas weltgeschichtliche Leistung könnte gleicher Art sein. In einer künftigen Welt, in der andere Kulturen sich gegen den »Westen« behaupten, stärken und vordringen, werden Amerikaner und Europäer genötigt sein, sich ihrer Verwandtschaft stärker bewußt zu werden und zusammenzurücken, auch wenn sie politisch oft uneins sind und sich in Stil und Lebensauffassung vielfach unterscheiden. Amerika würde zu einem neuen Rom – nicht durch ein Rom-ähnliches Empire, das es nicht schaffen kann und wohl auch nicht will, sondern weil es die Zivilisation des Abendlandes schützt und gemeinsam mit Europa bewahrt.

NACHWORT

Ein Vergleich über eine Distanz von 2000 Jahren ist ein riskantes Unternehmen; um so dankbarer bin ich für das Interesse und die Ermutigung, die ich bei dieser Arbeit immer wieder erfahren habe. Jürgen Kocka und Hartmut Kaelble luden mich schon im Winter 1999 zum Vortrag in ihr Colloquium für Vergleichende Geschichte Europas. Knud Krakau, Willi Paul Adams und Manfred Berg ließen mich im Kennedy-Institut der Freien Universität Berlin berichten, und Alexander Demandt empfing mich im althistorischen Gesprächskreis der Freien und Humboldt-Universität. Fragen, Ergänzungen und Kritik haben mir jedesmal weitergeholfen.

Bestätigung für das Vorhaben, Korrekturen, Literatur und Literaturhinweise erhielt ich von Ernst-Otto Czempiel, Christian Hacke, Ekkehart Krippendorff und Hans-Ulrich Wehler. Ihnen schulde ich nicht nur Dank, ich bin ihnen dankbar – nicht zuletzt für ihre Freundlichkeit. Das Glück bescherte mir mit Christoph Selzer einen Lektor, der sich dieses Projekts engagiert und mit fundierter Sachkenntnis annahm.

Am meisten hat mir Werner Dahlheim geholfen. Er begleitete die Arbeit seit ihren Anfängen buchstäblich mit Rat und Tat, empfahl mir, was ich lesen mußte, gab es mir und war allezeit zur Auskunft bereit, wenn mich nach fast 50 Jahren die Erinnerung an Einzelheiten aus der Alten Geschichte verließ. Vor allem konnte ich mit ihm nicht nur über Rom sprechen, sondern auch über Amerika, also über das Thema dieses Buches, den Vergleich zwischen zwei der erstaunlichsten Hervorbringungen der Weltgeschichte.

HINWEISE UND NACHWEISE

Diese Hinweise beschränken sich auf die wichtigste (nicht die einzige) Literatur, die mir bei der Abfassung dieses Buches geholfen hat. Die Nachweise belegen Zitate aus der amerikanischen Geschichte, die antiken Quellen sind wegen ihrer Kürze meist im Text vermerkt.

Für das Verständnis der römischen Geschichte bleibt in der modernen Literatur unentbehrlich und unerreicht Alfred Heuss, *Römische Geschichte,* Braunschweig 1960, Paderborn 1998. Die gedankenreichste Charakterisierung der Römer stammt ebenfalls von Heuss: Karl Büchner (Hrsg.), *Latein und Europa. Traditionen und Renaissancen,* Stuttgart 1978, Alfred Heuss, »Die Römer: eine Bilanz«. Einen knappen, gut lesbaren, auf das Wesentliche konzentrierten Überblick über die gesamte römische (und antike) Geschichte gibt Werner Dahlheim, *Die Antike,* Paderborn 1994. Die neueste, ausführliche, eingängig geschriebene *Geschichte der römischen Republik* legte Klaus Bringmann vor, München 2002.

Den Forschungsstand und eine umfangreiche Bibliographie geben Jochen Bleicken *Geschichte der römischen Republik,* 5. Auflage, München 1999, sowie Werner Dahlheim, *Geschichte der römischen Kaiserzeit,* 3. im Forschungsteil stark erweiterte Auflage, München 2003.

Eine Gesamtgeschichte der Vereinigten Staaten, von den Anfängen bis zum Beginn des Kalten Krieges, geben informativ und vielseitig Merle Curti, Richard H. Shryok, Thomas C. Cochran, Fred H. Harrington, *An American History,* New York 1950, im selben Jahr zweibändig auch deutsch: *Geschichte Amerikas,* Frankfurt a.M. Für die folgende Periode bis in die Nixon-Zeit bleibt als Standardwerk Erich Angermann, *Die*

Vereinigten Staaten seit 1917, München 1995 in 9. Auflage. Hilfreich für Geschichte und alle Lebensbereiche (außer Militär und Strategie) Willi Paul Adams/Peter Lösche (Hrsg.) unter Mitarbeit von Anja Ostermann, *Länderbericht USA*, Bonn 1998, 3. aktualisierte und neu bearbeitete Auflage. Das Werk gibt die wichtigste Literatur und verweist auf die amerikanischen Bibliographien.

Aus der Fülle der Arbeiten über die amerikanische Außenpolitik erweist sich die kürzeste als eine der besten: Detlef Junker (lange Direktor des Deutschen Historischen Instituts in Washington), *Von der Weltmacht zur Supermacht*, Mannheim/Leipzig/Wien/Zürich 1995. Auf 100 Seiten ist alles Wesentliche in prägnanter Form zu erfahren. Eine politologische Analyse schrieb Ekkehart Krippendorf, *Die amerikanische Strategie. Entscheidungsprozeß und Instrumentarium der amerikanischen Außenpolitik*, Frankfurt a.M. 1970, darin eine 14 Seiten lange Liste des Einsatzes bewaffneter US-Streitkräfte in Übersee, 1798–1945. Sehr anregend liest sich Louis Halle, *American Foreign Policy. Theory and Reality*, London 1960. Zu einseitig, aber lesenswert ist die kleine Arbeit von Ernst Fraenkel *Weltmacht wider Willen*, Berlin 1957. Die ideologischen Antriebe der amerikanischen Außenpolitik hat Knud Krakau herausgearbeitet: *Missionsbewußtsein und Völkerrechtsdoktrin in den Vereinigten Staaten von Amerika*, Frankfurt a.M. und Berlin 1967. Krakau erörterte kürzlich viele Gesichtspunkte zur Beantwortung einer Frage, die in diesem Buch eine Rolle spielt: »Der Eintritt der USA in die Weltgeschichte« in Holm Sundhausen und Hans-Joachim Torke (Hrsg.), *1917/18 als Epochengrenze*, Wiesbaden 2000.

2000 JAHRE ABSTAND

John Quincy Adams' Gespräch mit dem englischen Gesandten ist zitiert nach Hans-Ulrich Wehler, *Grundzüge der amerikanischen Außenpolitik 1750–1900*, Frankfurt a.M. 1984, S. 105.

Die Federalist Papers sind in der Originalfassung herausgegeben von Clinton Rossiter, *The Federalist Papers,* New American Library of World Literature, New York 1961. Eine deutsche Übersetzung samt Einleitung und ausführlichem Kommentar: Angela Adams und Willi Paul Adams, *Die Federalist-Artikel,* Paderborn 1994.

Henry Kissingers Mahnung zur Geschlossenheit des Westens: *New York Times* 12. 3. 1974. Paul Kennedy, der 1987 den Abstieg Amerikas vorausgesagt hatte, spricht heute von einer historisch beispiellosen Macht der Vereinigten Staaten, *Der Spiegel* 46/1998, ähnliche Äußerungen auch anderswo. Robert Byrds Satz über die bedeutenden Senate fiel bei seiner Vereidigung als Geschworener im Prozeß gegen Präsident Clinton. Klaus Harpprechts Vergleich zwischen Rom und Washington: *Zeit Magazin* 44/3, 1972, dort auch der Bericht über Nixon zwischen Säulen. Die Alfred Herrhausen-Gesellschaft ist Herausgeber von: *Pax Americana,* München 1998, darin die zitierten Passagen von James A. Baker, »Die USA und die Ordnung der Welt«, ferner Christian Meier, »Von der ›Pax Romana‹ zur ›Pax Americana‹«.

INSULANER

Literatur

Zur amerikanischen Außenpolitik des 19. Jahrhunderts ist ein zweites Werk von Hans-Ulrich Wehler zu nennen: *Der Aufstieg des amerikanischen Imperialismus, Studien zur Entwicklung des Imperium Americanum 1865–1900,* Göttingen 1987 in 2. Auflage. Preisgekrönt und grundlegend bleibt Walter LaFeber, *The New Empire. An Interpretation of American Expansion 1860–1898,* zuerst 1963 für die American Historical Society, 1967 als Cornell Paperback in New York. Interessant zu lesen, weil noch von einem Zeitzeugen verfaßt, der die Empfindungen und Auseinandersetzungen um 1900 spüren läßt, ist Archibald Cary Coolidge, *Die Vereinigten*

Staaten als Weltmacht. Eine Betrachtung über internationale Politik, Berlin 1908. Der Harvard-Historiker stellte den Deutschen sein Land vor, das in die Gruppe der Weltmächte eintrat. Dem amerikanischen Traum vom unermeßlichen chinesischen Markt widmete Thomas J. McCormick: *China Market. America's Quest for Informal Empire 1893–1901*, Chicago 1967. Der kolonialistische Sündenfall, die Okkupation der Philippinen, sollte den Weg für den Chinahandel bahnen. So auch Wehler, *Der Aufstieg des amerikanischen Imperialismus*, S. 265 mit weiterer Literatur.

Zitatnachweise

Cato über die Alpen als die Mauern Italiens ist Fragment 4,10 in der neuen Edition mit Übersetzung von Hans Beck und Uwe Walter, *Die Frühen Römischen Historiker I. Von Fabius Pictor bis Cn. Gellius*, Darmstadt 2001. Das Gutachten des Senatsausschusses für Flottenfragen ist zitiert nach der Dokumentation in Detlef Junker, *Kampf um die Weltmacht. Die USA und das Dritte Reich 1933–1945*, Düsseldorf 1988, Seite 177ff. Das Bonmot über die Sicherheit, »im Osten und Westen Fische« verdanke ich Junker, *Von der Weltmacht zur Supermacht*, S. 18.

Die Zitate der Präsidenten und Außenminister, betreffend die Besitzergreifung ganz Nordamerikas und die wachsende Distanz zu Europa finden sich in der genannten Literatur: *Geschichte Amerikas* S. 252, Coolidge S. 110, Wehler, *Grundzüge* S. 64, 105/6; Krakau, *Der Eintritt*. Golo Manns Lob für den »staatenbauenden Genius« steht im 8. Band der *Propyläen Weltgeschichte*, Frankfurt a.M./Berlin 1960, S. 411. Die Illustration der Mannschaftsstärke Roms und der Produktionskraft Amerikas entstammen Plutarch, *Pyrrhos* 14 und *Der Spiegel* 46/1998.

WELTEROBERER

Die Punischen und die Weltkriege

Die Entstehung des Ersten und des Zweiten Punischen Krieges gehört zu den Fragen der Alten Geschichte, die nie zur Befriedigung aller Kenner beantwortet wurden und es wohl auch nie werden. Die Quellen lassen unterschiedliche Deutungen zu, über die Bleicken a.a.O. Auskunft gibt. Ich folge bei der Vorgeschichte des ersten Krieges im wesentlichen dem langen Aufsatz von Alfred Heuss in der *Historischen Zeitschrift* 169 (1949), der 1970 als eigenes Buch im Akademie-Verlag Berlin nochmals erschien. Für den zweiten Krieg erscheint mir die Erklärung überzeugend, die Wilhelm Hoffmann im *Rheinischen Museum* 94 (1951) gegeben hat und die ich durch eine eigene Untersuchung bestätigt glaube: *Klio* 79 (1997). Hoffmanns Aufsatz ist nochmals gedruckt in *Wege der Forschung,* Karl Christ (Hrsg.), *Hannibal,* Darmstadt 1974. Dort weitere Untersuchungen zum römisch-karthagischen Verhältnis. Darüber findet man auch Einsichten und Quellenhinweise im ersten Band von Matthias Gelzer, *Vom römischen Staat,* Leipzig 1943.

Rom unterschied sich von allen Staaten seiner Zeit, weil es nicht nur Kriege gewann, sondern auch dauerhafte Herrschaft über die Besiegten begründete. Über das Hauptinstrument, die Provinzen, unterrichtet im Überblick und Detail Werner Dahlheim, *Gewalt und Herrschaft. Das provinziale Herrschaftssystem der römischen Republik,* Berlin. New York 1977. Raimund Schulz, *Herrschaft und Regierung. Roms Regiment in den Provinzen in der Zeit der Republik,* Paderborn 1997, hat die Arbeit überzeugend fortgeführt.

Amerikas Rolle in den beiden Weltkriegen und im Kalten Krieg blieb nicht nur im Ausland, sondern auch in Amerika selbst allezeit umstritten. Einer »konservativen« Betrachtung, weitgehend im Einklang mit der Regierungspolitik, folgte jeweils eine »revisionistische«, die diese Politik in Zweifel zog.

Nur die Bankiers und Exporteure hätten Amerika in den Ersten Weltkrieg gebracht, hieß es in den dreißiger Jahren. Roosevelt wurde unterstellt, er habe Japan zum Überfall auf Pearl Harbor genötigt oder gar provoziert. Nicht Moskau, schrieben einige, sondern die herausfordernde Politik Trumans sei schuld am Kalten Krieg. Erst allmählich gelang es jeweils einer dritten Gruppe von Historikern, eine Mitte zwischen beiden Positionen zu finden, die den Tatsachen meist am nächsten kommt.

Über Amerikas Eintritt in den Ersten Weltkrieg gibt Quellen-Auskunft James Brown Scott (Hrsg.), *President Wilson's Foreign Policy. Messages, Addresses, Papers,* New York 1918. Aufschlußreich sind auch die Memoiren des an seiner eigenen Regierung zweifelnden deutschen Botschafters in Washington: Graf Johann-Heinrich Bernstorff, *Deutschland und Amerika. Erinnerungen aus dem fünfjährigen Kriege,* Berlin 1920. Golo Manns Bemerkung über Ludendorff steht in seiner *Deutschen Geschichte des XX. Jahrhunderts,* Frankfurt a.M. 1958, S. 147. Der Satz des Politologen Wilson steht in: Dr. Woodrow Wilson, *Der Staat. Elemente historischer und praktischer Politik,* Leipzig–Berlin 1913, S. 412.

Für die Zeit zwischen den Weltkriegen und Amerikas Weg in den Zweiten Weltkrieg folge ich in allen wesentlichen Fragen zwei Büchern von Detlef Junker: *Der unteilbare Weltmarkt. Das ökonomische Interesse in der Außenpolitik der USA 1933–1941,* Stuttgart 1975. Der Autor setzt sich mit einer Tendenz der amerikanischen Geschichtsschreibung auseinander, die wirtschaftlichen Expansionismus für das Hauptmotiv der Außenpolitik hält und besonders von William Appleman Williams vertreten wird: *The Tragedy of American Diplomacy,* New York 1962. Besonders hilfreich war mir Detlef Junker, *Kampf um die Weltmacht. Die USA und das Dritte Reich 1933–1945,* Düsseldorf 1988. Die Zitate in dem Abschnitt »Die große Debatte« entstammen der umfangreichen Dokumentation dort. Ausführlich und informativ hat das Thema neuerdings bearbeitet Herbert Sirois, *Zwischen Illu-*

sion und Krieg: Deutschland und die USA 1933–1941, Paderborn 2000. Die Vorgeschichte des amerikanisch-japanischen Krieges gibt in dankenswerter Ausführlichkeit Peter Herde, *Pearl Harbor. 7. Dezember 1941*, Darmstadt 1980. Winston Churchills Memoiren steuern manches bei zum Verständnis für Roosevelts Weg in den Krieg: *Der Zweite Weltkrieg*, Bern 1954, Lizenzausgabe Berlin, Darmstadt, Wien 1960. Die »halbeuropäischen Großstaaten« habe ich von George Kennan übernommen: »the two great semi-European powers Russia and the United States«, *Survey A journal of Soviet and East European Studies* No 58, Januar 1966, S. 126.

Roms Ostpolitik und der Kalte Krieg

Die Sorge der Griechen vor Rom, der »Wolke im Westen«, ist überliefert von Polybios (5,109 und 9,32–39) und erläutert von Jürgen Deininger, *Der politische Widerstand gegen Rom in Griechenland 217–86 v. Chr.*, Berlin, New York 1971, Seite 25ff. Deiningers Buch gibt, was in der römischen Geschichte meist untergeht: die Sicht der Opfer römischer Unterwerfung.

Roms Beweggründe zu dieser Unterwerfung sind fast ebenso umstritten wie die Ursachen der Punischen Kriege, Überblick über die unterschiedlichen Auffassungen bei Bleicken. Weitgehende Einigkeit herrscht, wie mir scheint, daß die Unterwerfung der hellenistischen Welt nicht die Absicht, sondern die Folge von Kriegen war, die Rom zur Begleichung einer offenen Rechnung mit Philipp und zur Vorbeugung gegen eine Machtkonzentration Makedoniens und Syriens unternahm. Die grundlegende Arbeit schrieb M. Holleaux, *Rome, la Grèce et les monarchies hellénistiques au IIIe siècle av. J.-C.*, Paris 1921.

Zitatnachweise

Die Kriegserklärung an Philipp V.: Polybios 16,34, die Charakterisierung des Flamininus Plutarch, *Titus* 2. Catos Rede zur Rettung der Rhodier vor einer Kriegserklärung: Beck/Walter, *Die frühen römischen Historiker,* Fragment 5,3

Literatur

Über die Potsdamer Konferenz im Juli 1945 und den Beginn des Kalten Krieges (bis 1953) geben die Memoiren von Präsident Harry S. Truman sehr aufschlußreiche Auskünfte. Ganz gleich was die Kritik an seiner Darstellung der Ereignisse zurechtzurücken hat, seine Vorstellungen von der Sowjetunion, China und dem »Weltkommunismus« kommen sehr klar zum Ausdruck und erklären viel von der Politik des entscheidenden Mannes in entscheidenden Jahren. *Memoiren,* Band I, Bern 1955, Band II, Bern 1956.

Für den Geist dieser Zeit, besser den Kampfgeist, ist ein sprechendes Zeugnis James Burnham, *Die Strategie des Kalten Krieges,* Stuttgart 1950, der amerikanische Titel lautete *The Coming Defeat of Communism,* New York 1950. Unter den Versuchen, die gegensätzlichen Auffassungen über Entstehung und Führung des Kalten Krieges zusammenzuführen, sind zu nennen: Wilfried Loth, *Die Teilung der Welt: Geschichte des Kalten Krieges 1941–1955,* München 1990. John Lewis Gaddis, *We Now Know: Rethinking Cold War History,* New York 1997. Kontinuierlich verfolgt die amerikanische Außenpolitik Christian Hacke, seine Bände über die Regierungen seit John F. Kennedy liegen nun zusammengefaßt und in 2. aktualisierter und erweiterter Ausgabe vor: *Zur Weltmacht verdammt. Die amerikanische Außenpolitik von John F. Kennedy bis George W. Bush,* München 2002. Ein Buch, fair und kritisch gegenüber seinem Gegenstand, gut lesbar, die innenpolitische Seite der Außenpolitik im Blick, voller guter Zitate und bis in die Gegenwart reichend.

Zwei umfangreiche Sammelbände sind zwar dem amerikanisch-deutschen Verhältnis gewidmet, enthalten aber viel über Amerikas Verhältnis zur gesamten Außenwelt: Detlef Junker (Hrsg.) in Verbindung mit Philipp Gassert, Wilfried Mausbach und David B. Morris, *Die USA und Deutschland im Zeitalter des Kalten Krieges 1945–1990.* Ein Handbuch. 2 Bände, Stuttgart, München 2001. Dem von Wolfgang Krieger teils geschriebenen, teils verantworteten Abschnitt »Sicherheit« verdanke ich wichtige Informationen über die ersten Nachkriegsjahre. Ebenso seiner Schrift *Die Ursprünge der langfristigen Stationierung amerikanischer Streitkräfte in Europa, 1945–1951,* Stiftung Wissenschaft und Politik, Mai 1988

Aus der fast endlosen Memoiren-Literatur bleibt herausragend durch Niveau und historische Dimension: Henry A. Kissinger, *Memoiren 1968–1973,* München 1979, *1973–1974 Band 2,* München 1982. Überraschend aktuell wirkt noch heute der Band des maßgebenden Außenpolitikers Senator William Fulbright, *Die Arroganz der Macht,* Reinbek 1967.

Das sowjetische Ressentiment gegenüber dieser Arroganz zeigte sich, als Chruschtschow im Herbst 1962 Raketen auf Kuba stationieren ließ, die auf New York gerichtet waren. Der zitierte Satz, »ein bißchen von ihrer eigenen Medizin verabreichen«, steht in den Erinnerungen des Partei- und Regierungschefs: Strobe Talbott (Hrsg.), *Chruschtschow erinnert sich,* Reinbek 1971, S. 494. Seinen Blick über das Schwarze Meer und seine Sorge vor der Amerikareise berichtet sein Schwiegersohn Alexej Adschubej, *Gestürzte Hoffnung. Meine Erinnerungen an Chrustschow,* Berlin 1990, S. 283 ff.

Den Verfall des Leninismus als politische Kraft und den Glaubensverlust auch der Gläubigen, die 1989 im kampflosen Zusammenbruch des sowjetischen Imperium endeten, habe ich beschrieben in: *Das Ende des ideologischen Zeitalters. Die Europäisierung Europas.* Berlin 1981.

Zitatnachweise

John Foster Dulles zu Willy Brandt über ein ungebundenes Deutschland: Willy Brandt, *Begegnungen und Einsichten*, Hamburg 1976, S. 84. Dean Rusk über die Notwendigkeit, sich um alles zu kümmern, zitiert nach Detlef Junker, *Von der Weltmacht zur Supermacht*, S. 8. Reagan über einen neuen Kreuzzug für die Freiheit und die Überwindung des Kommunismus zitiert nach Christian Hacke a.a.O., S. 308.

Parallelstraßen

Die Charakterisierung der militärischen Zustände in Amerika während des 18. und 19. Jahrhunderts stützt sich auf die entsprechenden Abschnitte der *Geschichte Amerikas*, von dort stammen auch die Zitate. Die nicht »besonders friedfertige« Veranlagung der Amerikaner Coolidge a.a.O. S. 86. Reagan und Andropow: Ronald Reagan, *Erinnerungen. Ein amerikanisches Leben*, Berlin 1990, S. 623. Cicero über die Verteidigung der Verbündeten Gelzer a.a.O., S. 33 mit weiteren Belegen. Die Angstmacher vor den Kriegen gegen Philipp und Hitler: Livius 31, 7,7 und der frühere amerikanische Botschafter in Frankreich William C. Bullitt: Junker, *Kampf um die Weltmacht*, S. 143. Robert McNamara über Einigkeit des Volkes zitiert nach Hacke a.a.O. S. 196. Truman zu Attlee über einen Rückzug aus Korea: *Memoiren* Band II, S. 463. Cato über Hochmut: Beck/ Walter, *Die frühen römischen Historiker*, Fragment 5,3. Kein Ersatz für Sieg: Reagan zitiert nach Hacke a.a.O. S. 304; Bush junior *Frankfurter Allgemeine Zeitung* 21. 3. 2003. Susan P. Mattern über Ehre und Rache in der Außenpolitik: *Rome and the Enemy. Imperial Strategy in the Principate*, Berkeley 1999, S. 194.

Heuss über das gute Gewissen der Römer: *Latein und Europa*, S. 319. Mommsen über Roms Welteroberung: *Römische Geschichte* I, 9. Auflage Berlin 1903, S. 661. Präsident

McKinley über den Gang der Ereignisse, die den Menschen überwältigen, zitiert nach Louis J. Halle a.a.O. S. 188.

NEUROTISCHE RIESEN

Literatur

Der lange, schmerzvolle Prozeß, in dem die römische Republik allmählich der römischen Weltmacht erlag und in eine Monarchie überging, Thema dieses und des folgenden Kapitels, hat allezeit höchstes Interesse und vielerlei Deutungen erfahren, ausführlich referiert von Bleicken. In einer revidierten Neuausgabe ist das Standardwerk wieder zugänglich: Ronald Syme, *Die Römische Revolution. Machtkämpfe im antiken Rom*, herausgegeben von Christoph Selzer und Uwe Walter, mit einem Nachwort von Werner Dahlheim und einem Essay von Uwe Walter, Stuttgart 2003. Das englische Original erschien 1939 in Oxford. Karl Christ, *Krise und Untergang der römischen Republik*, 3. erweiterte Auflage, Darmstadt 1993.

Die einzigartige Stellung der Vereinigten Staaten nach dem Ende der Sowjetunion und ihre Politik seitdem hat viele amerikanische und ausländische Autoren beschäftigt und zu ganz unterschiedlichen Urteilen geführt. Die internationalen Konsequenzen behandeln die ehemaligen Sicherheitsberater Henry Kissinger, *Die Herausforderung Amerikas. Weltpolitik im 21. Jahrhundert*, München/Berlin 2002; Zbigniew Brzezinski, *Die einzige Weltmacht. Amerikas Strategie der Vorherrschaft*, Weinheim und Berlin 1997. Während die älteren Politiker die Macht und das Maß bewahren wollen, neigen jüngere zur Betonung des ersten: Robert Kagan, *Macht und Ohnmacht. Amerika und Europa in der neuen Weltordnung*, Berlin 2003. Chalmers Johnson, vor allem Kenner Ostasiens, tendiert in die entgegengesetzte Richtung: *Ein Imperium verfällt. Wann endet das Amerikanische Jahrhundert?* München 2000. Von Kagans Buch abgesehen sind die deutschen Titel mehr auf Effekt gerichtet als die amerikanischen. Deutsche und amerikanische Wissenschaftler trafen sich 1993 zu einer Bestandsaufnahme der amerikanischen Politik, also lange vor dem Terroranschlag des 11. September und der Präsidentschaft von Bush junior: Herbert Dittgen/Michael Minkenberg (Hrsg.), *Das amerikanische Dilemma. Die Vereinigten Staaten nach dem Ende des Ost-West-Konflikts*, Paderborn 1996. Ernst-Otto Czempiel erfaßt beide Phasen der amerikanischen Politik unter demselben Titel: *Weltpolitik im Umbruch* erschien 1991 und als neues Buch 2002 in München. Im ersten beschreibt Czempiel das Zurücktreten des Staates in der internationalen Politik und das Eindringen »gesellschaftlicher Akteure«, im zweiten sieht er die staatlichen Akteure wieder Krieg machen und übt heftige Kritik an Bushs Reaktion auf den 11. September. Diese Reaktion bis in die Einzelheiten zu erforschen, nahm sich Bob Woodward vor, *Bush at War, Amerika im Krieg*, Stuttgart/München, 3. Auflage 2003.

Zitatnachweise

Der berühmte Satz Catos, Karthago müsse zerstört werden, ist in dieser Form nicht antik, inhaltlich aber gesichert, Bleicken a.a.O., S. 163. Bush junior beschwor den Sieg über den Irak am 20. 3. 2003, *Frankfurter Allgemeine Zeitung* 21. 3. 2003. Wie sein Vater begründete, weshalb er auf den vollen Sieg verzichtete und nicht bis Bagdad marschieren ließ, hat Hacke a.a.O. S. 484–86 dokumentiert. Ebenso die Friedens-Utopie der ersten Clinton-Jahre in der Formulierung des Strategie-Fachmanns Edward Luttwak. Die Amerikaner zwischen Vernunft und Erregung, Fulbright a.a.O. S. 241. Die eindrucksvolle Rede des Senators Robert C. Byrd gegen Bushs Irak-Krieg, *Frankfurter Allgemeine Zeitung* 1. 3. 2003. McNamaras Satz, Amerika habe kein von Gott verliehenes Recht, andere Nationen zu formen, steht in seiner Selbstkritik über den Vietnam-Krieg, dokumentiert von Hacke a.a.O.

S. 196. Bushs Versicherung, die Entwaffnung Saddam Husseins verringere die Terrorgefahr, *Frankfurter Allgemeine Zeitung* 19. 3. 2003. Rumsfeld über den 11. September als Gelegenheit, Saddam Hussein anzugreifen: Woodward a.a.O. S. 65. Attalos von Pergamon unter römischem Druck, zitiert nach Bringmann, *Geschichte der römischen Republik*, S. 143.

Der Pentagonstudie des Jahres 1992, keinen Rivalen aufkommen zu lassen, folgte 1996 das Gutachten einer »Kommission für Amerikas nationale Interessen«, die zu vitalen Interessen erklärte: Abwehr von Massenvernichtungswaffen, Verhinderung einer feindlichen Hegemonialmacht in Europa oder Asien und einer größeren feindlichen Macht an den US-Grenzen oder in Kontrolle der Ozeane. Zu den Mitgliedern der Kommission ohne amtlichen Auftrag gehörten einige Personen, die unter Bush junior in Schlüsselpositionen gelangten. Über den Wandel vom Miliz- zum Berufsheer und die politischen Folgen handelt Werner Dahlheim *Klio* 74, 1992. Robert Kagans Bemerkungen über zunehmenden Unilateralismus und Interventionismus nach dem Ende der Sowjetunion stehen a.a.O. S. 32 und 55. Henry Kissinger über das gesunkene außenpolitische Interesse a.a.O. S. 28 ff. Über die Regierungspropaganda im Golfkrieg von 1991 John R. MacArthur, *Die Schlacht der Lügen. Wie die USA den Golfkrieg verkauften*, München 1993. Fulbright über die Neigung, Macht mit Tugend zu verwechseln a.a.O. S. 9.

ANTIKE UND ABENDLAND

Literatur

Für die Kultur und Zivilisation der Antike empfehlen sich ein ganz altes und ein ganz neues Werk. Ludwig Friedlaender, *Darstellungen aus der Sittengeschichte Roms in der Zeit von August bis zum Ausgang der Antonine*, Leipzig 1881. Hier findet man schon fast alles, das Neuere erst zu entdecken meinen. Bei Manfred Fuhrmann, *Geschichte der römischen*

Literatur, Stuttgart 1999 findet man, was der Leser von heute außer dem Literarischen über Literatur wissen möchte. Von vergleichbarer Bedeutung für die amerikanische Kultur und Zivilisation ist Charles A. Beard and Mary R. Beard, *The Rise of American Civilisation,* New York, seit 1927 immer neu aufgelegt.

Das politische Dauerthema Amerika und Europa erhielt nach dem Ende des gemeinsamen Gegners Sowjetunion erhöhte und neue Bedeutung: Was hält uns zusammen, wenn uns nichts mehr bedroht? Der Irak-Krieg trennte Amerika sogar von den meisten Europäern. Die kluge Schrift von Robert Kagan und die engagierte von Ernst-Otto Czempiel markieren die entgegengesetzten Positionen. Der *Merkur* widmete dem Thema ein Sonderheft (617/618, September/Oktober 2000) »Europa oder Amerika. Zur Zukunft des Westens«. Im Juni 2001 trug Heft 154 der *vorgänge* den Titel »Im Sog des Westens« mit ähnlicher Thematik und einem Interview mit Egon Bahr »Wir müssen versuchen, uns zu emanzipieren«.

Zitatnachweise

Kagan über Amerika als Zentrum der Weltordnung a.a.O. S. 110. Kaplan für Lektüre der antiken Historiker *New York Herald Tribune* 2. 4. 2002. Kissinger über die Gefahr des Cäsarismus a.a.O. S. 371/2. Brzezinski über Demokratie und Imperialismus a.a.O. S. 300. Krauthammer über die unvergleichbare Macht Amerikas *New York Herald Tribune* 2. 4. 2002. Über die Weltsprache Englisch informiert Ulrich Ammon im Sonderheft des *Merkur.* Brzezinski über die begrenzte Zeit, die Amerika als führender Weltmacht bleibt a.a.O. S. 303–306. Werner Dahlheim über ein wenig bekanntes Erbe: *An der Wiege Europas. Städtische Freiheit im antiken Rom,* Frankfurt a.M. 2000. Heuss über das römische Reich als politische Hülle der griechischen Zivilisation in *Latein und Europa* S. 323.

ZEITTAFEL

Römische Geschichte

Um 470 v. Chr.	Befreiung von der etruskischen und der Königsherrschaft
387	Eroberung Roms durch die Kelten, »Wehe den Besiegten«!
367–287	Herausbildung der Adelsrepublik aus Patriziern und den führenden Familien der Plebejer
340–338	Unterwerfung von Latium
326–291	Kriege gegen die Samniten, die stärksten Gegner in Italien, 321 Niederlage des römischen Heeres, das waffenlos durch das »Caudinische Joch« ziehen mußte
280–272	Krieg gegen Pyrrhos, Samniten und Lukaner
264–241	Erster Punischer Krieg
237	Rom zwingt Karthago zur Abtretung Sardiniens
229	Krieg gegen die Seeräuber-Königin Teuta in Illyrien
237–218	Errichtung einer karthagischen Herrschaft in Spanien durch die Barkiden Hamilkar, Hasdrubal und Hannibal
227/6	Sizilien und Sardinien werden Provinzen, Amtsbezirke zweier Prätoren als Militärbefehlshaber. Hasdrubal wird genötigt, den Ebro als Nordgrenze seines Machtbereichs anzuerkennen

225–222	Krieg und halbe Unterwerfung der Kelten Norditaliens
219	Vertreibung des Demetrios von Pharos aus Illyrien, wo er mit der Seeräuberei wieder begonnen hatte
218–201	Zweiter Punischer, der Hannibalische Krieg
216	Katastrophale Niederlage der Römer bei Cannae
215	Bündnis zwischen Hannibal und Philipp V. von Makedonien
205	Friedensschluß Roms mit Philipp V.
204	Landung Scipios in Afrika
202	Sieg Scipios über Hannibal bei Zama
200–197	Zweiter Krieg gegen Philipp V. von Makedonien
196	Flamininus proklamiert bei den Isthmischen Spielen Freiheit für alle Griechen
195	Römische Gesandtschaft nötigt in Karthago Hannibal, ins Exil zu gehen
194	Die römischen Legionen verlassen Griechenland
191–188	Krieg gegen den syrischen König Antiochos III.
188	Friedenskongreß in Apameia zur Regelung der Verhältnisse in Kleinasien
187	Rückzug der Legionen nach Italien
171–168	Krieg gegen Perseus, Philipps Nachfolger
168	Sieg des Aemilius Paullus über Perseus, Liquidierung der makedonischen Monarchie, Vierteilung des Landes, Strafgerichte in Griechenland, Bildungsreise des Siegers durch Hellas, Rückführung der Legionen nach Italien. Popilius Laenas befiehlt Antiochos IV. die Räumung Ägyptens
154–133	Krieg in Spanien bis zur Eroberung von Numantia durch Scipio Aemilianus

149–146	Dritter Punischer Krieg, Aufstand eines Usurpators in Makedonien und des Achäischen Bundes
146	Zerstörung Karthagos durch Scipio Aemilianus, Zerstörung Korinths. Das Gebiet Karthagos sowie Makedonien und Teile Griechenlands werden Provinzen
136–133	Erster sizilischer Sklavenkrieg
133	König Attalos III. von Pergamon vererbt Rom sein Reich
129	Errichtung der zweiten Provinz im Osten, Pergamon wird Asia
112–105	Krieg gegen Jugurtha, König von Numidien
113–101	Einfälle der Kimbern und Teutonen, nach Niederlagen von Marius schließlich besiegt
91–88	Aufstand der italischen Bundesgenossen, die sich das römische Bürgerrecht erzwingen. Ganz Italien außer Oberitalien ist nun »Rom«
88	Einfall von Mithridates, König von Pontos, nach Kleinasien und Griechenland, Massenmord an Römern und Italikern. Bis zum Jahr 64 Kriege gegen Mithridates
88	Lucius Cornelius Sulla marschiert auf Rom und entmachtet innenpolitische Gegner
83–79	Zweiter Marsch Sullas auf Rom, Bürgerkrieg und Diktatur Sullas
77–71	Krieg mit römischer Gegenregierung in Spanien
73–71	Sklavenaufstand in Italien unter Spartacus
67	Pompeius befreit das gesamte Mittelmeer von Piraten
86–63	Pompeius vertreibt Mithridates und ordnet den Osten

60	Erstes Triumvirat: Pompeius, Caesar und Crassus vereinigen sich zu einem Machtkartell
58–51	Caesar erobert Gallien
49–45	Bürgerkrieg Caesars gegen Pompeius und die Republikaner
44	Ermordung Caesars
43/2	Bürgerkrieg zwischen Caesar-Erben und Caesar-Mördern
33–31	Bürgerkrieg zwischen den Caesar-Erben Antonius und Octavian, Sieg Octavians 31 bei Actium
27	Begründung des Prinzipats, der republikanisch verkleideten Monarchie, Octavian erhält den Ehrentitel Augustus, der Erhabene
27–9 n. Chr.	Eroberungen bis zur Rhein- und Donaugrenze, Verzicht auf Eroberung des Partherreiches
77–84	Dauerhafte Festsetzung in England bis zur schottischen Grenze
98–180	Unter den vier »guten« Kaisern Trajan, Hadrian, Antoninus Pius und Mark Aurel durchlebt das Römische Reich seine glücklichste Epoche. Pflichtbewußte Herrscher übernehmen die Verantwortung für die Bevölkerung der Provinzen; deren Eliten erhalten das römische Bürgerrecht; die römische Herrschaft verliert den Charakter der Fremdherrschaft
115–117	Kaiser Trajan verschafft dem Reich die größte Ausdehnung und Überdehnung, die Provinzen Assyria und Mesopotamia (der heutige Irak) werden von seinem Nachfolger aufgegeben
161–180	Die Vorboten der Völkerwanderung, die Markomannen, bestürmen die Donauprovinzen. Seitdem wird das Reich, mit kurzen Ruhepausen, von Norden, Osten und Süden angegriffen; Verteidigung

	wird zur Hauptaufgabe, Generäle werden Kaiser, 35 Kaiser lösen einander bis zum Jahr 284 ab
212/3	Fast alle Reichsbewohner erhalten das römische Bürgerrecht
224/226	Im iranischen Sassaniden-Reich entsteht Rom ein Rivale, der die römischen Ostprovinzen fordert und die Weltherrschaft beansprucht
260	Kaiser Valerian wird besiegt, gefangengenommen und zur Huldigung des Sassaniden-Königs gezwungen. Der obergermanische Limes wird aufgegeben
284–305	Kaiser Diokletian stabilisiert das Reich durch Teilung, Neuorganisation (Italien verliert seine Sonderstellung) und Machtkonzentration. Der Prinzipat wird zum Dominat, dem spätantiken Zwangsstaat
313	Kaiser Konstantin erkennt das bisher verfolgte Christentum an
410	Die Westgoten erstürmen Rom; erste Eroberung seit 387 v. Chr.
476	Romulus Augustulus, Roms letzter Kaiser, abgesetzt. Das Oströmische Reich (Byzanz) besteht noch 1000 Jahre weiter bis zur Einnahme Konstantinopels durch die Türken 1453

Amerikanische Geschichte

1775–1783	Im Unabhängigkeitskrieg lösen sich 13 Kolonien vom Mutterland England
1789	Die Verfassung tritt in Kraft
17. 9. 1796	Abschiedsbotschaft Washingtons: Heraushalten aus den Streitigkeiten Europas

1803	Kauf des Louisiana-Territoriums von Frankreich, Verdoppelung des Staatsgebiets
1812–1814	Krieg gegen Großbritannien, englische Truppen brennen 1814 Regierungsgebäude in Washington nieder, letzte Feindeinwirkung auf US-Gebiet bis zum Terroranschlag am 11. 9. 2001
1819	Kauf Floridas von Spanien
2. 12. 1823	Verkündung der Monroe-Doktrin
1845	Der Kongreß billigt die Annexion des seit zehn Jahren selbständigen Texas
1846–1848	Krieg gegen Mexiko, das sein halbes Staatsgebiet abtreten muß, auf dem sechs US-Staaten entstehen
1861–1865	Bürgerkrieg: Die sklavenhaltenden Südstaaten erklären sich für unabhängig, die Nordstaaten erzwingen die Wiederherstellung der Einheit. Verlustreichster Krieg, den Amerika je führte
1864–1867	Napoleon III. etabliert Erzherzog Maximilian, Bruder Franz Josephs I., als Kaiser von Mexiko. Die USA erzwingen den Abzug der französischen Truppen und Preisgabe Maximilians
1867	Kauf Alaskas von Rußland
1895	Im Grenzstreit zwischen Venezuela und Britisch-Guayana tritt Washington für Venezuela gegen Großbritannien ein und feiert einen »Sieg«
1898	Krieg gegen Spanien, das Puerto Rico, Guam und die Philippinen abtreten und Kuba in die Unabhängigkeit entlassen muß. Kuba wird amerikanisches Protektorat, 1903 US-Marinestützpunkt Guantanamo auf Kuba; Annexion von Hawaii
1898–1902	Kolonialkrieg gegen die um Selbständigkeit kämpfenden Filipinos

1904–1914	Bau des Panama-Kanals, nachdem die kolumbianische Provinz Panama mit Hilfe der USA ihre Selbständigkeit erklärt hatte
1905–1914	Interventionen in der Dominikanischen Republik, Kuba, Nicaragua, Mexiko, Haiti
1905	Präsident Theodore Roosevelt vermittelt den Frieden zwischen Rußland und Japan, erhält den Friedensnobelpreis
1917–1918	Teilnahme am Ersten Weltkrieg
1919	Der Kongreß lehnt Eintritt in den Völkerbund ab
1928	Im Kellogg-Briand-Pakt ächten die USA mit 61 anderen Staaten den Krieg als Mittel der Politik
1933	Anerkennung der Sowjetunion, Aufnahme diplomatischer Beziehungen
1935–1937	Neutralitätsgesetze sollen verhindern, daß die USA wie 1917 in einen Krieg geraten. Präsident Roosevelt plädiert gegen weltpolitische Abstinenz
1939	Neutralitätserklärung und Lockerung der Neutralitätsgesetze
1940	Lieferung von Kriegsgerät an Großbritannien gegen Überlassung von Stützpunkten auf Neufundland, den Bermudas und den Bahamas
1941	Das Pacht- und Leihgesetz, Anlaß für eine Grundsatzdebatte über Amerikas Rolle in der Weltpolitik, erlaubt Lieferung von Rüstungsgütern, wenn für die Sicherheit notwendig. Besetzung von Grönland und Island. Sperrung aller japanischen Guthaben in den USA, Handelsembargo gegen Japan. Verkündung der Atlantik-Charta gemeinsam mit Großbritannien.
7. 12. 1941	Japanischer Überfall auf Pearl Harbor, Zerstörung der US-Flotte; am Folgetag Kriegserklärung an Japan, am 11. Dezember deutsche Kriegserklärung an Amerika

24. 1. 1943	Roosevelt und Churchill verkünden als Kriegsziel die bedingungslose Kapitulation der Feindmächte
6. 6. 1944	Landung amerikanischer und britischer Streitkräfte in der Normandie
8. 5. 1945	Kapitulation der deutschen Wehrmacht, ab 5. 6. Beginn der Vier-Mächte-Verwaltung Deutschlands
26. 6. 1945	Unterzeichnung der Charta der Vereinten Nationen in San Francisco
6./9. 8. 1945	Abwurf von Atombomben auf Hiroshima und Nagasaki
14. 8. 1945	Kapitulation Japans, anschließend Besetzung durch amerikanische Streitkräfte
12. 3. 1947	Truman-Doktrin zur Stützung Griechenlands und der Türkei gegen kommunistischen Druck und Unterwanderung
5. 6. 1947	Marshall-Plan zur Stabilisierung Westeuropas gegen den Kommunismus
11. 6. 1948	Vandenberg-Resolution empfiehlt Verteidigungsabsprachen in Übersee, wenn nötig für die nationale Sicherheit
1948–1949	Sowjetische Blockade West-Berlins, amerikanisch-britische Luftbrücke
4. 4. 1949	Unterzeichnung des Nordatlantik-Pakts
23. 9. 1949	Explosion einer sowjetischen Atombombe, Ende des amerikanischen Atomwaffen-Monopols
1. 10. 1949	Sieg Mao Tse-tungs, Amerika »verliert« China
1950–1953	Korea-Krieg
1951	ANZUS-Sicherheitspakt: Australien, Neuseeland, USA
1954	SEATO (Sicherheitspakt für Südostasien)

1958–1962	Bedrohung West-Berlins durch sowjetische Ultimaten, am 13. 8. 1961 Bau der Mauer, Kompromiß sowjetischer und amerikanischer Interessen
1962	Stationierung sowjetischer Raketen auf Kuba, Atomkriegsgefahr. Kompromiß: Abbau der sowjetischen Raketen auf Kuba und der amerikanischen in der Türkei, Amerika greift Kuba nicht an, die Sowjetunion nicht West-Berlin
1962–1973	Zunehmendes Engagement und Krieg in Vietnam
1970	Die amerikanische Überlegenheit in der Atomrüstung ist zu Ende, Verhandlungen über die Begrenzung der strategischen Rüstungen (SALT) beginnen. Die Nixon-Doktrin begrenzt überseeisches Engagement: Hilfe für Verbündete, aber nicht Verteidigung aller freien Nationen in der Welt
1973	Rückzug der amerikanischen Truppen aus Vietnam
1983	Präsident Reagan kündigt die Entwicklung eines weltraumgestützten Raketenabwehrsystems (SDI) an
1985–1989	Verträge mit der Sowjetunion (Generalsekretär Michail Gorbatschow) über Rüstungsbegrenzung und -abbau
1990	Präsident George Bush erwirkt Gorbatschows Zustimmung zur Vereinigung Deutschlands und dessen Zugehörigkeit zur NATO
1991	Auflösung des Warschauer Pakts und der Sowjetunion, Ende des Ost-West-Konflikts. Krieg gegen den Irak, der Kuweit überfallen und annektiert hat
1999	Luftkrieg im Rahmen der NATO ohne Mandat der Vereinten Nationen gegen Rest-Jugoslawien,

	»Kosovo-Krieg«. Erweiterung der Nato um Polen, Tschechien und Ungarn
11. 9. 2001	Terroristischer Überfall auf das Welthandelszentrum in New York und das Pentagon in Washington
2002	Vertreibung der Taliban und der Terror-Organisation Al Qaida aus Afghanistan. Mit der zweiten Ost-Erweiterung der NATO gehören alle ehemaligen Verbündeten Moskaus und drei ehemalige Sowjetrepubliken im Baltikum der amerikanisch geführten Allianz an
2003	Krieg gegen den Irak, Entmachtung des Diktators Saddam Hussein

Personenregister

Georges Lefebvre:

Napoleon

Autorisierte Übersetzung aus dem Französischen, bearbeitet und herausgegeben von Peter Schöttler, mit einem Nachwort von Daniel Schönpflug

2. Auflage 2003. 622 Seiten, gebunden, 16 Farbtafeln, Lesebändchen
ISBN 3-608-94341-2

Georges Lefebvres Darstellung Napoleons und seiner Zeit gilt als »klassische« und ausführlichste Biographie des großen Korsen. Seine brillante psychologische Skizze »gehört zum Besten, was über ihn geschrieben wurde«.

Napoleon: Mit ihm kommt die Französische Revolution zu ihrem Ende, ein neues Zeitalter beginnt. Als genialer Stratege nutzte Napoleon das politische Vakuum und die Sicherheitsbedürfnisse der neuen bürgerlichen Gesellschaft, um seine Diktatur zu errichten. Das »alte« Europa überzog er mit Kriegen, bis es zusammenbrach und nach französischem Vorbild umgebaut werden konnte: Es entstand das moderne Europa der Nationalstaaten und die moderne europäische Gesellschaftsordnung. Kenntnisreich und spannend erzählt der Autor nicht nur die militärischen und politischen Ereignisse, sondern beleuchtet auch die sozialen und ökonomischen Aspekte.

»Auf raffinierte Weise spiegelt er Biographie und Person Napoleons in eine Epoche, ihre historischen Bedingungen und ihre Dynamik ein.«

Michael Jeismann, Frankfurter Allgemeine Zeitung

Klett-Cotta

Signiert

19,50

9,75

56

Anzahl der Soldaten in Ländern

Alaska	17 009
Guam	5509
Hawaii	38 172
Johnston-Atoll	262
Kanada	214
Vereinigte Staaten	1 041 320

Antigua	41
Bahamas	36
Haiti	1 616
Guantanamo	5 129
Puerto Rico	2 771
Trinidad/Tob.	119

Europäische Un	

Ägypten	1 123
Elfenbeinküste	33
Kenia	40
Marokko	22
Somalia	419
Südafrika	24
Tunesien	20

El Salvador	25
Honduras	193
Mexiko	36
Panama	7 727

Argentinien	
Bolivien	
Brasilien	
Chile	
Ecuador	
Kolumbien	
Peru	
Surinam	
Venezuela	